Matthias von Hellfeld / Markus Dichmann / Meike Rosenplänter

History für Eilige 2

Matthias von Hellfeld / Markus Dichmann /
Meike Rosenplänter

History für Eilige 2

Alles, was man noch über Geschichte wissen muss

HERDER

FREIBURG · BASEL · WIEN

MIX
Papier aus verantwortungsvollen Quellen
FSC® C083411

www.herder.de

Satz: Arnold & Domnick, Leipzig
Herstellung: CPI books GmbH, Leck

Printed in Germany

ISBN Print 978-3-451-39079-1
ISBN E-Book 978-3-451-82584-2

GEBRAUCHSANLEITUNG

Seit Mai 2016 veröffentlichen wir einmal wöchentlich den Podcast „Eine Stunde History“ bei Deutschlandfunk Nova. Darin widmen wir uns einem historischen Thema, dessen Auswirkungen heute noch zu spüren sind. Dabei stellen wir eine Verbindung zwischen uns und unseren Vorfahren her, die jahrhundertelang auf diesem Kontinent gelebt und gearbeitet haben. Ihre Erfolge und Misserfolge sind die Grundlagen unseres Lebens. Wir, die wir heute leben, sind also nur biologisch ein Zufall. Unsere Kultur, unsere Traditionen und Verhaltensweisen und die Art, wie wir unsere Gesellschaft organisieren, all das ist von der Vergangenheit geprägt. Vieles haben wir aus der Antike wieder ausgegraben und wenden es an: Die Grundlagen unseres Rechtssystems stammen aus der römischen Antike, die Vorstellung, dass das Individuum im Mittelpunkt des politischen Handelns steht, ist zuerst in der griechischen Antike gedacht worden.

Die in diesem Buch versammelten achtzig historischen Ereignisse sind in der einen oder anderen Weise mit unserer Gegenwart verknüpft. Wenn richtig ist, dass die Gegenwart von der Vergangenheit geprägt ist, dann wird die Zukunft von der Gegenwart geprägt sein. Deshalb folgt aus der Beschäftigung mit der Geschichte die Aufforderung, sich an der Politik der Gegenwart zu beteiligen. Dazu gibt es vielfältige Möglichkeiten in demokratischen Parteien, Verbänden, Gewerkschaften oder den vielen Organisationen der Zivilgesellschaft.

Dabei sollte es immer darum gehen, das Erreichte nicht leichtfertig aufs Spiel zu setzen. Die Europäische Union etwa wird häufig und zu Recht kritisiert. Aber das darf nicht dazu führen, sie zu zerstören. In der Rückschau von 2500 Jahren europäischer Geschichte kann man festhalten: Noch nie haben wir Europäer etwas Besseres hinbekommen als die EU, die Frie-

den und Sicherheit, steigenden Wohlstand und größtmögliche Freiheiten garantiert. Das darf natürlich nicht über den dringenden Reformbedarf hinwegtäuschen: Die EU muss transparenter und demokratischer werden und braucht eine Verfassung, die neben den europäischen Grundrechten auch ein Sozialstaatsversprechen abgibt.
Diesen Themen kann man hier auf verschiedenen Arten nachspüren. Man kann das Buch von Anfang an lesen und sich überraschen lassen, welches das nächste Thema ist. Man kann aber auch eines der drei Register benutzen, die sich am Ende des Buches finden. Dort kann die Suche mit dem Namen einer Person oder eines Ortes ebenso beginnen wie mit einem historisch-politischen Begriff, über den man etwas erfahren möchte. Wie schon beim ersten Band von „History für Eilige" findet sich zu jedem Kapitel ein QR-Code, mit dem man direkt zu unserem Podcast verlinkt wird.

Köln, im Sommer 2021

Matthias von Hellfeld *Markus Dichmann*
Meike Rosenplänter

INHALT

DIE OPERATION DESERT STORM – 1991

WIE EIN DIKTATOR IN DIE SCHRANKEN GEWIESEN WURDE

Der Irak ist tief gespalten. Im Norden liegt die autonome Region Kurdistan, in der es immer wieder Versuche gibt, sich vom Rest des Landes abzutrennen. Im Westen existieren – auch nach dem Sieg über die Terrormiliz – noch Landesteile, die vom IS besetzt sind. Und selbst in den Gebieten, in denen nicht vor Kurzem noch gekämpft wurde, verfällt die Infrastruktur immer weiter wegen Misswirtschaft und Armut.

Eine Ursache für diese Situation ist die Tatsache, dass sich der Irak im Grunde seit 1980 im Kriegszustand befindet – von einigen kurzen Verschnaufpausen abgesehen. Von 1980 bis 1988 dauerte der Krieg zwischen Iran und Irak, der meist als Erster Golfkrieg bezeichnet wird. 1991 folgte der Kuwaitkrieg, der Zweite Golfkrieg, um den es in diesem Kapitel gehen wird. Der diente als Rechtfertigung für die Terroranschläge auf die Türme des World Trade Centers und auf das Pentagon am 11. September 2001. Als Reaktion darauf griffen 2003 die USA, Großbritannien und eine „Koalition der Willigen" im Dritten Golfkrieg den Irak an, was zum Sturz des Diktators Saddam Hussein führte.

Warum also haben die Amerikaner Hussein nicht schon zwölf Jahre früher während der Operation Desert Storm verdrängt?

Um das zu klären, müssen wir vorne anfangen: Am 2. August 1990 ist der Irak im Nachbarland Kuwait einmarschiert, am 28. August wurde Kuwait vom Irak annektiert. Als Grund hatte Hussein angegeben, das reiche Kuwait habe seine Ölproduktion auf Kosten des Irak ausgebaut, unter anderem durch das Anzapfen irakischer Ölquellen. Außerdem hatte es schon Jahrzehnte Streit um die gemeinsame Grenze gegeben – und damit um die Frage, wem welche Ölfelder gehören. Kurzum: Nach dem Ersten Golfkrieg war der Irak pleite und brauchte Geld, die Ölfelder des reichen Nachbarn waren eine verlockende Beute. Mit den zu erwartenden Einnahmen wollte Hussein die irakischen Schulden aus dem Krieg gegen Iran bezahlen und zum „Big Player" im Ölgeschäft werden.

Weil aber der Irak mit seinem Einmarsch in Kuwait nicht nur das regionale Gleichgewicht bedrohte, sondern auch die globale Energieversorgung, organisierte der amerikanische Präsident George H. W. Bush ein Militärbündnis aus insgesamt 34 Staaten. Mit Ermächtigung der Vereinten Nationen zieht diese Koalition mit der Operation Desert Storm am 16. Januar 1991 gegen den Irak in den Krieg. Das mit Abstand größte Truppenkontingent stellt die USA. Daneben sind auch Großbritannien, Saudi-Arabien, die Türkei, Ägypten, Syrien und Frankreich wichtige Partner. Deutschland hat sich zwar finanziell mit rund siebzehn Milliarden D-Mark am Krieg beteiligt sowie Rüstungsmaterial geschickt, aber keine Soldaten.

Die „Operation Wüstensturm" dauert nur knapp sechs Wochen. Zuerst bombardieren die alliierten Truppen strategische Ziele in Bagdad und im Rest des Irak. Am 24. Februar marschieren dann alliierte Bodentruppen in Kuwait ein und besetzen das Land.

Die irakischen Soldaten ziehen sich immer weiter zurück und zünden dabei den Großteil der kuwaitischen Ölfelder an. Auch durch die Bombardements der Alliierten werden Ölbrände ausgelöst. Beides führt zu einer Umweltkatastrophe, die bis heute sichtbar ist. Im Süden des Landes liegen die Reste des Teermeeres, und die Bodenschäden durch das ausgelaufene Öl sind größtenteils nicht wieder zu beheben.

Bei ihrem Rückzug werden die irakischen Streitkräfte massiv aus der Luft bombardiert, auch als sie schon zurück auf irakischem Boden sind. Dadurch kommen mutmaßlich mehrere

zehntausend irakische Soldaten ums Leben. Später wird vom ehemaligen US-Justizminister Ramsey Clark und 22 Vertretern aus achtzehn Staaten ein unabhängiges internationales Komitee zur Untersuchung von amerikanischen Kriegsverbrechen einberufen. Sie kommen zu dem Schluss, dass die US-Armee in neunzehn Punkten gegen internationales Recht verstoßen hat, unter anderem wegen des Einsatzes von verbotenen Massenvernichtungswaffen und von uranhaltigen Geschossen.
Vier Tage nach dem Einmarsch der Bodentruppen und einen Tag nach der Eroberung von Kuwait City durch die Alliierten verkündet US-Präsident George H. W. Bush eine Waffenruhe, die auch von Saddam Hussein anerkannt wird. Einen Waffenstillstand gibt es erst am 12. April 1991 – damit ist der Krieg offiziell zu Ende. Saddam Hussein bleibt weitere zwölf Jahre als Diktator an der Macht.
Eine Tatsache, die der damalige ARD-Korrespondent Marcel Pott als klugen Schachzug der Amerikaner bezeichnet. Denn, so Pott im Interview, George H. W. Bush und sein Außenminister James Baker hätten erkannt, dass ein nicht füllbares Vakuum entstanden wäre, hätte man Hussein und sein Regime in Bagdad beseitigt. 2003 sei das zu sehen gewesen, nachdem sein Sohn und Nachfolger im Weißen Haus, George W. Bush, den Diktator hatte festnehmen lassen.
Das Wirtschaftsembargo, das die internationale Staatengemeinschaft gegen den Irak verhängte, wird im Nachhinein häufig kritisiert, weil darunter vor allem die Zivilbevölkerung gelitten habe. Trinkwasser- und Elektrizitätsversorgung, Ölraffinerien, Eisenbahnen, Straßen und Brücken waren während der ersten beiden Golfkriege größtenteils zerstört worden, und es fehlte durch das Wirtschaftsembargo an dem für einen Wiederaufbau nötigen Material.

LITERATUR:

Steven E. Kuhn: Soldat im Golfkrieg. Vom Kämpfer zum Zweifler. Berlin 2003

Saul David: Die größten Fehlschläge der Militärgeschichte. Von der Schlacht im Teutoburger Wald bis zur Operation Desert Storm. München 2006

Sebastian Bruns: Via New York nach Bagdad? Die Vereinten Nationen und die Irak-Politik der USA. Baden-Baden 2008

QR – CODE:

DER AUFSTAND VON SOWETO – 1976

WIE EIN AUFSTAND IN EINEM SÜDAFRIKANISCHEN TOWNSHIP DIE WELT ERSCHÜTTERTE

Hohe Arbeitslosigkeit und Kriminalität, Probleme im Bildungssystem – Südafrika kämpft bis heute mit den Folgen der Zeit der Apartheid. Rassismus ist weiterhin ein Problem, Korruption innerhalb der Regierung und die Armut im Land. Die Wirtschaft des Landes wird von zwanzig Prozent der Bevölkerung beherrscht, die meisten davon sind Weiße. Knapp 79 Prozent der Bevölkerung leben dagegen noch immer unter der Armutsgrenze. Dabei hatte Nelson Mandela, der 1994 frei gewählte frühere Präsident des Landes, alles versucht, um diese Trennung zwischen Schwarz und Weiß aufzuheben.

Bis zu seiner Wahl war das Land geprägt von einer Vorherrschaft der weißen Minderheit, die noch aus der Zeit der Kolonialisierung stammte, als die Niederlande und Großbritannien im 17. und 18. Jahrhundert über das Land herrschten. Die Bevölkerung war getrennt in vier vermeintliche „Rassen": „Weiße", „Schwarze", „Asiaten" und „Coloured". Die Bürgerrechte der nicht weißen Bevölkerung wurden eingeschränkt, ein gleichberechtigter Zugang zu Bildung, Arbeitsmarkt und Rechtsprechung wurde ihnen verwehrt. Viele schwarze Kinder wuchsen in Townships auf und sprachen „nur" ihre jeweilige afrikanische Muttersprache, nicht aber die beiden Amtssprachen Englisch und Afrikaans. Die sollten, festgelegt durch den Bantu Education Act von 1953, erst in der 2. bzw. 4. Klasse als Fremdsprachen eingeführt werden. Das wurde aber nur selten gemacht. Stattdessen wurden viele Abschlussprüfungen nach der 8. Klasse auch in der afrikanischen Muttersprache abgenommen. An den Schulen für weiße Kinder war die Unterrichtssprache dagegen von Beginn an entweder Englisch oder Afrikaans.

Nachdem es 1974 an der Spitze des Bildungsministeriums einen Wechsel gegeben hat, verschärft sich die Situation. Der neue Amtsträger führt die Behörde nach harten Maßstäben. Der Anteil des muttersprachlich basierten Unterrichts wird massiv gekürzt, die Abschlussprüfungen werden auf die 7. Klasse vorgezogen und müssen verpflichtend in Englisch oder Afrikaans abgelegt werden. Das bedeutet für die Kinder und Jugendlichen, die kurz danach ihre Prüfung ablegen, ein uneinholbares Defizit im Lehrplan. Deshalb kommt es ab Februar 1976 zu zahlreichen Protestveranstaltungen.
So auch am 16. Juni 1976. An diesem Tag versammeln sich tausende Schülerinnen und Schüler in Orlando, einem Stadtteil von Soweto. Wie viele es genau sind, lässt sich später nicht mehr nachvollziehen – die Zahlen schwanken zwischen 10 000 und 20 000 jungen Leuten. Sie ziehen von Schule zu Schule, fordern andere auf, ihnen zu folgen. Durch die Straßen hallen Protestlieder, viele halten selbst gemalte Schilder hoch, um ihrem Protest Ausdruck zu verleihen. Alles ist friedlich. Dann eskaliert die Situation plötzlich. Weiße Polizisten werfen ohne Vorwarnung und ohne Grund Tränengasgranaten in die Menge. Die Schülerinnen und Schüler reagieren wütend und schmeißen Steine gegen die Sicherheitskräfte. Sofort beginnen die scharf zu schießen.
Einer der ersten Toten ist Hector Pieterson. Er ist zwölf Jahre alt, erschossen von einem weißen Polizisten. Neben ihm gehen Hectors Schwester und ein älterer Junge, der Hector auffängt und in ein Krankenhaus bringt. Diese Szene wird von dem zufällig anwesenden Fotografen Sam Nzima festgehalten, das Bild geht um die Welt und rüttelt viele Menschen auf. Die Situation eskaliert weiter. Am Nachmittag stecken die aufgebrachten Jugendlichen Autoreifen und Busse in Brand, demolieren Verwaltungsämter, Bierhallen und Spirituosenläden. Alkohol ist ihnen verhasst, sie sehen darin das Mittel, mit

dem die Weißen versuchen, die Schwarzen ruhigzustellen. Die Protestierenden wollen nicht plündern, sondern ein politisches Zeichen setzen. Die Polizisten aber reagieren rücksichtslos. Offiziell kommen an diesem Tag 23 Menschen ums Leben. Vermutlich sind es aber etwa 200 Schülerinnen und Schüler, die bei diesem Aufstand von Soweto von der Polizei erschossen werden. Die meisten von ihnen sind zwischen elf und 22 Jahren alt. Die Unruhen breiten sich wie ein Flächenbrand aus, greifen auf andere Townships und schließlich aufs ganze Land über. Acht Monate wird in Südafrika zwischen Schwarzen und der weißen Polizei gekämpft, es ist fast wie in einem Bürgerkrieg. Eine Viertelmillion Menschen beteiligt sich an dem Aufstand, 4000 werden verletzt, fast 6000 festgenommen. Nach offiziellen Angaben sterben beinahe 600 Menschen, die überwiegende Mehrheit durch Polizeigewalt. Die meisten Opfer sind Schwarze, viele werden auf der Flucht erschossen – in den Rücken.
Die internationale Gemeinschaft reagiert sofort. Drei Tage nach Beginn des Aufstandes von Soweto verabschiedet der UN-Sicherheitsrat eine Resolution, in der die südafrikanische Regierung scharf verurteilt wird. Viele Länder verstärken ihre teilweise schon bestehenden Wirtschaftssanktionen. So kommt die Regierung Südafrikas nicht umhin, in den folgenden Jahren immer mehr Forderungen der schwarzen Bevölkerung zu erfüllen. 1992 schließlich spricht sich die weiße Bevölkerung in einer Volksabstimmung für ein Ende der Apartheidspolitik aus. Zwei Jahre später finden die ersten freien Wahlen in Südafrika statt. Es ist der schwarze Rechtsanwalt und Bürgerrechtler Nelson Mandela, der die längste Zeit seiner über 28-jährigen Haft auf der berüchtigten Gefängnisinsel Robben Island verbracht hat, den die Südafrikaner zu ihrem Präsidenten wählen. Deshalb gilt der Aufstand als Anfang vom Ende des Apartheid-Regimes, und der 16. Juni ist als „Tag der Jugend“ ein Feiertag in Südafrika.

LITERATUR:

Nelson Mandela: Der lange Weg zur Freiheit. Frankfurt am Main 1997

Pumla Gobodo-Madikizela: Das Erbe der Apartheid – Trauma, Erinnerung, Versöhnung. Opladen 2006

Trevor Noah: Farbenblind. München 2017

Albrecht Hagemann: Kleine Geschichte Südafrikas. München 2018

QR – CODE:

DAS UNTERNEHMEN „BARBAROSSA" – 1941

WIE NAZI-DEUTSCHLAND DIE SOWJETUNION ÜBERFALLEN HAT

Das Verhältnis Europas zu Russland ist derzeit schwierig, manche sagen, es sei zerstört. Zu groß ist gegenwärtig das Unverständnis für die Politik von Präsident Wladimir Putin, der Russland wieder zu einer Weltmacht pushen will und dabei Kritiker und Gegner im eigenen Land – und wenn es sein muss auch im Ausland – aus dem Weg räumt. Russlandkenner glauben, dass in Russland die Meinung vorherrscht, der große Verlierer des Kalten Krieges zu sein, obwohl die Rote Armee doch maßgeblich am Sieg im „Großen Vaterländischen Krieg" – wie der Zweite Weltkrieg in Russland genannt wird – beteiligt gewesen war.
Begonnen hat für die damalige Sowjetunion der Zweite Weltkrieg eigentlich Ende August 1939, als die beiden Diktatoren Hitler und Stalin einen Pakt schließen und weite Teile Osteuropas unter sich aufteilen. Nach dem deutschen Angriff auf Polen am 1. September 1939 marschiert Stalins Rote Armee in Ostpolen ein, besetzt das Land und beginnt sofort mit der Kollektivierung der Landwirtschaft, der Enteignung von Großgrundbesitzern und der Verstaatlichung der Industrie. Es entsteht ein Raumgewinn von etwa 200 000 km^2 für die UdSSR. Aber dreizehn Monate später ist das Verhältnis zwischen der Sowjetunion und dem Deutschen Reich auf einem Tiefpunkt angelangt. Der „Pakt der Diktatoren" engt die großspurigen Pläne des deutschen Diktators Adolf Hitler zu sehr ein. Er will „seinen Krieg um den Lebensraum für das deutsche Volk", und den hat er in Osteuropa ausgemacht.
Am 12. November 1940 kommt der ranghöchste Vertreter der sowjetischen Regierung, Außenminister Wjatscheslaw Molotow, zu einem Staatsbesuch nach Berlin. Die UdSSR hatte,

wie im Hitler-Stalin-Pakt vom 23. August 1939 verabredet, die baltischen Länder Lettland, Litauen und Estland sowie weite Teile Finnlands annektiert. Das Deutsche Reich war inzwischen in Frankreich, den Benelux-Staaten, in Dänemark und Norwegen, in den westlichen Teil Polens und in Rumänien einmarschiert. Ende September 1940 hatten Deutschland, Italien und Japan den Dreimächtepakt geschlossen und die Achse Berlin–Rom–Tokio gebildet. Der sowjetische Außenminister will bei seinem Besuch in Berlin nun ausloten, wie eine zukünftige Zusammenarbeit zwischen diesem Dreibund und der UdSSR aussehen könnte. Aber die deutsche Regierung zeigt ihm die kalte Schulter. In Berlin sind die Weichen längst auf einen Krieg gegen die UdSSR gestellt. Schon am 31. Juli 1940 hatte Hitler den Spitzen der Wehrmacht erklärt, sein Entschluss stehe fest, spätestens im Frühjahr 1941 einen Feldzug gegen die Sowjetunion zu führen, um neuen „Lebensraum für das deutsche Volk“ zu sichern.

Tatsächlich beginnt der Krieg gegen die Sowjetunion am 22. Juni 1941. In den frühen Morgenstunden überschreiten rund fünf Millionen Soldaten aus Deutschland und den verbündeten Staaten die Grenze zur Sowjetunion. Mit dem „Unternehmen Barbarossa“ – so das Codewort für den Angriff – beginnt der von Hitler seit Langem propagierte Eroberungs- und Vernichtungskrieg gegen den „jüdischen Bolschewismus“, den Hitler unablässig zum eigentlichen Gegner der Deutschen und der „arischen Rasse“ gebrandmarkt hatte. Die deutschen Truppen rücken in den Anfangsmonaten rasch vor, es scheint, als könnte ihnen ein schneller Sieg über die Rote Armee gelingen. Anfang Oktober 1941 stehen deutsche Heere vor den Toren Moskaus und beginnen mit dem Beschuss der Stadt. Ein Sieg über die Verteidiger und eine auf einem Kremlturm gehisste Hakenkreuzfahne würde die Moral der Russen brechen – so die Hoffnung der deutschen Angreifer.

Aber sie haben den Verteidigungswillen und die Härte des Winters in Russland unterschätzt, sodass die Belagerung von Moskau Ende Januar 1942 unter großen deutschen Verlusten aufgegeben werden muss. Die fehlgeschlagene Belagerung Moskaus ist ein Vorbote der sich anbahnenden Niederlage, die sich acht Monate später in Stalingrad noch deutlicher abzeichnet. Vier militärische Großverbände – die Heeresgruppe B, die Heeresgruppe Don, die 6. Armee und die 4. Panzerarmee sowie rumänische, italienische und ungarische Armeen – treffen mit rund 850 000 Soldaten am 23. August 1942 auf mehr als 1,7 Millionen Verteidiger der Stadt. Fünf Monate kämpfen sie um jeden Straßenzug und jedes Haus. In den Ruinen Stalingrads bringen sich in dieser Zeit rund eine Million Soldaten gegenseitig um. Am Ende kapituliert der Rest der geschlagenen 6. Armee unter dem Oberbefehl von General Friedrich Paulus gegen den erklärten Willen des im Führerhauptquartier vor Wut schäumenden Adolf Hitler.

Die Niederlage in Stalingrad ist gleichzeitig der Beginn des sowjetischen Vormarsches, der Anfang Mai 1945 in der Reichshauptstadt Berlin und einer bedingungslosen Kapitulation Deutschlands endet. Dieser Krieg forderte mehr als siebzig Millionen Menschenleben auf den Schlachtfeldern, in Konzentrations- und Vernichtungslagern, in Kriegsgefangenschaft oder in den Ruinen der zerbombten Städte. Die schwerste Last dieser entsetzlichen Bilanz hatte die Sowjetunion zu tragen. Rund zehn Millionen sowjetische Soldaten der Roten Armee wurden getötet oder starben in Kriegsgefangenschaft. Insgesamt hatte die Sowjetunion über 24 Millionen Tote zu beklagen – mehr als jedes andere in den Zweiten Weltkrieg verwickelte Land.

Als nach dem Ende der Kriegshandlungen die alliierten Sieger über eine neue Ordnung für Europa diskutierten, setzte der sowjetische Diktator Josef Stalin durch, dass zur Abwehr eventueller Angriffe durch die westlichen Länder der kapitalistischen Welt eine Pufferzone zur Sowjetunion eingerichtet wird: Bulgarien, Rumänien, die Tschechoslowakei, Polen, die unter sowjetischer Verwaltung stehende deutsche Ostzone – die spätere DDR – und die schon 1939 annektierten Staaten des Baltikums Estland, Lettland und Litauen. Dieser sogenannte Ostblock avancierte bis 1991 zum Gegengewicht der NATO und des kapitalistischen Westens. Die UdSSR war eine atomare Weltmacht und ein Gegner im Kalten Krieg, der vom Westen ernst genommen wurde. Mit dem Ende der UdSSR durch den Rücktritt des damaligen Staatschefs Michail Gorbatschow am 25. Dezember 1991 verlor der Sieger des Zweiten Weltkriegs diesen Status und wurde u. a. vom US-amerikanischen Präsidenten Barack Obama zur „Regionalmacht" degradiert – eine bis heute unvergessene Schmach.

LITERATUR:

Richard Overy: Russlands Krieg. Reinbek 2003

Christian Hartmann: Unternehmen Barbarossa. Der deutsche Krieg im Osten. München 2011

Joachim Käppner: 1941. Der Angriff auf die ganze Welt. Reinbek 2016

Ian Kershaw: Höllensturz. Europa 1914 bis 1949. München 2016

QR – CODE:

DER MAJI-MAJI-AUFSTAND IN DEUTSCH-OSTAFRIKA – 1905

WIE DEUTSCHE KOLONIALPOLITIK SPUREN IN AFRIKA HINTERLASSEN HAT

In vielen afrikanischen Staaten leben die Menschen zu Beginn des 21. Jahrhunderts unter schlechten wirtschaftlichen und politischen Bedingungen. Sie leiden unter dem Klimawandel oder unter Regierungen, deren Macht sich auf das Militär stützt. Viele der Schwierigkeiten afrikanischer Staaten sind selbst verschuldet, andere sind aber auf die Folgen einer über Jahrhunderte dauernden Kolonialzeit zurückzuführen, in der europäische Großmächte nahezu jeden Quadratmeter Afrikas ausgeplündert haben.

Am Beginn des 20. Jahrhunderts „besaß" das deutsche Kaiserreich die beiden afrikanischen Kolonien Deutsch-Südwestafrika und Deutsch-Ostafrika. Im Süden umfasste das Gebiet das heutige Namibia, im Osten ersteckte sich das Areal auf die heutigen Länder Tansania, Burundi, Ruanda und einen Teil Mosambiks. Zusammen waren beide Kolonien etwa dreimal so groß wie das deutsche Kaiserreich. Damit hatten sich im Deutschen Reich jene politischen Kräfte durchgesetzt, die nach einem „Platz an der Sonne" gerufen und überseeische Besitzungen gefordert hatten, um mit den europäischen Kolonialmächten Frankreich und England gleichzuziehen. Der deutsch-namibische Historiker Joachim Zeller schränkt allerdings ein, dass diese Region den Teil Afrikas umfasste, den die anderen Kolonialmächte „nicht haben wollten", weil sie ihn als wertlosen „Streusand" bezeichneten.

Im Herbst 1884 kamen die ersten Abgesandten der „Gesellschaft für deutsche Kolonisation" mit dem Auftrag in Sansibar an, Gebiete in Afrika in Besitz zu nehmen. Sechs Jahre später lag die Kontrolle eines 995 000 Quadratkilometer großen ostafrikanischen Gebietes in deutschen Händen. Fast gleichzeitig erfolgte die Inbesitznahme von Deutsch-Südwestafrika. Hier war es der Bremer Tabakhändler Franz Adolf Lüderitz, der im Mai 1883 in der nach ihm benannten Lüderitzbucht als erster deutscher Kolonist Fuß fasste. Für den Preis von ein paar Hundert englischen Pfund und einigen alten Gewehren erwarb er von den Herero und Nama, zwei in Südafrika beheimateten Völkern, ein Stück Land. Anschließend legte er ein anderes Längenmaß als im Vertrag ausgewiesen zugrunde, erweiterte so seinen „Besitz“ erheblich und wehrte die Proteste mit der Anwesenheit einiger deutscher Kriegsschiffe ab. Nach und nach verschärfte sich der Konflikt zwischen den Einheimischen und den Kolonisten, die immer mehr Land in Besitz nahmen und dabei von der kaiserlichen Regierung in Berlin unterstützt wurden.

Am 12. Januar 1904 begann der Aufstand der Herero und Nama gegen die deutsche Kolonialherrschaft in Deutsch-Südwestafrika. Nachdem sich schnell herausstellte, dass die deutschen Schutztruppen dem Aufstand nicht gewachsen waren, entsandte der Berliner Reichstag ein 15 000 Mann starkes Expeditionskorps, das unter dem Befehl des Generalleutnants Lothar von Trotha in den kommenden Monaten den ersten Völkermord des 20. Jahrhunderts beging. Die Strategie hatte von Trotha in einem Brief an den Generalstabschef von Schlieffen im Oktober 1904 festgelegt: „Der entbrannte Rassenkampf ist nur durch die Vernichtung einer Partei abzuschließen.“ Am Ende dieses Vernichtungskrieges waren nahezu siebzig Prozent der Nama und Herero ums Leben gekommen.

Während die Niederschlagung des Aufstands der Nama und Herero bis 1908 dauerte, begann 1905 in Deutsch-Ostafrika der Maji-Maji-Aufstand, der sich innerhalb kurzer Zeit zu einem

zweijährigen Kolonialkrieg entwickelte. Auslöser war die Entscheidung der deutschen Kolonialverwaltung, eine „Hüttensteuer" in eine „Pro-Kopf-Steuer" umzuwandeln und damit die Steuerlast für die Einheimischen drastisch zu erhöhen. Im Juli 1905 löste das einen Streik auf einer Plantage aus, der sich nach ersten Erfolgen der Aufständischen auf weitere Gebiete Ostafrikas ausweitete. Die Aufständischen agierten in kleinen, unorthodox agierenden Einheiten und waren für die Deutschen ein schwer fassbarer Gegner. Die Schutztruppe für Deutsch-Ostafrika begegnete dieser Guerillataktik nicht nur mit einem gnadenlosen Kampf gegen die Zivilbevölkerung, sondern vor allem auch durch die Vernichtung der wirtschaftlichen Basis der Einheimischen. Die Einheimischen nannten sich Maji-Maji, weil dieses Getränk aus Wasser, Mais und Süßgräsern gegen Krieg, Hunger und Vertreibung helfen und Unverwundbarkeit, Reichtum und Glück bringen sollte. Aber gegen die Politik der verbrannten Erde waren sie machtlos. Die Deutschen brannten ihre Dörfer nieder, beschlagnahmten Vieh und Vorräte, vergifteten Brunnen und vernichteten die Ernten auf den Feldern. Inklusive der zivilen Hungertoten gehen Schätzungen von mehr als 100 000 Toten und mehr als 250 000 Vertriebenen aus.
Aber trotz sehr viel höherer Totenzahlen ist der Krieg gegen die Maji-Maji weniger im kollektiven Gedächtnis verankert als der fast gleichzeitig stattfindende Völkermord an den Nama und Herero. Die Nachkommen der Opfer reichten Anfang 2017 in New York eine Sammelklage gegen die Bundesrepublik ein. Sie fordern Entschädigung von den Nachkommen der Täter.

LITERATUR:

Joachim Zeller, Jürgen Zimmerer: Völkermord in Deutsch-Südwestafrika. Der Kolonialkrieg (1904–1908) in Namibia und seine Folgen. Berlin 2003

Felicitas Becker, Jigal Beez (Hrsg.): Der Maji-Maji-Krieg in Deutsch-Ostafrika. 1905–1907. Berlin 2005

Andreas Eckert: Kolonialismus. Frankfurt am Main 2006

Jürgen Osterhammel, Jan C. Jansen: Kolonialismus. Geschichte, Formen, Folgen. München 2017

Matthias Häussler: Der Genozid an den Herero. Krieg, Emotion und extreme Gewalt in Deutsch-Südwestafrika. Weilerswist 2018

QR – CODE:

DIE AMERIKANISCHE UNABHÄNGIG-KEITSERKLÄRUNG – 1776

WIE DREIZEHN KOLONIEN EIN LAND WURDEN

Heute schaut die ganze Welt nach Washington D.C., egal ob ein neuer Präsident gewählt, das Kapitol belagert oder der Leitzins angehoben wird. Denn politisch, wirtschaftlich und militärisch sind die USA eine Supermacht. Dabei gab es sie vor 250 Jahren noch nicht einmal, diese „Vereinigten Staaten von Amerika".

Boston, am Abend des 16. Dezember 1773: Dreißig, vierzig oder vielleicht sogar fünfzig Mohawks, teilweise mit Beilen bewaffnet, verschaffen sich Zugang zum Bostoner Hafengelände. Sie entern drei große Handelsschiffe und versenken deren Ladung im Hafenbecken: 45 Tonnen Tee im Wert von 9000 Pfund-Sterling – das wären heute fast eine Million Euro. Willkommen auf der berühmten Boston Tea Party! Die Männer, deren genaue Zahl man heute nur schätzen kann, waren aber keine amerikanischen Ureinwohner mit Beilen in den Händen und Federn im Haar, auch wenn sie sich so verkleidet hatten: Sie waren amerikanische Kolonisten.

Vor allem im 17. und 18. Jahrhundert hatte es immer mehr Menschen aus Europa auf den amerikanischen Kontinent getrieben. In Nordamerika etablierten sich dann im Laufe der Zeit zwei Nationen als vorherrschende Mächte: Frankreich und Großbritannien. Aber spätestens im Siebenjährigen Krieg, der zwischen 1756 und 1763 an vielen Orten der Welt tobte, setzten sich die Briten durch und nahmen den Franzosen sämtliche ihrer Kolonien in Nordamerika ab. Insgesamt gab es nun dreizehn britische Kolonien entlang der amerikanischen Ostküste. Am Ende des Kriegs sind die Kassen der Krone allerdings leer. Also denkt sich der britische König George III.: Sollen doch die Neu-Amerikaner dafür aufkommen! 1764 folgt zuerst der „Sugar Act“, besteuert werden Zucker, Kaffee, Wein, Seide und Leinen. Es ist das erste Mal, dass englischen Kolonisten in Amerika direkt Steuern nach London abdrücken sollen, bisher wurden nur Abgaben für die Kosten der Soldaten vor Ort und für die eigene Verwaltung erhoben. 1765 folgt der „Stamp Act“ – dieses Mal besteuert die englische Krone jedes Stück Papier, jede Zeitung, jede Karte, jeden Kalender und jede Urkunde, die in den dreizehn Kolonien Amerikas ausgestellt wird. Beide „Acts“ werden nach heftigen und gewalttätigen Protesten wieder eingestampft, doch der Grundkonflikt bleibt: Die Krone will ans Geld der Kolonialisten, immerhin liegt deren Steuerlast nur bei einem Fünfzigstel von der der Briten zu Hause auf der Insel. Die Kolonialisten wiederum halten dagegen: „No taxation without representation“ – keine Besteuerung ohne Mitsprache im Parlament. Dabei geht es ihnen nicht nur um eigene Abgeordnete, sondern grundsätzlich um das eigene Wahlrecht, das sie über die Distanz eines Ozeans zwischen Amerika und England nicht ausüben können.

Das Ganze eskaliert dann also in Boston: Schon einmal, 1770, im „Massaker von Boston“, bei Straßenschlachten mit fünf Toten. Und dann 1773, nach dem nächsten „Act“, dieses Mal dem „Tea Act“, einem ziemlich rigorosen Eingriff der britischen Krone in den amerikanischen Teehandel. Als die Briten nach der Tea Party hart durchgreifen, unterschätzen sie offensichtlich, was das auslöst: In Philadelphia treffen sich Abgesandte aller dreizehn Kolonien zu einem Kongress. Für Virginia ist der britisch-amerikanische Anwalt Patrick Henry dabei: „Die Unterscheidung zwischen Virginiern, Pennsylvaniern, New Yorkern und Neu-Engländern hat aufgehört! Ich bin kein Virginier, sondern ein Amerikaner!“ Dieser Kongress fordert zwar nicht gleich die Unabhängigkeit, aber er beschließt den Aufbau von Bürgerwehren in allen Kolonien. Schon bald kommt es zum

Konflikt mit den britischen Truppen, und es beginnt der amerikanische Unabhängigkeitskrieg.

In Krieg und Kampf wird auch der Wunsch nach einer politischen Lösung immer größer. Angetrieben durch die aus Europa mitgebrachten Ideen der Aufklärung fragen sich die Kolonialisten: Warum sollten wir überhaupt von einem König regiert werden? Können wir das nicht selber? Einer ihrer Vordenker, Thomas Jefferson, Abgesandter aus Virginia, schreibt dann ein Dokument, das wir bis heute kennen: Die amerikanische Unabhängigkeitserklärung. Am 4. Juli 1776 wird sie vom Kongress in Philadelphia verabschiedet. Der Abgesandte John Adams schreibt in sein Tagebuch: „Ich glaube, dass dieser Tag von den nachfolgenden Generationen als das große jährliche Fest gefeiert wird." Recht sollte er behalten, der 4. Juli ist der Nationalfeiertag der USA – von heute allerdings nicht mehr dreizehn, sondern fünfzig Vereinigten Staaten von Amerika.

Diese Unabhängigkeitserklärung ist ideengeschichtlich ein Meilenstein: In ihr wurde erstmals die Freiheit eines Volkes von fremder Herrschaft schlichtweg aufgeschrieben – ein staatsrechtlich bindender Vertrag mit Tinte auf Papier besiegelt! Und genauso vertraglich wurden Werte und Überzeugungen festgehalten, die wir heute für selbstverständlich halten – allen voran: „All men are created equal", alle Menschen sind gleich. Die Unabhängigkeit und Freiheit als Land, aber auch die eines jeden Einzelnen, kann man als Fundament der USA zum Aufstieg als Weltmacht verstehen.

Aber natürlich waren in den jungen USA nicht alle Menschen gleich. Lange waren sie ein Land der Sklaverei, führten brutal Krieg gegen die amerikanischen Ureinwohner und töteten Millionen von ihnen. Wahl- und Bürgerrechte kamen nur einem kleinen Kreis von Privilegierten zu, Frauen waren außen vor. Auch die Gründerväter und Unterzeichner der Unabhängigkeitserklärung erscheinen uns heute als zwiespältige

Charaktere. Und vor allem sind selbst bis heute weder in den USA noch bei uns in Europa noch sonst irgendwo in der Welt „alle Menschen gleich“. Immerhin wurde dieser Anspruch aber 1776 aufgeschrieben, sodass wir heute mehr denn je die Möglichkeit haben, uns an diesen Worten zu messen.

LITERATUR:

Hermann Wellenreuther: Von Chaos und Krieg zu Ordnung und Frieden. Der Amerikanischen Revolution erster Teil, 1775–1783. Münster 2006

Charlotte A. Lerg: Die amerikanische Revolution. Tübingen 2010

Manfred Berg: Geschichte der USA. München 2013

Hermann Wellenreuther: Von der Konföderation zur Amerikanischen Nation. Der Amerikanischen Revolution zweite Teil, 1783–1796. Berlin, Münster 2016

Michael Hochgeschwender: Die amerikanische Revolution. Geburt einer Nation 1763–1815. München 2016

QR – CODE:

DIE SCHLACHT BEI MANTZIKERT – 1071

WIE CHRISTEN VERSUCHTEN, ISLAMISCHES GEBIET ZU EROBERN

Als zwischen 2015 und 2016 mehr als eine Million Geflüchtete nach Deutschland kamen, um hier Schutz vor Krieg und Armut zu finden, wurden Stimmen laut, die vor einer „Islamisierung des Abendlandes“ warnten. Die Vertreter dieser Meinung sagten, in Deutschland werde bald die Scharia gelten, Frauen müssten verschleiert herumlaufen und Dieben werde die Hand abgehackt, weil das in islamischen Ländern so sei. Dahinter steckte nicht nur Unwissenheit über den Islam, sondern vor allem auch eine ungefilterte Angst vor einer anderen Religion und anderen Lebensgewohnheiten.

Das Verhältnis zwischen Christentum und Islam war von Anfang an konfliktreich und von dem beiderseitigen Unvermögen gekennzeichnet, aufeinander zuzugehen oder zumindest eine friedliche Koexistenz der beiden Religionen zu organisieren. Am 26. August 1071 fand im ostanatolischen Mantzikert eine Schlacht statt, deren Ausgang das Einflussgebiet der islamischen Religion abgesteckt hat. Gleichzeitig war diese Schlacht aber auch Startschuss und Legitimation der christlichen Kreuzzüge, die zwischen dem 11. und 13. Jahrhundert Tausende Ritter mit dem Kreuz auf ihren Rüstungen in den Nahen und Mittleren Osten führten.

Nicht ganz fünfzig Jahre zuvor hatte das Byzantinische Reich den Höhepunkt seiner Macht erreicht. Die „Rhomäer“, wie sich die Byzantiner als stolze Nachfahren des Oströmischen Reiches noch immer nannten, beherrschten die Länder von Süditalien und der Balkanhalbinsel bis zur Arabischen Halbinsel und der nordafrikanischen Küste. Hauptstadt dieses Reiches war Konstantinopel, das auch Byzanz genannt wurde.

Basileios II., Kaiser von 976 bis 1025 n. Chr., hatte den größten Feind des Byzantinischen Reiches zerschlagen: das Bulgarische Reich, das das Byzantinische Reich in den vorangegangenen rund drei Jahrhunderten immer wieder in Bedrängnis gebracht hatte. Einer seiner Nachfolger war Romanos IV., der mit einem anderen Feind zu kämpfen hatte: den Seldschuken. Bei ihnen handelte es sich um Muslime sunnitischer Ausprägung, die von türkischen Nomadenstämmen aus der heutigen Kasachensteppe abstammten. Ihr Reich erstreckte sich über Mittelasien, Iran, Irak, Syrien, Anatolien und Teile der Arabischen Halbinsel.

In den ersten Jahren seiner Regentschaft konnte Romanos IV. die Seldschuken noch erfolgreich daran hindern, Konstantinopel einzunehmen. Um 1064 änderte sich aber die Situation. In Süditalien bedrohten die Normannen das Byzantinische Reich, im Norden griffen die Petschenegen an, ein Reitervolk aus Zentralasien, und im Osten begann der Vormarsch der Seldschuken unter Sultan Alp Arslan. Deshalb bat Romanos IV. um Hilfe sowohl von christlichen Kriegern aus Europa als auch von Petschenegen, die nördlich des Byzantinischen Reichs siedelten, und von Kumanen, einem heidnischen Reitervolk aus dem kaukasischen Steppenland. Es kamen Normannen und Franken aus Europa, die gemeinsam mit den Petschenegen und Kumanen sein Heer aufstockten, um gegen die Seldschuken anzutreten. Allerdings stagnierten die Soldzahlungen, nicht zuletzt durch korrupte Beamte, und somit war es um die Moral der Söldner nicht gut bestellt. Als Romanos IV. trotzdem Erfolge bei den Schlachten gegen die anstürmenden Heere der Seldschuken vorzuweisen hatte, wollte er die Gelegenheit nutzen und eine entscheidende Schlacht gegen die Seldschuken schlagen. Er brach Anfang 1071 mit seiner Armee in den Osten auf, um in Armenien Festungen von den Seldschuken zurückzuerobern. Als Sultan Alp Arslan davon erfuhr, sammelte er sei-

ne Armeen und zog Romanos IV. entgegen. Die beiden Heere trafen nördlich des Vansees, bei der Festungsstadt Mantzikert – dem heutigen Malazgrit – aufeinander.
Obwohl Romanos IV. das größere Heer hatte, ging die Schlacht verloren. Die Gründe dafür waren vielfältig: Im Gegensatz zu den seldschukischen Truppen hatten die Byzantiner im Vorfeld nicht das Gelände ausgespäht, sie wussten also nicht, wo und wie Alp Arslan angreifen würde. Außerdem wurde Romanos IV. von einigen seiner Söldner im Stich gelassen. Die kumanischen und petschenegischen Kämpfer waren in der Nacht vor der Schlacht zum Feind übergelaufen, die europäischen Söldner weigerten sich zu kämpfen, und die Reservetruppe war vorzeitig abgezogen. Kaiser Romanos IV. geriet während der Schlacht in Gefangenschaft, er war damit nach Valerian der zweite Kaiser in der römisch-byzantinischen Geschichte, dem so etwas passierte.
Nach der Schlacht eroberten die Seldschuken zwar nicht Konstantinopel, aber weite Teile Kleinasiens, unter anderem auch Jerusalem. Und: Durch die Schlacht wurde das Einflussgebiet der islamischen Religion abgesteckt. Es gab zwar auch danach immer wieder Versuche, im westlichen Europa Einfluss zu nehmen. Aber alle Bemühungen, ursprünglich christliches Gebiet zu erobern, scheiterten. Das galt übrigens auch umgekehrt für die christlichen Herrscher. Denn nach der Schlacht von Mantzikert war klar, dass diese Region muslimisches Gebiet sein und bleiben würde. Aber die Schlacht in Ostanatolien stachelte die Päpste in Rom aus einem anderen Grund an. Denn durch die Eroberungen der Seldschuken war der Pilgerweg nach Jerusalem verschlossen. Europäische Pilger, die eine christliche Wallfahrt zum spirituellen Zentrum ihrer Religion unternehmen wollten, mussten durch muslimisches Gebiet, waren zahlreichen Drangsalierungen auf ihrem Weg ausgesetzt, und wenn sie schließlich am Ziel ihrer Reise angelangt

waren, mussten sie Eintritt bezahlen, um die Grabeskirche und andere heilige Stätten in Jerusalem besuchen zu dürfen.
Als die Klagerufe lauter und die Berichte aus Jerusalem drastischer wurden, rief Papst Urban II. am 27. November 1095 die Ritter Europas auf, ins Heilige Land zu ziehen und Jerusalem von den Muslimen zu befreien. Aber das Vorhaben scheiterte, auch wenn dem ersten Kreuzzug sechs weitere folgten. Es gelang nicht, den Nahen und Mittleren Osten wieder unter christliche Herrschaft zu stellen.

LITERATUR:

John Haldon: The Byzantine Wars. Cheltenham 2008

Michael Grünbart: Das Byzantinische Reich. Darmstadt 2013

Georg Ostrogorsky: Byzantinische Geschichte. 324–1453. München 2019

QR – CODE:

DIE ANSCHLÄGE DES 11. SEPTEMBER – 2001

WIE DER TERROR DIE WELT VERÄNDERTE

Weißt du noch, was du am 11. September 2001 gemacht hast? Wenn du damals schon gelebt hast, weißt du es wahrscheinlich: Es ist einer dieser Tage, bei dem fast jede oder jeder von uns weiß, was er oder sie gemacht hat. Eine Folge dieser für weltweiten Schrecken sorgenden Anschläge war der Irakkrieg, die Verhaftung und Hinrichtung des irakischen Präsidenten Saddam Hussein. Nach dem Krieg gegen den Irak entstand ein Machtvakuum im Mittleren Osten, das bis heute die Region destabilisiert.

Dieser 11. September 2001 beginnt ganz normal: Menschen fahren zur Arbeit, bringen ihre Kinder zur Schule oder sitzen in einem der unzähligen Flugzeuge am Himmel über Amerika. Was sie nicht wissen: An diesem Morgen haben neunzehn al-Qaida-Terroristen vier Passagiermaschinen entführt, mit denen sie Ziele ansteuern, die von weltweiter Bedeutung sind. Zwei sollen das Zentrum des Welthandels treffen, das World Trade Center in New York. Ein weiteres Flugzeug soll das amerikanische Verteidigungsministerium Pentagon in Washington DC treffen und das Zentrum der amerikanischen Militärmacht lahmlegen. Die vierte Maschine sollte vermutlich das Herz der politischen Macht der USA treffen, entweder den Amtssitz des Präsidenten, das Weiße Haus, das Kapitol, wo Senat und Repräsentantenhaus im gemeinsamen Kongress tagen, oder den Landsitz des US-Präsidenten, Camp David.

Um 8.45 Uhr Ortszeit rast das erste Flugzeug in den nördlichen Turm des World Trade Center. Noch glaubt die Welt an einen Unfall. Deshalb werden auch die Menschen im Südturm aufgefordert, an ihren Arbeitsplätzen zu bleiben. Ab 8.48 Uhr berichten erste Medien über eine Explosion im World Trade Center. Um 9:03 Uhr trifft das zweite Flugzeug von Süden her den Südturm. Ab jetzt ist klar: Das ist Absicht. Das ist auch der Moment, erzählt der ehemalige Washington-Korrespondent Claus Kleber, an dem sich in einer kleinen Grundschule in Florida der Stabschef des Präsidenten über George W. Bush beugt und ihm ins Ohr flüstert „Mr. President, the second tower has been hit. America is under attack." Jetzt wird auch die Evakuierung des Südturms angeordnet.

Eine halbe Stunde später, um 9.37 Uhr, stürzt Flug AA 77 ins Pentagon. Es zerstört große Teile des Westflügels des US-Verteidigungsministeriums. Flug UA 93 stürzt um 10.03 Uhr auf einem Feld in Shanksville, etwa 100 Kilometer östlich von Pittsburgh ab. Passagiere an Bord hatten von den Anschlägen in New York erfahren und versucht, die Entführer zu überwältigen. Zwei Minuten später, um 10.05 Uhr, fällt in New York der Südturm des World Trade Centers in sich zusammen. Etwa zwanzig weitere Minuten später kollabiert auch der Nordturm. Eine dicke Rauchwolke liegt über ganz Manhattan.

Etwa 3000 Menschen sterben bei den Anschlägen insgesamt, mehr als 6000 werden verletzt. Bis heute sind etwa 10 000 Körperfragmente, die bei den Aufräumarbeiten geborgen wurden, nicht identifiziert. Noch am Abend des 11. September verspricht US-Präsident George W. Bush, die Schuldigen zur Verantwortung zu ziehen. Dabei werde nicht unterschieden zwischen den Terroristen, die diese Taten begangen, und jenen, die sie beherbergt haben. Als Drahtzieher der Attentate machen die US-amerikanischen Geheimdienste Osama bin Laden verantwortlich, den Kopf des Terrornetzwerks al-Qaida. Unter diesem ersten Schock rückten die USA und die Weltgemeinschaft enger zusammen. Schon am 12. September 2001 verabschiedete der UN-Sicherheitsrat eine Resolution, in der die Anschläge einstimmig verurteilt und den USA militärische

Selbstverteidigung erlaubt werden. Acht Tage später kündigte George W. Bush einen „Krieg gegen den Terror“ an, sollte das afghanische Regime der Taliban bin Laden nicht sofort ausliefern. Am 7. Oktober begannen die Luftangriffe der USA und Großbritanniens.
Im Zuge dieses „Krieges gegen den Terror“ griffen die USA gemeinsam mit einer „Koalition der Willigen“ auch den Irak an, unter dem Vorwand, Saddam Hussein unterstütze al-Qaida und verfüge über Massenvernichtungswaffen. Laut dem Historiker und früheren Leiter des Berliner Kollegs Kalter Krieg Bernd Greiner war der Krieg gegen den Irak nicht zu rechtfertigen. Das Vorgehen der USA sei politisch maßlos, rechtlich bodenlos, moralisch verwerflich gewesen. Das gelte auch für das umstrittene Gefangenenlager Guantanamo Bay. Durch beides habe die Demokratie in den USA bis heute schweren Schaden genommen.
Saddam Hussein wurde am 13. Dezember 2003 von US-Soldaten festgenommen und in einem Prozess wegen Kriegsverbrechen zum Tode durch den Strang verurteilt. Osama bin Laden wurde in der Nacht zum 2. Mai 2011 von US-Soldaten in seinem Anwesen in Pakistan erschossen. Trotzdem ist der Terror bis heute nicht besiegt, ganz im Gegenteil: Mit dem „Krieg gegen den Terror“ hat sich die Zahl der Dschihadisten vervielfacht. Einzeltäter, Suizidmörder und kleinere, flexiblere Terrornetzwerke sind die Folgen.

LITERATUR:

Cordt Schnibben, Stefan Aust (Hrsg.): 11. September. Geschichte eines Terrorangriffs. München 2002

Jim Dwyer, Kevin Flynn: 102 Minuten. Die nie erzählte Geschichte vom Kampf ums Überleben in den Türmen des World Trade Centers. München 2006

Sid Jacobson, Ernie Colon: The 9/11 Report. A Graphic Adaptation. New York 2006

Bernd Greiner: 9/11. Der Tag, die Angst, die Folgen. München 2011

Mitchell Zuckoff: 9/11. Der Tag, an dem die Welt stehen blieb. Frankfurt am Main 2020

QR – CODE:

DIE ENZYKLOPÄDIE DES WISSENS – 1751

WIE AUS WISSEN MACHT WURDE

Wer heute etwas wissen will, sucht bei Wikipedia. Millionen Artikel informieren über technische Entwicklungen, historische Daten, Krankheiten oder Länder, in die man in den Urlaub fahren will. Wir sind damit groß geworden und empfinden dieses kostenlose Informationsparadies als Selbstverständlichkeit. Das war aber keineswegs immer so.

In Europa lag das Erklärungsmonopol für das Leben auf der Erde viele Jahrhunderte ausschließlich bei der römisch-katholischen Kirche. Die Päpste gaben vor, nach welchen Regeln das menschliche Zusammenleben zu funktionieren hatte, sie initiierten Kriege gegen die „Ungläubigen" und propagierten eine von Gott geschaffene Welt, in der die Kirche das Sagen hatte. Aber immer wieder kamen Zweifel auf, angefacht oder befeuert von Humanisten oder Theologen, die dem Glauben an ein „Gottesreich" eine durch Logik und Verstand erklärte Welt entgegensetzen wollten. Das war ursprünglich kein Angriff auf die römische Kirche, sondern vielmehr Ausdruck des Nachdenkens über die Zusammenhänge in der Natur und über den Sinn des menschlichen Lebens.

Im Laufe des 17. und 18. Jahrhunderts hatten Wissenschaftler neue Erkenntnisse gewonnen, die eine rationale Sicht auf das Leben der Menschen ermöglichten. Physiker und Astronomen waren hinter die Gesetzmäßigkeiten des Universums gekommen. Naturwissenschaftler fanden heraus, wie die Kraft der Elemente nutzbar gemacht werden konnte. Tollkühne Seefahrer hatten ferne Kontinente entdeckt und damit eine sehr viel genauere Vorstellung vom Ausmaß der Erde erschlossen. Auf der Suche nach Antworten auf Fragen, die das Leben und die Natur aufwarfen, war eher der Verstand gefragt. Der Glauben

spielte dabei nur noch eine untergeordnete Rolle. Das war der Ausgangspunkt der Epoche der Aufklärung, die auf die Entwicklung Europas eine nachhaltige Wirkung hatte.
Individuelles Wissen soll den Glauben ersetzen – das war das Credo der Denker und Philosophen der Aufklärung: Beobachten, Nachdenken und Experimentieren sollen zu den Erkenntnissen verhelfen, die erklären können, wie die Welt funktioniert. Von nun an stellt der Primat der Vernunft bei dem Versuch, die Welt mit den Mitteln des Verstandes zu erforschen, der Vorstellung, die Welt sei Gottes Schöpfung und funktioniere ausschließlich nach den von der Kirche festgelegten Regeln, ein alternatives Deutungsmuster entgegen.
Die beiden französischen Philosophen Denis Diderot und Jean-Baptiste Le Rond d'Alembert wollten diesen enormen Wissenssprung jedem Menschen zugänglich machen. Zwischen 1751 und 1780 beauftragten sie Wissenschaftler und Forscher, das gesamte Wissen jener Zeit in gut lesbaren Artikeln zu dokumentieren. Beinahe dreißig Jahre schrieben mehr als 140 Autoren 70000 Texte und fügten ihnen Bilder, Grafiken, Skizzen und Zeichnungen hinzu. Detailgenau waren anatomische Schnitte durch den menschlichen Körper, Grundrisse bedeutender Sakralbauten, Abbildungen von kulturgeschichtlich interessanten Ruinen oder bedeutsamer Architektur zu sehen. Die Autoren beschrieben Alltagsgegenstände, schilderten etwa die Produktionsverfahren eines Möbeltischlers oder skizzierten die Montageanleitung einer Strumpfwirkmaschine. Mit Veröffentlichung des letzten der 35 Bände der „Encyclopédie ou Dictionnaire raisonné des sciences, des arts et des métiers" – „Enzyklopädie oder ein durchdachtes Wörterbuch der Wissenschaften, Künste und Handwerke" – war das damals verfügbare Wissen der Menschheit für jeden nachlesbar publiziert.
Der Mensch – so die immanente Botschaft der „Enzyklopädie" – ist zu eigenständigem Denken fähig und deshalb mün-

dig. Aberglauben oder religiöse Schwärmereien haben nun Konkurrenz durch gesichertes Wissen bekommen. Dadurch, dass der Mensch sich Wissen aneignen kann, wird er „mündig“, wie es die Aufklärung fordert. Der so mündig gewordene, also aufgeklärte Bürger hat ein Anrecht auf Meinungsfreiheit und Toleranz. Ein „von oben“ bestimmtes Denken hat in dieser neuen Welt keinen Platz mehr. Die beiden Herausgeber der Enzyklopädie Denis Diderot und Jean-Baptiste Le Rond d'Alembert wurden zwar einerseits zu Wegbereitern einer aufgeklärten Welt, mussten aber andererseits persönlich viele Nachteile in Kauf nehmen.

Der französische König Ludwig XV. vermutete hinter dem Werk die grundsätzliche Infragestellung seiner königlichen Autorität und befürchtete Verschwörungen und Aufruhr im Lande. Er ließ die ab 1751 nach und nach veröffentlichten Bände von der Zensur beobachten und machte deren Einwilligung zur Bedingung für eine Druckerlaubnis. 1758 verhinderte Ludwig das Erscheinen des achten Bandes der Enzyklopädie, ein Jahr später wurde das gesamte Werk auf den Index verbotener Bücher gesetzt und sämtliche Druckbewilligungen zurückgenommen. Wie schon einige Jahre zuvor drohte beiden eine mehrjährige Haftstrafe, falls sie gegen das Verbot verstoßen würden.

Finanziell war die Enzyklopädie ein voller Erfolg. 25 000 Exemplare wurden bis zum Beginn der Französischen Revolution 1789 verkauft. In den folgenden Jahren wurden sieben Ergänzungsbände verlegt, bevor der Italiener Fortunato Bartolomeo De Felice 1780 die „Encyclopédie d'Yverdon“ veröffentlichte und der ersten Enzyklopädie von Diderot und d'Alembert 75 000 weitere Artikel hinzufügte. Nicht zuletzt durch diese bahnbrechenden Werke ist Europa zu einem Kontinent des Wissens geworden. Wissenschaft und Bildung, Forschergeist und zukunftsweisender Wagemut haben europäische

Wissenschaftler dazu gebracht, Licht in die Funktionsweisen des menschlichen Körpers oder in die Zusammenhänge der Bestandteile unseres Kosmos zu bringen.

Aber Wissen und Leugnung des Wissens waren und sind die beiden Seiten einer Medaille. Vielen Menschen sind neue Erkenntnisse ebenso suspekt wie die Schlussfolgerungen aus wissenschaftlichen Forschungen. Sie flüchten lieber in eine abgeschottete Gedankenwelt, in der Verschwörungserzählungen, Fake News und gefährliche Lügen eine „alternative Wahrheit“ aufbauen, für die es weder eine sinnvolle Erklärung noch Beweise ihrer Existenz gibt.

LITERATUR:

Philipp Blom: Das vernünftige Ungeheuer. Diderot, d’Alembert, de Jaucourt und die Große Enzyklopädie. Frankfurt am Main 2005

Anette Selg, Rainer Wieland: Diderots Enzyklopädie. Mit Kupferstichen aus den Tafelbänden. Berlin 2013

Günter Berger u. a. (Hrsg.): Denis Diderot – Jean-Baptiste le Rond d´Alembert: Enzyklopädie. Eine Auswahl. Frankfurt am Main 2013

Hans Ulrich Gumbrecht: „Prosa der Welt“: Denis Diderot und die Peripherie der Aufklärung. Berlin 2020

QR – CODE:

DIE UNABHÄNGIGKEIT VON BELARUS – 1991

WIE EIN LAND SEINE FREIHEIT BEKAM

Seit dem Sommer 2019 gehen Hunderttausende in Belarus auf die Straße und demonstrieren gegen Machthaber Alexander Lukaschenko. Der ist seit 1994 Präsident des Landes. Viele sagen, die Wahl 1994 sei die einzige gewesen, die er mit legalen Mitteln gewonnen habe. Seit dieser Wahl hat Lukaschenko Belarus umgekrempelt und die Republik in ein autoritäres und vor allem repressives Regime verwandelt, von dem nicht wenige Experten meinen, es sei die letzte Diktatur in Europa. Aber die Menschen in Minsk und vielen anderen Städten des Landes wollen das nicht länger widerspruchslos hinnehmen und verteidigen ihre 1991 mühsam errungene Freiheit.
Seit Jahrhunderten ist Belarus von seiner geografischen Lage zwischen den Staaten des Baltikums, der Ukraine, Russland und Polen geprägt. Polen und Russland herrschten lange Zeit über das Land und hinterließen christlich-orthodoxe Relikte ebenso wie römisch-katholische. Davon ist das Land bis heute beeinflusst. Nach der Aufteilung des polnischen Staatsgebietes zwischen Preußen, Österreich und Russland in den Jahren 1772, 1793 und 1795 geriet Belarus in den russischen Herrschaftsbereich und blieb dort bis 1991. Die Zaren regierten das Land von St. Petersburg aus und sorgten für dessen Russifizierung in Sprache, Kultur und Politik. Das wirkt bis heute, noch immer gibt es enge Bande zwischen den Menschen in Russland und Belarus.
Im 20. Jahrhundert geriet Belarus zweimal in die Kämpfe der beiden Weltkriege. Bis zum Einmarsch der deutschen Truppen Anfang Februar 1918 war Belarus Teil der sogenannten Triple Entente, der das Vereinigte Königreich, Frankreich und

bis zum Separatfrieden von Brest-Litowsk mit dem Deutschen Reich am 3. März 1918 auch Russland als Gegner der Deutschen angehörten. Nachdem das deutsche Heer in Belarus einmarschiert war, deklarierte der Volkskongress die Abtrennung des Landes von Sowjetrussland und rief gleichzeitig die Belarussische Volksrepublik aus. Der Volkskongress dankte dem deutschen Kaiser für die Besetzung des Landes, weil auf diese Weise auch die Loslösung von Russland gelingen konnte, und versuchte Wilhelm II. Belarus als „deutsches Protektorat" schmackhaft zu machen.

Aber die Belarussische Volksrepublik existierte nur ein halbes Jahr, denn im Zuge der revolutionären Unruhen bei den russischen Nachbarn übernahm das russische Militär wieder die Kontrolle über den östlichen Teil des Landes, den Westen annektierte Polen. Damit war Belarus erneut unter Fremdherrschaft und wurde 1922 als Weißrussische Sozialistische Volksrepublik Gründungsmitglied der Sowjetunion. Nach dem Hitler-Stalin-Pakt vom 23. August 1939 marschierte die Rote Armee in den zuvor zu Polen gehörenden belarussischen Landesteil ein und gliederte das eroberte Gebiet in die Weißrussische Sozialistische Volksrepublik ein. Aber auch das war nur ein kurzes Intermezzo, dem eine weitere, sehr viel brutalere Episode der Fremdherrschaft in Belarus folgen sollte.

Nach dem Überfall auf die Sowjetunion am 22. Juni 1941 besetzte die deutsche Wehrmacht Belarus und errichtete für die kommenden drei Jahre eine Schreckensherrschaft, der etwa ein Viertel der belarussischen Bevölkerung zum Opfer fiel. Kaum eine Stadt, kaum ein Dorf wurde vom Zerstörungswahn der deutschen Besatzer verschont. Knapp zehn Prozent aller ermordeter Juden stammte aus Belarus, allein in den beiden Vernichtungslagern Maly Trostinez und Bronnaja Gora wurden mehr als 100 000 Juden ermordet. Als die Deutschen 1944 das Land wieder verlassen mussten, war der Schrecken aber noch nicht vorbei, denn Stalin ordnete in der Belarussischen Sozialistischen Sowjetrepublik massenhafte Verschleppungen von Beamten der örtlichen Verwaltungen an. Ehemalige Kriegsgefangene, die die gnadenlose Internierung durch Wehrmacht und SS überlebt hatten, wurden nun von Stalins Häschern gesucht und misshandelt. Der krankhaft misstrauische Stalin glaubte, die belarussischen Soldaten seien von den Deutschen in der Gefangenschaft „umgedreht“ und zu Antikommunisten erzogen worden.

Wie auch die Ukraine genoss Belarus innerhalb der UdSSR eine gewisse Sonderstellung. Beide Teilrepubliken wurden auf Stalins Betreiben Gründungsmitglieder der Vereinten Nationen, obwohl sie keine unabhängigen Staaten wie die anderen Gründungsmitglieder waren. Belarus war fortan einer starken Russifizierung ausgesetzt, zahlreiche Industrieprojekte, für die russische Spezialisten notwendig waren, wurden in Belarus mit dem Ergebnis angesiedelt, dass die Verwendung der belarussischen Sprache ebenso zurückging wie die Pflege der belarussischen Kultur. Dafür wurden in Belarus sowjetische Schlüsselindustrien angesiedelt, die das Land in eine herausgehobene Position innerhalb der UdSSR brachten.

Als es am 26. April 1986 im Reaktor des Kernkraftwerks in Tschernobyl in der benachbarten Ukraine zu einer Kernschmelze mit nachfolgendem atomarem Fallout kam, war das nur zehn Kilometer entfernte Belarus am stärksten betroffen. Rund ein Viertel des Landes war mit Cäsium 137 verseucht, tausende Quadratkilometer Wald und landwirtschaftliche Nutzfläche waren kontaminiert und mussten aufgegeben werden. Der wirtschaftliche Schaden war immens und hatte langfristige Folgen für Belarus. Kurz zuvor war aber schon eine Entscheidung gefallen, die die Zukunft von Belarus verändern sollte. Ohne es zu wollen, leitete nämlich der neue Generalsekretär Michail Gorbatschow mit seiner Rede auf dem 27. Parteitag

der KPdSU das Ende der Sowjetunion ein, indem er „Glasnost" („Offenheit") und „Perestroika" („Umstrukturierung") zu den Maximen seiner Politik erhob. Er hatte dabei die Fliehkräfte übersehen, die durch seine Politik freigesetzt wurden. Überall in den Staaten des Ostblocks beriefen sich Oppositionelle auf Gorbatschow und seine gesellschaftspolitischen Ideen.
Im August 1991 kommt es in Moskau zu einem Putsch konservativer Militärs gegen die Politik Gorbatschows. Als neuer starker Mann erweist sich Boris Jelzin, durch dessen mutiges und rasches Handeln der Putsch nach einigen Tagen erfolglos endet. Gorbatschow wird in den folgenden Tagen von Jelzin entmachtet, und Ende des Monats erklärt sich neben der Ukraine, Moldau und Kirgisistan auch Belarus für unabhängig. Zum ersten Mal in der jüngeren Geschichte des Landes bestimmen die Belarussen selbst über ihr Land und den weiteren Weg, den es nehmen soll. Drei Jahre später gewinnt Alexander Lukaschenko die Präsidentschaftswahlen, der es seitdem darauf anlegt, die Freiheit der Belarussen wieder einzuschränken und das Land in eine Autokratie mit ihm an der Spitze zu verwandeln. Dagegen hat sich eine landesweite Oppositionsbewegung gebildet, die seit der manipulierten Präsidentschaftswahl im August 2020 lautstark gegen Lukaschenko protestiert. Zahlreiche Spitzenfunktionäre der Opposition sind aus Angst vor Repressalien und Verhaftungen ins westliche Ausland geflohen, der Protest ging weiter. Die Regierung antwortete mit massiver Polizeigewalt und der Verhaftung von etwa 7000 Regimegegnern.

LITERATUR:

Bernhard Chiari: Alltag hinter der Front. Besetzung, Kollaboration und Widerstand in Weißrussland 1941–1944. Düsseldorf 1998

Silvia von Steinsdorff: Das politische System Weißrusslands (Belarus). In: Wolfgang Ismayr (Hrsg.): Die politischen Systeme Osteuropas. Opladen 2004

Dirk Holtbrügge: Weißrussland. Land zwischen Polen und Russland. München 2002

QR – CODE:

DIE SCHLACHT VON VERDUN – 1916

WIE DIE LÄNGSTE SCHLACHT DER WELTGESCHICHTE KEINEN SIEGER FAND

Heute sind Franzosen und Deutsche ziemlich beste Freunde. Wir tauschen uns aus, lernen die jeweils andere Sprache, verlieben uns untereinander, und Deutschland und Frankreich gelten gemeinsam als der „Motor Europas". Völlig unvorstellbar ist es deshalb, wie wir uns noch vor gut hundert Jahren in Verdun gegenüberstanden.

„Eine unendliche Trichterwüste. Weinberge ... Totenhügel müsste es heißen. Wir verkriechen uns in Erdlöchern." So steht es im Tagebuch des deutschen Soldaten Müller, im Kampfeinsatz bei Verdun im Jahr 1916. Er und seine Kameraden verbringen Tag und Nacht mit der Schaufel in der Hand, buddeln Tunnel und Gräben, um sich vor dem gegnerischen Kugelhagel zu verstecken. Kanonengeheul liegt über dem Schlachtfeld, allein die deutschen Truppen feuern in Verdun dreißig Millionen Sprenggranaten ab, die Franzosen weitere 23 Millionen. Die Schlacht um Verdun ist zum Symbol für den unerbittlichen Stellungskrieg zwischen Deutschland und Frankreich mit seinen Verbündeten geworden. Es geht keinen Zentimeter vorwärts und keinen zurück. 350 000 Soldaten sterben in dieser Trichterwüste, noch einmal so viele werden verwundet.

In Europa tobte seit 1914 der Erste Weltkrieg, und zwei seiner Hauptprotagonisten waren Deutschland und Frankreich. Von vornherein hatte das deutsche Militär den französischen Nachbarn als primären Kontrahenten ausgemacht und schon seit Jahren den sogenannten Schlieffen-Plan in der Schublade liegen. Der sieht, kurz gefasst, vor, Frankreich in einer schnellen Offensive im Bogen über Belgien anzugreifen und bis nach Paris vorzustoßen. Genau diesen Plan setzte die deutsche Wehrmacht 1914 zunächst erfolgreich und brutal um, unter großem Leid der zivilen Bevölkerung in Belgien und Nordfrankreich. Doch noch im selben Jahr hielten die französischen Truppen den Feind auf, und beide Streitkräfte egalisierten sich entlang der „Westfront“: Diese war 750 Kilometer lang, verlief vom Ärmelkanal im Norden bis runter nach Pfetterhouse an der Schweizer Grenze, und entlang dieser Linie fanden sich die Hotspots des Stellungskrieges, an denen sich beide Armeen eingegraben hatten.

Der schlimmste dieser Hotspots ist Verdun. Hier wird vom 21. Februar bis zum 19. Dezember 1916 gekämpft, mit rund 300 Tagen und 300 Nächten gilt die Schlacht von Verdun als die vermutlich längste Schlacht der Weltgeschichte. Und sie ist Sinnbild der grotesken Kriegsführung entlang der Westfront: Obwohl der Erste Weltkrieg zu Teilen noch mit Säbel und Pferden geführt wird, bekommen sich die französischen und deutschen Soldaten in Verdun praktisch nie zu sehen. Stattdessen herrschen die Kanonen, Granaten und Mörser. Ein deutscher Soldat schreibt in einem Brief an seine Familie: „Ihr in der Heimat könnt euch nicht die geringste Vorstellung davon machen, was es für uns bedeutet, wenn in der Zeitung schlicht und einfach zu lesen ist: ‚In Flandern fanden heute wieder nur Artillerie-Kämpfe statt.‘ Tausend Mal lieber vorgehen, in verwegenem Angriff, als das tagelange Ausharren im Granatfeuer. Wo man immer nur wartet, ob denn die nicht kommt, die einen verstümmelt oder zerschmettert.“

In Verdun packen beide Gegner alles an Kriegsgerät aus, was sie bis dahin entwickelt hatten. Dazu gehört auch das eigens für den Krieg entwickelte Giftgas, das durch Rohre mit dem Wind in die gegnerischen Stellungen geblasen wird. Das Gas lässt die Lungen der Soldaten bluten, sie ersticken oder erblinden.

Beide Seiten waren gewillt, Mensch und Material zu verheizen: Insgesamt 2,5 Millionen Soldaten wurden nach Verdun geschickt, alles arbeitete und produzierte nur noch für diesen „industriellen Völkerkrieg", wie ihn der Historiker Olaf Jessen nennt. Außerdem blieben beide Seiten wie schlechte Pokerspieler am Tisch, weil sie ihre horrenden Verluste nicht mehr ohne den Sieg in Verdun hätten rechtfertigen können. Ein Sinnbild für den gesamten Ersten Weltkrieg, meint Jessen. Diese Schlacht kannte keine Gewinner, auch nicht im militärischen Sinn: Die Deutschen zogen sich zwar um drei Kilometer zurück, blieben aber weiter an der Westfront. Frankreich hatte Verdun zurück, aber keine Kapazitäten mehr für eine weitere Offensive. Der sinnlose Stellungskrieg wurde nur ein wenig nach Osten verschoben.

Trotzdem gibt es Historiker, die sagen, dass die Schlacht von Verdun den Kriegsverlauf entscheidend beeinflusst habe: Der verantwortliche deutsche Generalstabschef Erich von Falkenhayn musste anschließend zurücktreten, und an seiner statt hatten jetzt die Generäle Erich Ludendorff und Paul von Hindenburg das Sagen, zwei oft kritisierte Personen der deutschen Geschichte. Und sie waren der Meinung, durch einen U-Boot-Krieg, den sie ohne Vorwarnung begannen, schnelle Erfolge erzielen zu können. Stattdessen aber führte dieser U-Boot-Krieg zum Kriegseintritt der USA auf Seiten der alliierten Gegner und damit zur deutschen Niederlage und zum Ende des Ersten Weltkriegs im Jahr 1918.

Auf dem Schlachtfeld von Verdun steht heute eine Gedenkstätte. 1967 wurde sie eingeweiht, zur Erinnerung an die gefallenen französischen Soldaten. 2017 allerdings wurde sie nach längerem Umbau noch einmal umgeweiht. Heute erinnert sie an *alle* verstorbenen Soldaten der Schlacht von Verdun, egal, woher sie kamen. Und sie gilt als gemeinsame, europäische Gedenkstätte. Freundschaften sind zwar nie unkompliziert, aber in Verdun findet man heute einen Beweis dafür, dass aus Deutschen und Franzosen doch noch ziemlich beste Freunde geworden sind.

LITERATURHINWEISE:

John Keegan: Der Erste Weltkrieg. Eine europäische Tragödie. Reinbek 2001

Olaf Jessen: Verdun 1916. Urschlacht des Jahrhunderts. München 2014

Anton Holzer: Das Lächeln der Henker. Der unbekannte Krieg gegen die Zivilbevölkerung 1914–1918. Darmstadt 2014

Gerd Krumeich, Antoine Prost: Verdun 1916. Die Schlacht und ihr Mythos aus deutsch-französischer Sicht. Essen 2016

QR – CODE:

ELLIS ISLAND ÖFFNET SEINE TORE – 1892

WIE EINE INSEL ZUM NADELÖHR DER „NEUEN WELT" WURDE

Heute rätseln wir, was eine Einwanderungsgesellschaft ausmacht. Wie gelingt Integration? Was soll das überhaupt sein? Und wer darf eigentlich einwandern – und wer nicht? Aber auch schon im 19. Jahrhundert mussten diese Fragen tagtäglich gestellt und beantwortet werden.

Silvesternacht 1891: Die MS Nevada legt im Hafen von New York an – nach einer Woche Überfahrt von Liverpool. An Bord sind Passagiere erster und zweiter Klasse, unter Deck allerdings befinden sich viele Menschen, die ohne herkömmliches Ticket in die USA wollen. „Auf der Fahrt gab es eine Menge Wasser ... aber den Himmel haben wir nie gesehen", berichtet später eine von ihnen. Während die Passagiere erster und zweiter Klasse einfach weiter an Land dürfen, müssen die anderen einen Umweg nehmen. Mit einer kleinen Fähre geht es nach Ellis Island. Hier wird entschieden, ob sie in die USA einreisen dürfen.

Ellis Island, eine kleine Insel vor Manhattan mit Blick auf die Freiheitsstatue, fungiert seit dem 1. Januar 1892 als zentrale Anlaufstelle für alle Zuwanderer aus Europa. Und es kommen viele: Allein am ersten Tag sind es 700, an Spitzentagen 5000. Im ersten Jahr werden insgesamt 400 000 Einwanderer durch Ellis Island geschleust. Denn im Laufe des 19. Jahrhunderts suchen immer mehr Europäer ein neues Leben in Amerika. Eine erste große Ausreisewelle kann man zwischen 1845 und 1855 feststellen, als viele Menschen nach den gescheiterten europäischen Revolutionen – wie 1848/49 in Deutschland – fliehen. Allein aus Deutschland sind das 200 000 Menschen, fast alle wollen in die USA. Zehn Jahre später gibt es schon wieder

200 000 deutsche Auswanderer, und ab 1880 verschärft sich die Lage noch einmal: 400 000 Menschen verlassen Deutschland Richtung USA. Nach den Deutschen kommen die größten Gruppen aus England, Irland und später auch aus Süd- und Osteuropa.

Für diese wachsenden Zahlen zum Ende des 19. Jahrhunderts gibt es eine wichtige Erklärung: die Industrialisierung. Die bäuerlichen Verhältnisse in vielen europäischen Staaten wurden aufgerissen und den Leuten ihre Lebensgrundlage genommen. Gleichzeitig boten die Städte und ihre Fabriken noch nicht genügend Arbeitsplätze und ausreichend Möglichkeiten für ein Leben in Wohlstand und Würde. Die USA hingegen versprachen da schon mehr, und die großen Fabriken und Farmen und Schlachthöfe suchten dringend nach Arbeitern. Auch für Frauen gab es Aufstiegschancen, vom Dienstmädchen zur Sekretärin zum Beispiel. Also machten sich vor allem viele junge Europäer auf den Weg, in den USA ihr berufliches Glück zu suchen – auch das „junge Deutschland“, wie Historikerin Simone Eick meint, die viele dieser Geschichten im Auswandererhaus in Bremerhaven gesammelt hat. Aber die Leute hatten damals nicht ausschließlich wirtschaftliche Gründe, in die USA zu gehen. Viele flohen auch vor politischer, sozialer oder religiöser Unterdrückung oder waren schlicht und einfach der Meinung, dass es in dieser jungen Demokratie der USA besser und gerechter zugehe als im alten Europa. Im amerikanischen Bürgerkrieg beispielsweise kämpften von 1861 bis 1865 auf Seiten der Nordstaaten dreißig Regimenter, die zur Hälfte oder mehr aus deutschen Einwanderern bestanden. Sie kämpften gegen das Auseinanderbrechen ihrer neuen Heimat und für die Abschaffung der Sklaverei.

Angekommen in Ellis Island mussten die Neu-Amerikaner allerdings ein strenges und vor allem diskriminierendes Prozedere über sich ergehen lassen. Zuerst wurden sie „auf Herz

und Nieren" geprüft, also einem Gesundheitscheck unterzogen. Wer krank war, wurde gestempelt, kam auf die Krankenstation und hatte einige Tage Zeit, sich zu erholen. Wer danach noch immer krank war oder Anzeichen einer Behinderung oder langwieriger Verletzungen zeigte, wurde abgeschoben. Danach ging es zu einer Befragung durch zwei US-Beamte, die zuerst immer die gleiche Frage stellten: Wie viel Geld haben Sie? Die Einwanderer mussten so viel an heimischer Währung dabeihaben, dass sie dafür 25 US-Dollar eintauschen konnten. Zwei bis drei Jahre mussten viele Einwanderer in der Heimat schuften, um diese 25 Dollar zusammenzukriegen. Waren diese beiden Hürden genommen, gab es für die Einwanderer etwas zu essen: Suppe und Weißbrot. „Das Brot war für mich wie ein Kuchen!", erzählte später ein russischer Einwanderer. „Wenn sie mich zurückgeschickt hätten, wäre ich ins Meer gesprungen. Ich wäre niemals zurück nach Russland gegangen." Tatsächlich wurden aber in den ersten Jahren auf Ellis Island nur ein oder zwei Prozent der Ankommenden abgelehnt. Die, die bleiben durften, suchten häufig erst einmal ihre jeweiligen nationalen Communities in New York auf, bevor sie entweder dortblieben oder ihre Weiterreise in den Rest des Landes organisierten. Als Ellis Island 1954 geschlossen wird, sind insgesamt zwölf Millionen Menschen mit dem Umweg über diese kleine Insel in die USA gekommen.
Bis 1954 hatten die Amerikaner zum einen aber ihre Zuwanderungsgesetze immer weiter verschärft, die Ressentiments, Feindseligkeiten und auch Gewalt gegenüber Ausländern wuchsen zusehends. Schon 1882 war die Zuwanderung von Chinesen verboten worden, 1921 folgte die Begrenzung der Zahl erlaubter Einwanderungen aus Italien. Zum anderen verlor der Schiffsverkehr an Bedeutung, und die meisten Immigranten kamen inzwischen per Flugzeug in die USA. Heute ist Ellis Island aber wieder aktiv – als Museum und Erinnerungs-

stätte. Und auf der „American Immigrant Wall of Honor" kann jeder den Namen seiner Vorfahren eingravieren lassen, wenn sie über Ellis Island in die USA gekommen sein sollten. Und in den USA kursiert heute die stolze Zahl, dass vierzig Prozent aller Amerikaner das für sich an Anspruch nehmen könnten. Bei den vielen Menschen, die über Ellis Island ein neues Leben in den USA gefunden haben, sollten wir aber nicht diejenigen vergessen, die nie in New York angekommen sind. Abertausende, die Europa verließen, haben die Überfahrt nicht überlebt und sind schon an Bord durch Hunger oder Krankheit verstorben.

LITERATURHINWEISE:

Simone Blaschka-Eick: In die Neue Welt! Deutsche Auswanderer in drei Jahrhunderten. Reinbek 2010

Heike Götz, Christiane Greve: Unsere Stadt war New York. Friesen in Amerika. Bremerhaven 2011

Ilona Stölken: Das deutsche New York. Eine Spurensuche. Leipzig 2013

QR – CODE:

DER GANG NACH CANOSSA – 1077

WIE KÖNIG HEINRICH IV. AUF DIE KNIE FIEL

Wer ernennt eigentlich einen Priester? Wer einen Bischof? Und wer wählt den Papst? Heute ist ziemlich selbstverständlich: Das sind innerkirchliche Angelegenheiten. Niemand außerhalb der Kirche verfügt da über ein Stimmrecht. Aber so selbstverständlich ist das gar nicht. Das musste erst mal zwischen Staat und Kirche ausgeboxt werden.

Januar 1077, der Norden von Italien, die Burg von Canossa: Heinrich robbt auf allen vieren durch den Schnee – Heinrich IV., König des Heiligen Römischen Reiches. Und er schreit und bittet Gregor um Vergebung – Gregor VII., seit 1073 Papst auf dem Heiligen Stuhl in Rom. Gregor solle ihn bitte wieder in die Gemeinschaft der Gläubigen aufnehmen, seinen Kirchenbann zurückziehen. Es ist der vorläufige Höhepunkt des Investiturstreits – auch wenn er sich wahrscheinlich ganz anders abgespielt hat.

Die „Investitur" ist im 11. Jahrhundert eine schon lange gängige Praxis: Der König belehnt Geistliche und fordert im Gegenzug Dienst und Treue. Konkret: Der König überträgt Bischöfen oder Äbten Ländereien, die diese wiederum bewirtschaften, verwalten und für die sie der Krone ihre Dienste leisten. So weit das übliche Prozedere im mittelalterlichen Lehenssystem. Für den König waren die Geistlichen aber besonders praktische Lehensmänner. Denn wenn sie verstarben, gab es keinen Nachwuchs, an den das Lehen hätte vererbt werden können. Also konnte der König neu auswählen, ihm treue und loyale Vasallen einsetzen oder das Lehen an den Meistbietenden vergeben. Und ganz nebenbei konnte er so auch die Position eines Bischofs oder Abtes neu besetzen. Ohnehin verstand sich der König des Heiligen Römischen Reiches zu diesem Zeitpunkt als gottgesandt und als Stellvertreter Christi auf Erden – also war es selbstverständlich, kirchliche und weltliche Belange gemeinsam zu managen. Manche Historiker sprechen hier deshalb auch vom sogenannten Reichskirchensystem.

Es betritt Gregor VII. die Bühne: In Rom als Kleriker schon länger bekannt, geht er in den Archiven des Vatikans ein und aus. Dort liest er viel über die Zeit der Pornokratie, über die wir in unserem ersten Buch („History für Eilige I") bereits geschrieben hatten. Kurz gefasst: Vor seiner Zeit ging es in Rom drunter und drüber, und der Vatikan war alles andere als fromm. Gregor hatte 1046 noch als junger Mann selbst erlebt, wie der König mit der Kirche umsprang, als dieser gleich drei unliebsame Päpste auf einmal abgesetzt hatte, nur um einen eigenen Mann auf den Heiligen Stuhl zu setzen. Das schmeckt Gregor alles nicht. Er ist ein religiöser Hardliner, beseelt von der Reformbewegung des Klosters in Cluny, Zeitgenossen nennen ihn die „Zuchtrute Gottes", und er will für eine neue Ordnung sorgen. Kaum wird Gregor Papst, schüttelt er 27 Leitsätze aus dem Ärmel, die als „Dictatus Papae" in die Geschichte eingehen. Da stehen sinngemäß so Sachen drin wie: „Der Papst ist nicht nur Bischof von Rom, sondern der Bischof aller Bischöfe", oder: „die Auswahl und Einsetzung von Bischöfen und Äbten liegt allein beim Papst", und: „ein Papst kann einen Kaiser absetzen". Das wäre – Stand 11. Jahrhundert – eine völlige Umkehrung der Verhältnisse, weshalb manche Historiker hier von der „ersten europäischen Revolution" sprechen. Die Frontlinien waren jedenfalls gezogen.

Das Fass zum Überlaufen bringt dann die Investitur des Mailänder Bischofs im Jahr 1075 – natürlich durch König Heinrich IV., nicht durch den Papst. Der aufgebrachte Gregor VII. fordert, diese Einsetzung zurückzunehmen. Heinrich weigert sich. Nach einigem diplomatischen Hin und Her und einigem militärischem Säbelrasseln greift Gregor zu einer scharfen Waffe: Er exkommuniziert Heinrich. Er verstößt ihn aus der heiligen Gemeinschaft der Kirche. Und er spricht: „Ich untersage Heinrich die Herrschaft über das ganze Reich der Deutschen. Und ich löse alle Christen von dem Bann des Eides, den sie ihm geschworen haben." Für einen Großteil einer sehr gläubigen Bevölkerung geht damit jede Herrschaftslegitimation des Königs flöten – und damit geht einher, das eigene Seelenheil und die Erlösung zu riskieren. Auch alle Fürsten und Grafen des Reiches müssen sich von Heinrich distanzieren, weil ihnen sonst nach Kirchenrecht ebenfalls die Exkommunikation droht. Heinrich IV. steht auf verlorenem Posten und macht sich auf den Weg nach Canossa, um beim Papst um Vergebung zu bitten.

Aber was macht der Papst eigentlich in Canossa, 450 Kilometer nördlich von Rom? Er war wohl auf dem Weg, die Alpen zu überqueren, um sich mit dem deutschen Adel zu treffen und einen neuen König zu bestimmen. Aber schaut man sich die Geografie und den Verlauf der Ereignisse an, kommen Historiker wie Johannes Fried zu dem Schluss, dass er dort auf Heinrich gewartet hat. Und Heinrich habe auch nicht drei Tage im Schnee gezittert, sondern Krone und Kirche hätten sich zusammen an einen Tisch gesetzt und das Kriegsbeil – vorläufig – begraben. Der König leistet drei Tage Buße, eigentlich nicht viel, und der Papst nimmt den Bann zurück. Ein kurzer Kniefall und zurück zum Status quo.

Die Herzöge, Grafen und Fürsten nördlich der Alpen hatten aber schon damit geliebäugelt, Heinrich loszuwerden und aus ihren Reihen einen neuen König zu bestimmen, also folgen drei kriegerische Jahre, in denen auch Gregor VII. Heinrich wieder in den Rücken fällt. Am Ende aber muss der Papst den Kürzeren ziehen, wird vom König abgesetzt und in die Verbannung geschickt, in der er wenig später sterben sollte. Heinrich IV.

wird auch noch zum Kaiser gekrönt, und unter dieser Perspektive scheint der weltberühmte und sprichwörtliche „Gang nach Canossa“ wohl nur halb so wild gewesen zu sein.
Die Geschichte hört hier aber nicht auf. Denn Heinrich IV. liefert sich weiter Gefechte mit einem Papst nach dem anderen und wird auch noch mehrmals exkommuniziert – genauso wie sein Sohn Heinrich V., der nach dem Tod des Vaters ab 1106 den Kampf als König gegen die Kirche fortführt. (Wobei er seinen Vater selbst betrog und gefangen nahm, aber das ist eine andere Geschichte.) Aber das Königreich wird dabei immer weiter aufgerieben, und deshalb muss eine Lösung her. Der Investiturstreit wird 1122 im Wormser Konkordat beigelegt: einem Vertrag, in dem die Krone auf die Einsetzung der Bischöfe und Äbte verzichtet. Sie behält zwar noch ein paar Rückversicherungen, aber die Kirche hat sich im Grundsatz durchgesetzt.
Unterm Strich hatte also doch Gregor VII. bekommen, was er wollte: die Trennung von weltlicher und geistlicher Herrschaft. Kaiser und Könige hatten keinen direkten Einfluss mehr auf die Kirche, das Papsttum wurde in den nächsten Jahrhunderten immer freier und mächtiger. Gleichzeitig ist die Trennung von Kirche und Staat bis heute eines der Merkmale unserer europäischen Gesellschaften, und die Kirche hat extrem an politischem Einfluss verloren – zumindest im Vergleich zum Mittelalter. Ihre Äbte, Bischöfe und Päpste darf sie aber immer noch selber bestimmen.

LITERATURHINWEISE:

Stefan Weinfurter: Canossa. Die Entzauberung der Welt. München 2006

Johannes Fried: Canossa. Entlarvung einer Legende. Eine Streitschrift. Berlin 2012

Claudia Zey: Der Investiturstreit. München 2017

QR – CODE:

DER AUFSTAND GEGEN DEN ATOMMÜLL IM WENDLAND – 1977

WIE EINE BÜRGERINITIATIVE ZUM SYMBOL DER ANTI-ATOMKRAFT-BEWEGUNG WURDE

Ende 2021 soll es vollbracht sein, dann sollen alle Atomkraftwerke in Deutschland abgeschaltet sein. Ein Problem bleibt dann aber immer noch: Die verbrauchten Brennstäbe und alle radioaktiven Teile, die in den Kernkraftwerken verbaut waren, müssen irgendwo gelagert werden – und zwar für eine Million Jahre. Mindestens. Die Frage, wohin dieser strahlende Müll kommen soll, beschäftigt die Atomindustrie und die Politik gleichermaßen – auch schon in den Siebzigerjahren.

Die Suche nach einem geeigneten Endlager hatte sich über Jahre hingezogen. Bevor die Entscheidung für das Wendland mit Gorleben als Standort eines atomaren Zwischenlagers fiel, waren mehr als 150 mögliche Lagerstätten untersucht worden. Eigentlich sollte im Wendland ein weiteres Atomkraftwerk gebaut werden, dann aber wurde ein Salzstock in der Nähe von Gorleben als unterirdischer Standort für ein atomares Zwischenlager ins Auge gefasst. Die Menschen in der Gegend waren empört und fürchteten, dass ihre natürliche Umgebung zerstört werde. Vor allem die Bauern des Wendlands sahen sich durch die in Gorleben geplante Lagerung von atomarem Müll in ihrer Existenz bedroht. Schon 1972, *fünf* Jahre vor der Entscheidung, Gorleben als nukleares Entsorgungszentrum zu benennen, war die Bürgerinitiative Umweltschutz Lüchow-Dannenberg gegründet worden, um gegen den Bau des Atomkraftwerks in Langendorf an der Elbe zu protestieren. Diese Pläne wurden fallen gelassen, aber am 22. Februar 1977 entschieden sich die Bundesregierung und die niedersächsische

Landesregierung für Gorleben als einen geeigneten Ort für ein atomares Zwischenlager.
Aber es soll nicht nur ein Zwischenlager für schwach-, mittel- und hochradioaktive Nuklearabfälle, sondern auch noch eine Wiederaufbereitungsanlage für hochradioaktiven Müll und eine Brennelementefabrik gebaut werden. Außerdem soll eine sogenannte Pilotkonditionierungsanlage entstehen. In diesen Anlagen wird der Atommüll so verpackt, dass er nicht oder nur schwer in Wasser löslich und in einem chemisch stabilen Zustand ist. Oft werden die aufbereiteten Brennelemente zum Beispiel in Glas gegossen und dann zusätzlich wasserdicht in Edelstahlbehälter verpackt. So eingeschweißt sind sie bereit für die Endlagerung. Und genau das soll das Herzstück der Anlage in Gorleben werden: ein unterirdisches Atommüllendlager im Salzstock unter einem 1200 Hektar großen Betriebsgelände.
Vor der Entscheidung, das Endlager in Gorleben zu errichten, waren 140 Salzstöcke nach unterschiedlichen Kriterien untersucht worden. Sie waren überprüft worden auf geologische Verhältnisse, Größe und Bevölkerungsdichte. Der Salzstock bei Gorleben wurde ausgewählt, ohne dass geologische Begründungen für diesen Standort benannt wurden. Entscheidend war stattdessen, dass das Wendland nur dünn besiedelt war und direkt an der damaligen Grenze zur DDR lag. Dieser Hintergrund der Entscheidung für den Standort Gorleben wird heute von einigen Verantwortlichen abgestritten.
Die Menschen im Wendland wollen den Bau des Zwischenlagers verhindern und stellen die Bürgerinitiative Umweltschutz Lüchow-Dannenberg am 2. März 1977 neu auf. Sie gründen einen „eingetragenen Verein“, der bis heute existiert – die Mitglieder sind teilweise in dritter Generation dabei. Aber nicht nur die Bürgerinitiative im Wendland wurde immer größer, auch der Kreis der Unterstützer der Anti-Atomkraft-Bewegung in der Bevölkerung wuchs. Am 4. Juni 1978 kandidierte die Grüne

Liste Umweltschutz (GLU) zum ersten Mal bei einer Landtagswahl in Niedersachsen. Dieser niedersächsische Vorläufer von Bündnis 90/Die Grünen erreichte aus dem Stand 3,9 Prozent.
Das alles nützte der Region um Gorleben nur wenig. Es wurde zwar kein „Nukleares Entsorgungszentrum" gebaut, dafür aber ein Zwischenlager für hochradioaktiven Abfall errichtet. Das wurde 1983 fertiggestellt, allerdings wegen massiver Widerstände und Rechtsstreitigkeiten zwischen dem Land und dem Bund erst 1996 in Betrieb genommen. Das Zwischenlager ist oberirdisch, eine Lagerhalle mit 0,5 m dicken Stahlbetonwänden und einem Betonplattendach. Laut Genehmigung dürfen hier bis zu 3800 Tonnen Atommüll auf 420 Stellplätzen gelagert werden. Im November 2011 wurden das letzte Mal Behälter mit abgebrannten Brennelementen in Gorleben eingelagert. Anfang 2021 befinden sich noch 113 Behälter im Zwischenlager.
Nach der Atomkatastrophe von Fukushima im März 2011 gab es ein Umdenken in der Bundesregierung: Nachdem das damalige Kabinett unter Bundeskanzlerin Angela Merkel erst kurz zuvor den von der rot-grünen Vorgängerregierung beschlossenen Ausstieg zurückgenommen hatte, wurde dann doch ein Ausstieg Deutschlands aus der Atomkraft beschlossen. Deshalb wurde auch die Suche nach einem Endlager neu organisiert und die Aufbewahrung der Behälter mit atomaren Abfällen ebenfalls neu geregelt. Seitdem ist die Einlagerung im Transportbehälterlager Gorleben rechtlich ausgeschlossen. Die Behälter sollen stattdessen auf Zwischenlager verteilt werden, die in der Nähe der Atomkraftwerke liegen, aus denen sie stammen.
Auch als Endlager ist der Standort Gorleben mittlerweile ausgeschlossen. Am 28. September 2020 hat die Bundesgesellschaft für Endlagerung (BGE) ihren Zwischenbericht vorgestellt. Darin kommt die BGE zum Ergebnis, dass sich der Salzstock Gorleben nach „Anwendung der geowissenschaft-

lichen Abwägungskriterien“ nicht als Endlager eignet. Wo die 1900 Behälter mit 27 000 Kubikmetern hochradioaktiven Abfällen, die nach dem Abschalten aller deutschen Atomkraftwerke übrig bleiben, in Zukunft gelagert werden, ist aktuell noch ungewiss. Das Standortauswahlverfahren läuft noch bis 2031.

LITERATUR:

Gudrun Pausewang: Die Wolke. Ravensburg 1987

Michael Mieß: Deutschlands Atomkraftwerke – das Spiel zum Abschalten. 2011 (https://kulturmeister.com/product/deutschlands-atomkraftwerke/)

Dirk Eidemüller: Das nukleare Zeitalter. Von der Kernspaltung bis zur Entsorgung. Stuttgart 2012

Horst-Joachim Lüdecke, Götz Ruprecht: Kernenergie. Der Weg in die Zukunft. Jena 2018

QR – CODE:

DER EINSATZ VON AGENT ORANGE IM VIETNAMKRIEG – 1967

WIE CHEMIE DAS LEBEN VON TAUSENDEN MENSCHEN ZERSTÖRTE

Heute diskutieren wir, was Pestizide und Herbizide auf unseren Äckern anrichten, inwieweit sie uns Menschen schaden und welche Rolle die großen Pharmakonzerne dabei spielen. Wie gefährlich solche Stoffe wirklich sein können, erkennt man aber daran, dass sie auch im Krieg eingesetzt wurden – mit grauenhaften Folgen.

Im Frühling 1967 riecht es auf den Feldern Vietnams nicht nach frischem Maniok, in den Wäldern nicht nach frischer Erde oder Blüten. Sondern es liegt ein fauliger Geruch in der Luft, klebrig, wie gegorenes Obst. Dazu das ständige Dröhnen der Flieger und Hubschrauber, die über das Land ziehen. Sie sprühen und sprühen und sprühen und verteilen ihre giftige Ladung überall. In mehr als 6000 Lufteinsätzen verteilen die US-Truppen über 80 Millionen Liter an Herbiziden über Vietnam. Angefangen haben sie mit dieser sogenannten Operation Ranch Hand schon 1961, und zwar auf Befehl des amtierenden Präsidenten John F. Kennedy. Doch ab 1967 kommt im großen Stil der wohl schlimmste aller bisher eingesetzten Stoffe zum Zuge: Agent Orange.

Es ist ein Akt der Verzweiflung der Amerikaner, denn sie müssen befürchten, den Krieg in Vietnam zu verlieren. Er hatte 1955 begonnen, nachdem sich Vietnam zuerst von der Kolonialherrschaft der Franzosen freigekämpft und dann in zwei Staaten geteilt hatte: den kommunistischen Norden und den Süden unter Herrschaft eines vietnamesischen Kaisers. Dieser Kaiser wird aber bald abgesetzt, und im Süden entsteht

die neue Republik Vietnam – marktwirtschaftlich, antikommunistisch und auf den Westen ausgerichtet, aber auch höchst korrupt und autokratisch regiert. Die Kommunisten haben deshalb auch im Süden viele Anhänger und Sympathisanten und beginnen schnell mit einem bewaffneten Aufstand gegen die Regierung. Diese wird allerdings von den USA unterstützt, denn nichts wollen die Amerikaner weniger als ein geeintes, kommunistisches Vietnam: Würde Vietnam erst kommunistisch sein, würde auch bald ganz Südostasien folgen, so ihre Sorge. Da die kommunistischen Regierungen in China und in der UdSSR – unter umgekehrten Vorzeichen – ähnliche Planspiele verfolgen, unterstützen sie den kommunistischen Nordens Vietnams. Das nennt man in der Logik des Kalten Krieges einen Stellvertreterkrieg.
Zwar schickten die Amerikaner zu Beginn „nur" Militärberater und Ausrüstung, aber 1967 waren schon über 300 000 US-Soldaten in Vietnam stationiert – und trotzdem verloren sie. Denn die südchinesischen Rebellen, oft Vietcong genannt, kannten die Wälder und das Terrain tausendmal besser als die US-Soldaten. Sie hatten geheime Versorgungsrouten angelegt und wussten, wie man in den Wäldern schnell vorstößt und sich dann wieder zurückzieht. Diesen strategischen Vorteil wollte ihnen das US-Militär mit dem Einsatz von Agent Orange nehmen. Das Entlaubungsmittel ließ jeden Baum innerhalb von zwei oder drei Stunden völlig kahl zurück, der Vietcong wurde so sichtbar und auch aus der Luft angreifbar. Obendrein tötete Agent Orange die Felder und die Ernten, vernichtete also die Nahrungsmittelversorgung des Gegners. So wurden zwei Millionen Hektar Regenwald zerstört, insgesamt fünf Millionen Hektar Land wurden mit Agent Orange besprüht – ein Zehntel ganz Vietnams.
Aber Agent Orange wirkte nicht nur auf Bäume und Felder, sondern auch unmittelbar auf die Menschen, die damals kei-

nen Schutz vor den klebrigen Gaswolken suchten, da sie nicht wussten, womit sie es zu tun hatten. Aber Ärzte in Vietnam berichteten schon Ende der 1960er-Jahre von ungewöhnlich vielen Kranken: Malaria, Durchfall, Leberversagen und Fehlgeburten. In Agent Orange findet sich nämlich Dioxin – enorm giftig für den Menschen, es schädigt Immunsystem, Nervensystem, Organe und verändert obendrein noch das Erbgut. Die Kinder von Dioxin-Opfern kommen oft tot zur Welt – oder mit schwersten Behinderungen. Bei Frauen, die als junge Mädchen mit Agent Orange in Kontakt gekommen sind, kann sich in der Schwangerschaft aus dem befruchteten Ei kein Kind, sondern ein Krebsgeschwür entwickeln. Das Rote Kreuz schätzt, dass auch fünfzig Jahre nach dem ersten Großeinsatz von Agent Orange noch immer eine Million Vietnamesen an gesundheitlichen Spätfolgen der Chemikalie leiden, darunter seien etwa 100 000 Kinder mit angeborenen Fehlbildungen.
Und wofür? Die US-Amerikaner verlieren den Krieg trotzdem und müssen sich 1975 militärisch und moralisch geschlagen aus Vietnam zurückziehen. Nord- und Südvietnam vereinen sich als sozialistische Republik, die bis heute – zumindest auf dem Papier – noch immer existiert. Eine Entschädigung hat es für keine einzige Vietnamesin und keinen einzigen Vietnamesen gegeben. 2005 urteilte ein Gericht in den USA, der Einsatz von Agent Orange sei „keine chemische Kriegsführung" gewesen, habe damit nicht gegen Völker- und Kriegsrecht verstoßen, und deswegen gebe es keinen Anspruch auf Entschädigung. Erfolg hatte dagegen eine Sammelklage von US-Soldaten, die im Krieg mit Agent Orange hantieren mussten und schließlich auch an Krebs erkrankt waren. Sieben große Pharmafirmen, die Agent Orange hergestellt und an das US-Militär verkauft hatten, willigten in einem außergerichtlichen Vergleich ein, einen Hilfsfonds für die geschädigten Veteranen aufzusetzen.

Zu den Firmen gehörten übrigens Pharmariesen wie Dow Chemical und Monsanto, die in den 1960ern auch die beiden größten Produzenten von Agent Orange waren und beide heute immer noch zu den größten Konzernen der Welt gehören – Monsanto seit 2018 als Teil der Bayer AG. Und die Spur führt noch an anderer Stelle nach Deutschland und zu einem weiteren Pharmaunternehmen: Boehringer Ingelheim war mit Dow Chemical in einen Deal verwickelt und hatte 1976 über 700 Tonnen einer Chemikalie ausgeliefert, die zumindest zur Herstellung von Agent Orange benötigt wird. Heute spricht das Unternehmen deshalb von einer „moralischen Mitschuld."

LITERATUR:

Cordt Schnibben: Saigon Export. Seltsame Berichte aus einem neueröffneten Land. Hamburg 1989

Cordt Schnibben: Der Tod aus Ingelheim. In: Der Spiegel 32/1991, S. 106–112

Marc Frey: Geschichte des Vietnamkriegs. Die Tragödie in Asien und das Ende des amerikanischen Traums. München 2006

Lien-Hang T. Nguyen: Hanoi's War: An International History of the War for Peace in Vietnam. Chapel Hill 2012

Peter Jaeggi: Krieg ohne Ende. Basel 2016

QR - CODE:

DER ENGLISCHE BÜRGERKRIEG UND DAS COMMONWEALTH OF ENGLAND – 1642

WIE DIE PARLAMENTARISCHE DEMOKRATIE BEGANN

Was würden die ganzen Klatschblätter weltweit wohl machen, wenn es keine Monarchie in Großbritannien gäbe? Kein Prinz William, keine Kate, keine Skandale rund um Prinz Harry und dessen Frau Meghan. Wäre es nach Oliver Cromwell gegangen, dann wäre es heute so. Er hat – zumindest temporär – die Monarchie in Großbritannien abgeschafft.

Oliver Cromwell wird am 25. April 1599 als Sohn des Landadligen Robert Cromwell und dessen Frau Elizabeth Steward geboren. Als Sohn eines Adligen genießt er eine gute Ausbildung: Er studiert in Cambridge, wird dort ein glühender Anhänger des Puritanismus, beendete das Studium aber wegen des Todes seines Vaters nicht. Als einziger verbliebener Sohn seiner Eltern muss er mit seinem kleinen Erbe – etwas Land, das teilweise verpachtet ist – zunächst auch seine Mutter und seine sieben unverheirateten Schwestern finanzieren. In dieser Zeit soll er kurz am Lincoln's Inn of Court in London Jura studiert haben, wo er vermutlich seine Frau Elizabeth kennenlernt, die aus einer einflussreichen Familie mit vielen Ländereien stammt.

Durch seine Faszination für den Puritanismus und seine eigene Lebensweise entwickelt er sich immer mehr zum Fanatiker, der das englische Volk für die Auserwählten Gottes hält.

Puritaner waren seit der Reformation in Deutschland und einigen angrenzenden Ländern strikte Anhänger einer weitreichenden Reformation der Kirche nach evangelisch-reformierten beziehungsweise calvinistischen Grundsätzen. Für sie war die römische Amtskirche verweltlicht, ja geradezu unchristlich, weil sie – nach ihrer Meinung – den Versuch darstellte, Gottes Souveränität einzuschränken. Deshalb galt bei den Calvinisten und den Puritanern, dass die Bibel allein die Grundlage des Glaubens sei, dass allein Christus das Sagen über die Gläubigen habe und nicht die Kirche und dass nur der Glaube den Menschen rechtfertige. Aber die Puritaner mischten sich auch in die Politik ein – so auch Cromwell. Allerdings war er zunächst nur in Cambridge politisch aktiv, spielte aber auf nationaler Ebene bis in die 1640er-Jahre keine nennenswerte Rolle.

Das ändert sich, als 1642 der erste englische Bürgerkrieg zwischen den Royalisten, den Anhängern von König Charles I., und den Parlamentariern, die die Abschaffung der Monarchie befürworten, ausbricht. Cromwell stellt sich in diesem Konflikt auf die Seite der Gegner des Königs und steigt schnell in der Parlamentsarmee auf. Schließlich leitet er eine Elitetruppe, die sogenannten Ironsides, die aus gut ausgebildeten und ausgerüsteten Soldaten besteht. Cromwell wirbt für die Ironsides fast nur gläubige Puritaner an, die nicht für Geld, sondern aus Überzeugung für die Sache kämpfen. Und er besetzt die Offiziersstellen nicht nach Rang, sondern ausschließlich nach Verdienst und Fähigkeiten – so kann auch ein einfacher Handwerker zum Offizier aufsteigen. Das führt zu einer sehr hohen Kampfbereitschaft und zu einer ebenso hohen Moral. Die Ironsides unter Führung von Oliver Cromwell haben großen Anteil am Sieg über den König im Herbst 1648. Nachdem König Charles I. am 30. Januar 1649 vor den Augen einer schaulustigen Menge in London hingerichtet worden ist, wird – zumindest temporär – die englische Monarchie abgeschafft und eine Republik eingerichtet, das sogenannte Commonwealth of England.

Cromwell regierte dieses Commonwealth bis zu seinem Lebensende am 3. September 1658 als Lordprotektor von England, Schottland und Irland allein. Die Königswürde hatte er aber immer abgelehnt. Die englische Republik wurde nur durch das Unterhaus regiert, dem Parliament of England. Mit der Zeit ähnelte sein Regierungsstil immer mehr einer Militärdiktatur. Bei der Rückeroberung Irlands, die von 1649 bis 1653 dauerte, ging Oliver Cromwell äußerst brutal vor. Nach der Belagerung der Stadt Drogheda an der Ostküste der Insel etwa wurden 3500 Menschen ermordet: rund 2700 königstreue Soldaten und alle waffentragenden Männer der Stadt, egal ob Zivilisten, Gefangene oder katholische Priester. Dieses Massaker belastet noch heute die irisch-englischen und die katholisch-protestantischen Beziehungen. Der Titel Lordprotektor wurde erblich und sollte nach seinem Ableben an seinen Sohn Richard übergehen.

Aber Cromwells Sohn Richard konnte nach dem Tod seines Vaters nicht in dessen Fußstapfen treten, weil er kein Talent darin hatte, eine Armee zu führen. Er gab seine Regentschaft im April 1659 auf und ging ins Exil nach Paris. Danach verlieh das britische Parlament 1660 Charles II. die Königswürde. Damit saß der Sohn des 1659 hingerichteten Charles I. auf dem englischen Thron. Charles II. setzte alles daran, eine Monarchie alten Stils wieder einzusetzen – eine Monarchie, in der der König das alleinige Sagen hat und nicht an die Entscheidungen eines Parlaments gebunden ist. Aber sein Versuch scheiterte auch daran, dass Oliver Cromwell den Weg bereitet hatte für eine Revolution, die England und Europa bis heute verändert hat. Mit der Unterzeichnung der Bill of Rights wurden im Februar 1689 zum ersten Mal die Rechte des Parlaments gegenüber dem Königtum detailliert festgelegt. Nun bestimmten die Abgeordneten das Staatsbudget, genehmigten oder verweigerten die Aufstellung eines Heeres und entschieden über die Anwendung von Folter. Insgesamt war also das Parlament gestärkt worden – und das ist bis heute in England und in anderen Monarchien so. Man nennt es konstitutionelle Monarchie, und die wäre ohne Oliver Cromwell am Ende des 17. Jahrhunderts nicht zustande gekommen.

LITERATUR:

John Buchan: Oliver Cromwell. Cornwall 2009

Robert von Friedeburg: Neue Fischer Weltgeschichte. Band 5: Europa in der frühen Neuzeit. Frankfurt am Main 2012

Stefan Marschall: Parlamentarismus: Eine Einführung. Baden-Baden 2018

Dieter Berg: Oliver Cromwell. England und Europa im 17. Jahrhundert. Stuttgart 2019

QR – CODE:

DER SPARTAKUS-AUFSTAND – 73 V. CHR.

WIE SICH EIN SKLAVE GEGEN EIN WELTREICH ERHOB

Heute gilt die Sklaverei weltweit als abgeschafft. Sicher müssen wir uns fragen, ob das zum Beispiel auch für die Menschen gilt, die in Katar Stadien für die FIFA-Fußballweltmeisterschaft gebaut haben. Aber einen anderen Menschen zu besitzen und ihn zum Spaß auf Leben und Tod kämpfen zu lassen, das gehört eher in frühere Zeiten.

Spartakus steht auf dem Schlachtfeld, den Blick auf die römischen Legionäre gerichtet, nimmt er seinen Speer und rammt ihn seinem Pferd in die Seite. „Wenn wir verlieren, brauche ich kein Pferd mehr. Wenn wir gewinnen, werde ich viele Pferde haben", soll er gesagt haben. Er wird allerdings verlieren und noch am selben Tag – etwa im Jahr 71 v. Chr. – sein Leben lassen. Spartakus, der Sklave, der es mit dem großen Römischen Reich aufgenommen hat. Seine letzten 6000 Mitstreiter werden gefangen genommen und entlang der Via Appia in Rom gekreuzigt. Das ist das grausame Ende des Spartakus-Aufstands.

Aber ob er an diesem Tag wirklich sein Pferd getötet und diesen Satz gesprochen hat? Wann genau soll dieser Tag eigentlich gewesen sein? Und wie viele Kämpfer hatte er an seiner Seite? Das ist alles nur schwer zu beantworten, denn weder Spartakus noch seine Mitstreiter haben selbst irgendwelche Quellen hinterlassen. Wir verlassen uns zumeist auf römische oder griechische Historiker, die nicht einmal Zeitgenossen des Spartakus waren, aber über die Geschehnisse zwischen 73 und 71 v. Chr. berichten. Die römisch-griechischen Geschichtsschreiber Plutarch, Appian von Alexandria und Florus, die etwa 150 Jahre später gelebt haben, aber auf verschollene antike Quellen zurückgreifen konnten, berichten über die Geschichte von Spartakus, die dort beginnt, wo sie endet – nämlich auf dem Schlachtfeld. Vermutlich aus Thrakien stammend, geriet er als junger Soldat bei einem der römischen Feldzüge in Gefangenschaft und landete auf dem Sklavenmarkt. So erging es im ersten Jahrhundert v. Chr. vielen Gegnern der Römer, denn deren Reich expandierte aggressiv und hatte Bedarf an Sklaven, die nach römischem Recht völlig selbstverständlich waren. Zu der Zeit gab es in Rom etwa 700 000 Sklaven, bis zum Jahr null verdoppelte sich diese Zahl auf 1,5 Millionen. Die Sklaven arbeiteten auf den Feldern und im Handwerk, schufteten und starben in den Minen und den Steinbrüchen, dienten verhältnismäßig privilegiert als Haussklaven oder kämpften als Gladiatoren. Und jedes Kind von Sklaven war von Geburt an automatisch auch versklavt.

Spartakus landete, wahrscheinlich aufgrund seiner militärischen Ausbildung, in einer Gladiatorenschule im süditalienischen Capua und kämpfte demnach wohl regelmäßig gegen wilde Tiere oder andere Gladiatoren – zur Unterhaltung des römischen Publikums in dessen großen, feinen Freiluftarenen. Über die „Lebensqualität" eines Gladiators im ersten Jahrhundert v. Chr. lässt sich tatsächlich streiten, aber natürlich starben sehr viele von ihnen qualvoll bei den Kämpfen in der Arena. Spartakus und etwa siebzig andere Gladiatoren wollen diesem Schicksal entkommen und suchen die Flucht – mit Erfolg! In Freiheit stellen sie eine kleine Armee zusammen, die bald schlagkräftig wird und eine Truppe darstellt, die sogar zwei römische Heere besiegt, auch wenn es sich dabei nicht um kampferprobtes römisches Militär gehandelt haben dürfte. Was Spartakus und seine Mitstreiter bei diesen Kämpfen auszeichnet, würden wir heute Guerillataktik nennen. Mit Waffen und Ausrüstung, die er von seinen Gegnern erbeutet, stattet er sein Gefolge aus. Die übrige Beute verteilt er – den Erzählungen nach – fair unter seinen Männern, was für die Zeit revolutionär ist. Normalerweise steckte sich der Feldherr den Großteil der Beute in die eigene Tasche. Andere Historiker berichten, er sei ein eher brutaler Anführer gewesen, der im Zweifel sogar die eigenen Leute abschlachten ließ. So oder so schafft er es in kurzer Zeit zu großer Popularität, und es schließen sich ihm immer mehr Menschen an. Vornehmlich Sklaven vom Land, die bisher auf den großen Bauernhöfen oder als Hirten gearbeitet haben, aber auch Freie, also Nicht-Sklaven: Tagelöhner oder verarmte Kleinbauern, die ihren Status quo verbessern wollen und bereit sind, dafür zu kämpfen. Im Vergleich zu anderen Sklavenaufständen ist die breite Unterstützung für den Aufstand eine Besonderheit und sicher der Grund dafür, warum Spartakus jahrhundertelang eine Ikone der politischen Linken war. Karl Marx nannte ihn den „famosesten Kerl, den die ganze antike Geschichte aufzuweisen hat".

Je nach Schätzungen befahl Spartakus bald eine Armee, die 70 000 Mann stark war. Und trotzdem wusste er: Rom werden wir so nicht schlagen. Sein Plan war nie, die Hauptstadt zu erobern oder gar das System zu stürzen – sehr wahrscheinlich ist, dass die Sklaverei weiter fest zum Inventar des antiken Denkens gehörte. Und wahrscheinlich ist auch, dass keine Revolution angezettelt werden sollte, sondern dass viele Einzelne ihre sozialen Verhältnisse verbessern wollten. Das könnten wir laut der Historikerin Elisabeth Herrmann-Otto auch daran sehen, dass sich die Stadt- und Haussklaven nie der Sache angeschlossen haben, denn denen ging es auch aus eigener Sicht sehr gut. Nein, Spartakus hatte einen anderen Plan: Er wollte alle Sklaven, die sich ihm angeschlossen hatten, nach Norden über die Alpen führen, von wo aus jeder wieder in seine Heimat hätte zurückkehren können – nach Gallien, Thrakien oder Germanien.

Rom konnte das aber nicht geschehen lassen, denn natürlich war der Aufstand unabhängig von der Motivation der Sklaven ein Rütteln am System. Also wurde unter dem Feldherrn Crassus ein schlagkräftiges Heer zusammengestellt, das Spartakus und seine Sklavenarmee aufrieb, manchmal Tausende von ihnen an nur einem Tag tötete und sie bis an den südlichsten Zipfel Italiens trieb. Dort fand die finale Schlacht statt, in der Spartakus zuerst sein Pferd tötete und dann selbst starb. Seine überlebenden Mitstreiter landeten entlang der Via Appia am Kreuz, um zu zeigen: Sklaven bleiben Sklaven, legt euch nicht mit Rom an!

Auch wenn Spartakus vielleicht nicht daran gelegen war, die Sklaverei abzuschaffen, so hat er aber doch ein Zeichen gesetzt, das die Jahrhunderte überdauert hat. Nämlich dass es denkbar und möglich ist, als Sklave die Ketten der Herren zu sprengen. Welchen Anteil er damit hatte auf dem langen Weg bis zur Abschaffung der Sklaverei im 19. und 20. Jahrhundert, ist fraglich. Und ohnehin sollten wir uns nicht in falscher Sicherheit wiegen.

Heute leben zwischen 27 und 270 Millionen Menschen in moderner Sklaverei, schätzt der Historiker Michael Zeuske. Die Zahlen gehen deshalb so weit auseinander, weil die Definitionen auseinandergehen: Zwangsarbeit, Kinderarbeit, Menschenhandel und Zwangsprostitution, Ehen aus Zwang, Kultsklaverei oder Schuldenfallen, all das sind Methoden oder Formen moderner Sklaverei. Vor allem aber sollten wir in den Spiegel schauen und nach Restspuren der Sklaverei in unserem täglichen Denken suchen, nach einer alltäglichen Bereitschaft, dass andere unsere Drecksarbeit machen. Und wir sollten uns fragen, wie zum Beispiel Produkte, die wir kaufen, hergestellt wurden – oder wie Stadien gebaut wurden, in denen für uns Fußball gespielt wird.

LITERATUR:

Elisabeth Herrmann-Otto: Sklaverei und Freilassung in der griechisch-römischen Welt. Hildesheim 2009

Christian Mann: Die Gladiatoren. München 2013

Michael Zeuske: Sklaverei. Eine Menschheitsgeschichte. Von der Steinzeit bis heute. Ditzingen 2018

QR – CODE:

DER TOD DES BENNO OHNESORG – 1967

WIE DER TOD EINES STUDENTEN ZUM SYMBOL DER RAF WURDE

Am 12. Dezember 2008 wird vor einem Haus im Berliner Stadtteil Charlottenburg eine schmucklose Gedenktafel enthüllt: „Am 2. Juni 1967 starb Benno Ohnesorg. Der 26-jährige Student hatte an einer Protestkundgebung gegen den Schah von Persien vor der Deutschen Oper teilgenommen. Im Hof des Hauses Krumme Straße 66/67 traf ihn der Schuss eines Zivilpolizisten in den Kopf. Noch in derselben Nacht erlag Benno Ohnesorg seiner Verletzung." Diese Worte erinnern an den Abend des 2. Juni 1967, an dem der Student Benno Ohnesorg ums Leben kam. In der linken Szene wurden die Umstände seines Todes als Hinrichtung gewertet, und Benno Ohnesorg wurde zu einem Symbol des bewaffneten Kampfes gegen die Bundesrepublik Deutschland.

Berlin ist in jenen Tagen im Juni 1967 in heller Aufregung, es hat sich ein hoher und keineswegs willkommener Besuch angesagt. Bundespräsident Heinrich Lübke hat den Schah von Persien eingeladen und begibt sich an diesem 2. Juni mit seinem Gast in das Berliner Opernhaus. Während drinnen Mozarts Zauberflöte intoniert wird, bricht draußen ein Straßenkampf zwischen Demonstranten, die den Schah von Persien als Mörder und Ausbeuter seines Volkes brandmarken, und bewaffneten Kräften der Berliner Polizei aus. Kaum sind der Schah und Heinrich Lübke in der Oper verschwunden, jagen Berliner Polizisten mit Schlagstöcken die Menge auseinander. Wie schon am Nachmittag, als sie von Angehörigen des persischen Geheimdienstes, den sogenannten Jubelpersern, unterstützt worden waren, die mit langen Stangen auf die unbewaffneten Studenten eingeprügelt haben, setzen sie eine Idee

des Berliner Polizeipräsidenten in die Tat um. Erich Duensing hatte sich die „Leberwursttaktik“ ausgedacht, bei der massive Polizeieinheiten in die Mitte einer Demonstration einbrechen, sodass die Enden auseinanderplatzen und die dort stationierten Einheiten leichtes Spiel haben.
Unter den Demonstranten befindet sich auch der Romanistikstudent Benno Ohnesorg. Auf dem zweiten Bildungsweg hatte er das Abitur nachgeholt, war vielseitig interessiert, liebte klassische Musik und die Literatur. 1964 hatte er an der Freien Universität Berlin das Studium begonnen und Ende April 1967 seine schwangere Freundin Christa geheiratet. Benno Ohnesorg ist wie alle seine Kommilitoninnen und Kommilitonen politisch interessiert, engagiert sich gleichzeitig noch in der Evangelischen Studentengemeinde. Die Bundesregierung hatte den Schah für diesen Sommer eingeladen, um das ölreiche Land an die westliche Staatengemeinschaft zu binden und ein Abdriften zur Sowjetunion zu verhindern oder zumindest weniger wahrscheinlich zu machen. Die Studenten aber sehen im Schah von Persien lediglich einen skrupellosen Machtpolitiker, der sein eigenes Volk verhungern lässt.
Benno Ohnesorg informiert sich im Vorfeld des Besuchs über die Zustände in Iran und ist einer von 4000 Studenten, die einen Tag vorher dem Vortrag des iranischen Regimekritikers Bahman Nirumand zuhören. Der in Teheran geborene Nirumand hatte einen Bestseller mit dem Titel „Persien, Modell eines Entwicklungslandes“ geschrieben, das in aller Munde war. Danach beschließt Benno Ohnesorg gemeinsam mit seiner Frau, an der Demonstration am 2. Juni gegen den persischen Machthaber teilzunehmen. Sie basteln ein Plakat mit der Aufschrift „Freiheit für die Teheraner Universität“ und ziehen abends in Richtung Deutsche Oper, wo sich gegen 19 Uhr etwa 2000 Demonstranten versammelt haben. Schnell rücken Wasserwerfer und gepanzerte Polizeifahrzeuge vor,

die fliehenden Demonstranten müssen durch ein schmales Spalier aus prügelnden Polizisten – unter ihnen Benno Ohnesorg.

Als er sieht, wie Polizisten einen Studenten in einen Innenhof zerren, trennen sich Christa und Benno Ohnesorg. Christa macht sich auf den Heimweg, während Benno die Geschehnisse im Hof des Wohnhauses Krumme Straße 66 beobachten will. Unter den Polizisten ist auch Kriminalobermeister Karl-Heinz Kurras, der seit 1955 als Inoffizieller Mitarbeiter für das DDR-Ministerium für Staatssicherheit tätig ist. Gemeinsam mit anderen Polizisten schlägt Kurras auf mehrere Demonstranten ein, Benno Ohnesorg beobachtet zunächst das Geschehen aus sicherer Entfernung, will sich dann entfernen, wird aber von drei Polizisten daran gehindert. Die Beamten kreisen Ohnesorg ein, versperren den Fluchtweg, halten ihn fest und prügeln auf ihn ein. Bald kommt Karl-Heinz Kurras dazu, der gegen 20.30 Uhr einen tödlichen Schuss aus nächster Nähe auf Ohnesorg abgibt.

Zwanzig Minuten später trifft ein Krankenwagen ein, aber Ohnesorg überlebt den Transport in ein Krankenhaus nicht. Er stirbt an den Folgen der Schussverletzung, die Krankenhausakte weist dagegen einen Schädelbasisbruch als Todesursache aus. Gegen den Polizeibeamten Kurras wurde ein Ermittlungsverfahren eingeleitet, in dem seine Äußerung widerlegt werden konnte, er habe aus Notwehr gehandelt. Dennoch wurde er vom Verdacht der fahrlässigen Tötung freigesprochen. Als 2009 seine Stasi-Tätigkeit bekannt wurde, kam es zu erneuten Ermittlungen, die aber nicht zu einer Wiederaufnahme des Prozesses gegen Karl-Heinz Kurras führten. Benno Ohnesorg wurde auf dem Landweg von Berlin nach Hannover überführt. Entlang des Weges gab es immer wieder Solidaritätsbekundungen, allein am Grenzübergang Dreilinden versammelten sich 15 000 Menschen.

Sowohl die Erschießung als auch der Freispruch des Todesschützen lösen bundesweite Proteste aus, die sich auch gegen die Zeitungen der Springer-Presse richten, denen Scharfmacherei und Falschberichte vorgeworfen werden. Besonders prägend war der 2. Juni für Angehörige des terroristischen Untergrunds, von denen sich einige zur „Bewegung 2. Juni" zusammenschließen. Die Erschießung von Benno Ohnesorg, schrieben sie später, habe „die eigentliche Politisierung" bedeutet. Dass „einfach jemand abgeknallt" wurde, gehe „ein Stück zu weit", hieß es weiter. Mit der Verwendung des Datums als Bezeichnung für eine Terrorgruppe sollte der bundesrepublikanischen Öffentlichkeit klargemacht werden, wer zuerst geschossen habe – die Polizei.
So wurde die Demonstration gegen den Schah von Persien viel mehr als nur eine Willensbekundung: Die Familie Ohnesorg wurde zerstört und eine Terrorgruppe entstand, die für den Mord am Berliner Kammergerichtspräsidenten Günter von Drenkmann am 10. November 1974, die Entführung des Berliner CDU-Politikers Peter Lorenz sowie zahlreiche Bombenattentate und Banküberfälle verantwortlich war.

LITERATUR:

Uwe Soukup: Ein Schuss, der die Republik veränderte. Der 2. Juni 1967. Berlin 2017

Butz Peters: RAF gegen Bundesrepublik, München 2017

Stefan Aust: Der Baader-Meinhof-Komplex. Hamburg 2017

QR – CODE:

DER SECHSTAGEKRIEG – 1967

WIE ISRAEL GEGEN DIE ARABISCHEN STAATEN KÄMPFTE

Wenn ich mir etwas nehme, was mir nicht gehört, es dann aber einfach behalte und nutze – wird es dann nicht automatisch irgendwann meins? Diese Ansicht könnte man Israel im Umgang mit den Gebieten unterstellen, die im Sechstagekrieg 1967 erobert und bis heute nicht an seine früheren Landbesitzer zurückgegeben wurden. Ostjerusalem mit dem für viele Religionen heiligen Tempelberg gehört dazu. Außerdem das Gebiet westlich des Jordans. Und die Golanhöhen. All diese Gebiete gehören offiziell nicht zu Israel, sie wurden annektiert und werden jetzt von Israelis kontrolliert und besiedelt.

In den 1960er-Jahren war der junge Staat Israel in keiner guten Verfassung. Seit der Staatsgründung hatte sich die Einwohnerzahl verdreifacht, die Wirtschaft war in eine Rezession gerutscht, viele Israelis waren arbeitslos. Dazu kamen innere Konflikte. Die orientalischen Juden, die Mizrachim, fühlten sich gegenüber den Aschkenasim benachteiligt, den europäischstämmigen Juden, die die Elite des Landes stellten.

Dazu kam die Gefahr von außen: Seit Wochen drohte der ägyptische Staatspräsident Gamal Abdel Nasser damit, den jüdischen Staat zu vernichten. Das Verhältnis zu Jordanien war sehr angespannt. Und auch an der israelisch-syrischen Grenze gab es andauernd Konflikte. Es kam zu massiven Truppenaufmärschen im ägyptischen Sinai und an den syrischen Golanhöhen. Ergänzt noch um eine Blockade der Meerenge von Tiran zwischen Ägypten und Saudi-Arabien, wodurch die israelische Hafenstadt Eilat nicht mehr erreichbar war. Damit war der einzige Zugang zum Roten Meer für Israel versperrt – aus israelischer Sicht ein Grund für Krieg.

Am 5. Juni 1967 antwortet Israel auf diese als Bedrohung empfundene Entwicklung mit einem Überraschungsangriff seiner Luftwaffe. Innerhalb von drei Stunden zerstört die israelische Luftwaffe fast alle ägyptischen Flugzeuge am Boden. Noch am selben Tag werden sowohl die syrische als auch die jordanische Luftwaffe vernichtet. Dadurch erreicht Israel für den Rest des Kriegs die vollständige Luftüberlegenheit.
In den folgenden Tagen erobern israelische Truppen die ägyptische Sinai-Halbinsel, die syrischen Golanhöhen und das von Jordanien im Krieg von 1948/49 annektierte Ostjerusalem und das Westjordanland. Israelische Soldaten machen den Weg frei zur Klagemauer. Dieser Rest der Außenmauer des Herodianischen Tempels ist eine der wichtigsten religiösen Stätten des Judentums. Am Abend des 10. Juni 1967 tritt ein von den Vereinten Nationen ausgehandelter Waffenstillstand in Kraft. Nach sechs Tagen ist der Krieg vorbei.
Mit den annektierten Gebieten ist Israel dreimal so groß wie zuvor. Und das Land ist quasi über Nacht zur Besatzungsmacht über eine Million Palästinenser geworden. Die besetzten Gebiete galten für Israel als Faustpfand für eine Aussöhnung mit den arabischen Nachbarn: Land gegen Frieden. Die Nachbarn allerdings hatten andere Pläne. Im August 1967 fand in der sudanesischen Hauptstadt Khartum ein Gipfeltreffen der Arabischen Liga statt, auf dem einstimmig beschlossen wurde: Kein Frieden mit Israel, keine Verhandlungen mit Israel, keine Anerkennung Israels.
Die internationale Gemeinschaft konnte sich am 22. November 1967 während der Sitzung des Sicherheitsrats der Vereinten Nationen auf die Resolution 242 einigen. Allerdings fanden die Delegierten nur schwammige Formulierungen. Sie forderten im Gegenzug für eine Anerkennung Israels den „Rückzug der israelischen Streitkräfte aus Gebieten, die während des jüngsten Konflikts besetzt wurden“, und die „Anerkennung der

Souveränität (...) eines jeden Staates in der Region und seines Rechts, innerhalb sicherer und anerkannter Grenzen frei von Androhungen oder Akten der Gewalt in Frieden zu leben". Allerdings legten sie nicht fest, aus welchen besetzten Gebieten sich Israel zurückziehen sollte. Der Zusatz „aus allen Gebieten", den die Sowjetunion in den Verhandlungen forderte, wurde abgelehnt. Auch eine Frist für den Rückzug aus den besetzten Gebieten wurde in dieser Resolution nicht festgesetzt. De facto hat Israel mit zwei Ausnahmen heute die Staatsgrenzen, die es nach dem Sechstagekrieg erreicht hatte. Mit Ägypten konnte im Frühjahr 1979 das Camp-David-Abkommen zwischen Ministerpräsident Menachem Begin und Präsident Anwar as-Sadat und dem amerikanischen Präsidenten Jimmy Carter unterzeichnet werden. Darin wird der Kriegszustand beendet und Ägypten erkennt Israel offiziell an. Dafür gibt Israel die Sinai-Halbinsel an Ägypten zurück und löst einige jüdische Siedlungen in diesem Gebiet auf. Der Sueskanal wird für israelische Schiffe wieder freigegeben und als internationaler Wasserweg ebenso wie die Straße von Tiran und der Golf von Akaba anerkannt. Das Camp-David-Abkommen war der erste Aussöhnungsvertrag Israels mit seinen Nachbarn. 1994 folgte Jordanien diesem Beispiel. 2020 nahmen die Vereinigten Arabischen Emirate, Bahrain und der Sudan diplomatische Beziehungen zu Israel auf.

Der Friedensprozess mit den Palästinensern, der 1993 mit dem Oslo-Abkommen begann, beruht ebenfalls auf der Idee, Frieden gegen die Rückgabe von Land zu bekommen. 2005 wurde der Gazastreifen komplett von Israel abgekoppelt und etwa vierzig Prozent des Westjordanlandes an die Palästinenser zurückgegeben. Das allerdings mit Einschränkungen: Das Gebiet ist extrem zerstückelt und immer wieder von jüdischen Siedlungen unterbrochen. Deshalb untersteht es zwar der Palästinensischen Selbstverwaltung, ist aber völkerrechtlich nicht als eigenständiger Staat anerkannt und wirtschaftlich abhängig von Israel. Der Sechstagekrieg von 1967 hat die äußeren Bedrohungen Israels reduziert. Vor allem die in der Folge entstandenen Friedensverträge mit einigen der arabischen Nachbarn sind bis heute ein Faktor der Stabilität in einer ansonsten unruhigen Region.

LITERATUR:

Tom Segev: 1967. Israels Zweite Geburt. München 2009

Amos Oz, Avraham Shapira: Man schießt und weint. Gespräche mit israelischen Soldaten nach dem Sechstagekrieg. Frankfurt am Main 2017

Noam Zadoff: Geschichte Israels. Von der Staatsgründung bis zur Gegenwart. München 2020

Muriel Asseburg, Jan Busse: Der Nahostkonflikt. Geschichte, Positionen, Perspektiven. München 2020

QR – CODE:

DER „HOLODOMOR" – 1932

WIE DIE SOWJETUNION EINE SCHWERE HUNGERSNOT IN DER UKRAINE PROVOZIERTE

2017 veröffentlichte die amerikanische Historikerin Anne Applebaum ein weltweit beachtetes Buch mit dem Titel „Roter Hunger. Stalins Krieg gegen die Ukraine". Darin beschreibt sie die Hungerkatastrophe in der Ukraine Anfang der Dreißigerjahre und bezeichnet sie als Genozid. Auf Geheiß Stalins seien an der ukrainischen Bevölkerung Massenmord und schwere Verbrechen gegen die Menschlichkeit begangen worden. Schon 2008 hatte sich das Europäische Parlament ähnlich positioniert und den Holodomor, so die Bezeichnung dieser Hungersnot, als „Verbrechen gegen die Menschlichkeit" gebrandmarkt.

Alles begann beim 15. Parteitag der KPdSU im Dezember 1927. Stalin hatte die Machtkämpfe nach dem Tod des Parteigründers Lenin drei Jahre zuvor für sich entscheiden können. Seine Kritiker hatte er ebenso wie Abweichler und andere missliebige Personen umbringen lassen. Er war der alleinige Machthaber, er steuerte den wirtschaftlichen Kurs der jungen UdSSR, und er war es, der über das Wohl und Wehe der Menschen in der Sowjetunion bestimmte. Im Dezember 1927 beschloss der Parteitag die Industrialisierung der bis dahin eher agrarischen und vor allem rückständigen UdSSR. Stalin wollte in möglichst kurzer Zeit die Lücke zwischen seinem Land und den sehr viel weiter entwickelten Industriestaaten des Westens schließen. Dazu brauchte er Geld, um im Ausland Industriegüter, Maschinen und Rohstoffe kaufen zu können, die eine Industrialisierung überhaupt erst ermöglichen konnten. Das Geld sollte über die Zwangskollektivierung der Landwirtwirtschaft hereinkommen. Stalin und die sowjetischen Ökonomen erwarteten sich von dieser Kollektivierung eine deutliche Steigerung der

landwirtschaftlichen Produktion, deren Überschüsse auf dem Weltmarkt Devisen einbringen sollten.
Teil des Plans war, die angestrebte Überproduktion durch Zusammenlegung der bewirtschafteten Flächen und durch den vermehrten Einsatz von mechanischen Geräten zu erreichen. Die private Lagerhaltung der Bauern war fortan verboten und stand unter Strafe. In der Ukraine, der einstigen Kornkammer Russlands, trat das Gegenteil der Erwartungen ein, denn zunächst bewirkte die zwangsweise Kollektivierung eine Verkleinerung der Anbauflächen und eine Reduzierung des Nutztierbestandes. Beides führte zu einer Verringerung der Ernteerträge um etwa zwanzig Prozent. Dieser wirtschaftliche Reinfall traf Anfang der Dreißigerjahre auf eine Politik Stalins, die in der Ukraine einen Herd ständiger Unruhe sah und neben den Angehörigen des Klerus die sogenannte Intelligenzija als die ärgsten Feinde des Sozialismus ausgemacht hatte. Begleitet von der Politik der Russifizierung der Ukraine war es Ende der Zwanzigerjahre zu staatlich gelenktem Terror gegen diese beiden Gruppen gekommen. Schätzungen gehen davon aus, dass dabei etwa 10 000 Priester ums Leben gekommen sind. Die Zahl der in irgendwelche Zwangsarbeitslager verschleppten ukrainischen Intellektuellen wird mit etwa 50 000 angegeben.
Dieser beispiellosen Brutalität sehen sich ab 1932 die Bauern in der Ukraine ausgesetzt, denen pauschal vorgeworfen wird, landwirtschaftliche Produkte zu horten, sie privat zu verkaufen oder selbst zu konsumieren. In dieser ohnehin dramatischen Situation kommt es im Frühjahr 1932 zu einer schweren Dürre. Die landwirtschaftlichen Erträge sinken weiter, aber örtliche Parteikader erhöhen auf Anordnung Stalins die Abgabenquote auf knapp fünfzig Prozent aller Erträge. Dieser Teil der landwirtschaftlichen Erzeugnisse wird aber nicht etwa zur Ernährung ebenfalls hungernder Menschen in anderen Teilen der Sowjet-

union verwendet, sondern auf dem Weltmarkt gegen Devisen verkauft.
Während der Außenhandel mit Getreide boomt, beginnt im Inneren der UdSSR eine katastrophale Hungersnot. In dieser Situation verschärft Stalin die Maßnahmen gegen die Ukraine, lässt die Grenzen für Hunderttausende Flüchtlinge aus der Ukraine schließen und gleichzeitig die Abgaben noch einmal erhöhen. Aber auch das scheint dem Vernichtungswillen Stalins noch immer nicht zu genügen. Ende November 1932 kommt das Politbüro unter Leitung des späteren Außenministers Wjatscheslaw Molotow zusammen und führt „Naturalienstrafen" ein. Kurz danach plündern Brigaden der Roten Armee Höfe und Häuser und konfiszieren alles, was nicht niet- und nagelfest ist. Das Ergebnis dieser systematischen Ausplünderung der Ukraine ist die vollständige Verarmung der Bevölkerung. Elends- und Bettelzüge ziehen durch Städte und Dörfer, es werden Fälle von Kannibalismus bekannt.
Aber Stalin kennt kein Erbarmen, er will ein Exempel statuieren und nimmt den millionenfachen Tod von Ukrainern in Kauf. Experten sind sich über die genauen Opferzahlen nicht einig, sie schwanken zwischen 3,5 und 7,5 Millionen Menschen. In der Sowjetunion wurde dieses Verbrechen Jahrzehnte lang verschwiegen oder in Relation mit anderen Hungersnöten der Dreißigerjahre gesetzt. Mit dem Ende der Sowjetunion öffneten sich die Archive, und damit wurde eine wissenschaftliche Auseinandersetzung mit dem Holodomor möglich. Dabei setzte sich die Erkenntnis durch, dass nicht nur in der Ukraine eine absichtlich herbeigeführte Hungersnot als Akt der Disziplinierung und Unterdrückung eingesetzt worden ist. Der Bremer Soziologe Gunnar Heinsohn prägte für die Mischung aus Völkermord und politischer Verfolgung das Begriffspaar „Genozid und Politizid". Stalin wollte den ukrainischen Freiheitswillen unterdrücken und seine Herrschaft festigen und ließ dafür

Millionen von Menschen ermorden. Ein Umstand, der bis heute das Verhältnis vieler Menschen in der Ukraine zu Russland nachhaltig beeinträchtigt.

LITERATUR:

Gunnar Heinsohn: Lexikon der Völkermorde. Rowohlt, Reinbek 1998

Rudolf A. Mark, u. a. (Hrsg.): Vernichtung durch Hunger. Der Holodomor in der Ukraine und der UdSSR. Berlin 2004

Anna Kaminsky (Hrsg.): Erinnerungsorte an den Holodomor 1932/33 in der Ukraine. Leipzig 2008

Anne Applebaum: Roter Hunger. Stalins Krieg gegen die Ukraine. München 2019

QR – CODE:

DER ANSCHLAG VON ROSTOCK-LICHTENHAGEN – 1992

WIE RECHTSEXTREMISTEN GEGEN VIETNAMESISCHE VERTRAGSARBEITER GEWALTTÄTIG WURDEN

Der Anschlag in Hanau 2020, der Mord am Kasseler Regierungspräsidenten Walter Lübcke 2019 und das Auffliegen der Terrorgruppe Nationalsozialistischer Untergrund (NSU) 2011 haben gezeigt: Es gibt Strukturen in Deutschland, die unsere freiheitlich-demokratische Grundordnung infrage stellen und zerstören wollen. Und das nicht nur im Untergrund oder am Rand der Gesellschaft: Jeden Tag werden in Deutschland Straftaten mit rechtsextremem Hintergrund begangen. 2016 war es statistisch alle 22 Minuten einer. Aber auch schon kurz nach der Wiedervereinigung 1990 gab es einen Anstieg an Rechtsextremismus in Deutschland. Einer der schlimmsten fremdenfeindlichen Anschläge in Deutschland nach dem Zweiten Weltkrieg fand im August 1992 in Rostock-Lichtenhagen statt.

In der Mecklenburger Allee im Rostocker Stadtteil Lichtenhagen steht ein elfstöckiger Plattenbau. Auf der östlichen Stirnseite sind große Sonnenblumen an der Fassade zu sehen, sie geben dem Haus den Namen „Sonnenblumenhaus". Zu DDR-Zeiten wurden die Wohnungen der Häuser 18 und 19 als Wohnheime für Vertragsarbeiter aus Kuba und Vietnam genutzt. Nach der Wiedervereinigung wurde eines davon in das einzige Aufnahmezentrum für Asylbewerber in Mecklenburg-Vorpommern umgewandelt, das andere blieb Wohnheim für die in Rostock verbliebenen Vietnamesen.

Im Sommer 1992 kommt es vor den beiden von Vietnamesen und Kubanern bewohnten Häusern in der Mecklenburger Allee immer wieder zu fremdenfeindlichen Aktionen. Die Bewohner müssen sich Beschimpfungen und ausländerfeindliche Parolen anhören, sie werden für achtlos weggeworfene Mülltüten vor den Türen verantwortlich gemacht, sie werden beim Verlassen ihrer Wohnungen von Rostocker Bürgern bedrängt. Am 24. August 1992 eskaliert die Gewalt in Rostock-Lichtenhagen endgültig. Seit zwei Tagen belagern Tausende Menschen das Sonnenblumenhaus. Ihr Hass richtet sich zunächst gegen Sinti und Roma, die vor dem Eingang des Aufnahmezentrums für Asylbewerber im Freien campieren, weil die Aufnahmestelle überfüllt ist.

An diesem Montagabend heizen – wie in den vergangenen Tagen auch – Hunderte Neonazis die Stimmung an, sie skandieren „Deutschland den Deutschen, Ausländer raus“ und „Sieg Heil“ und bewerfen das Sonnenblumenhaus mit Steinen. Sie schrecken auch nicht davor zurück, sich Straßenschlachten mit der Polizei zu liefern. Die Beamten, die das Aufnahmezentrum schützen sollen, sind damit aber völlig überfordert. Für die Randalierer wird in unmittelbarer Nähe ein Getränke- und Imbissstand aufgebaut, an dem sie sich mit Essen und vor allem Alkohol versorgen. Als angesichts der Bedrohung die Aufnahmestelle evakuiert wird, richten sich die Krawalle jetzt gegen die mehr als hundert Vietnamesen, die im Nachbarwohnheim leben, darunter Kinder, Babys und zwei hochschwangere Frauen. Die Vertragsarbeiter und ihre Familien verbarrikadieren Fenster und Türen, manche flüchten sich auf das Dach.

Weil immer mehr Polizisten angegriffen werden, entscheiden sich die Beamten zum Rückzug. Es heißt, um sich selbst zu schützen, die Einheiten neu zu ordnen und um Verletzte zu versorgen. Auf das nun ungeschützte Sonnenblumenhaus fliegen weiter Steine und vor allem Molotowcocktails. Unter dem Gejohle eines zunehmend alkoholisierten Mobs brennt gegen 21.30 Uhr eine Wohnung im Parterre. Das Feuer breitet sich

aus. Da Angreifer und Schaulustige der Feuerwehr den Weg versperren, kann der Brand nicht gelöscht werden.
Im Haus befinden sich neben den Vietnamesen auch ein Fernsehteam des ZDF, der Rostocker Ausländerbeauftragte Wolfgang Richter und einige Wachleute. „Wir hatten einfach keine Zeit, Angst zu haben", erzählt Richter, „weil wir uns selbst helfen mussten: nach unten verteidigen, nach oben versuchen, aufs Dach zu kommen." Das war allerdings mit Stahltüren verbarrikadiert. Irgendwann gelingt es den Vietnamesen, die Türen aufzubrechen. Über das Dach fliehen sie zum Aufgang 15, gebückt und ganz vorsichtig, damit sie von unten nicht gesehen werden. Erst um 23.30 Uhr gelangen sie in Sicherheit. Von Polizisten geschützt, aber unter rassistischen Beschimpfungen der Umstehenden, werden sie in Bussen weggefahren. In dieser Nacht gibt es wie durch ein Wunder keine Toten, aber 52 Polizeibeamte werden verletzt – teilweise schwer.
Nach Schätzungen der Polizei waren etwa tausend Gewalttäter anwesend, die von rund dreitausend Schaulustigen unterstützt wurden. Für die Neonazi-Szene waren die Krawalle von Rostock-Lichtenhagen ein großer Erfolg, weil es ihnen zum ersten Mal gelungen war, in einer gemeinsamen Aktion aufzutreten und bewaffnete Trupps aus dem gesamten Bundesgebiet nach Rostock zu schicken.
Die Gewaltexzesse wurden von allen politischen Parteien scharf verurteilt. Allerdings wurde die Diskussion um die Ursachen der Krawalle sofort mit der Asylrechtsdebatte verknüpft. Berndt Seite, zu dieser Zeit Ministerpräsident von Mecklenburg-Vorpommern, sagte wenige Tage später, eine Ergänzung des Asylrechts sei dringend erforderlich, „weil die Bevölkerung durch den ungebremsten Zustrom von Asylanten überfordert wird". Im Dezember 1992 schließlich einigten sich CDU/CSU, FDP und SPD auf den sogenannten Asylkompromiss. Fünf Monate später wurde das Grundgesetz geändert. Artikel 16

besagt jetzt, dass das Grundrecht auf Asyl nicht besteht, wenn der oder die Antragstellende aus einem Land der EU oder einem sicheren Drittstaat in die Bundesrepublik einreist. Diese Praxis hat bis heute Bestand.
Die strafrechtliche Verfolgung der Randalierer von Rostock-Lichtenhagen erwies sich als sehr schwierig. Es gab überhaupt nur etwa vierzig Verfahren. Die meisten davon endeten mit Geld- oder Bewährungsstrafen. Die Mehrheit der betroffenen Vietnamesen wurde abgeschoben.

LITERATUR:

Jochen Schmidt: Politische Brandstiftung. Warum 1992 in Rostock das Ausländerwohnheim in Flammen aufging. Berlin 2002

Gideon Botsch: Die extreme Rechte in der Bundesrepublik Deutschland. 1949 bis heute. Darmstadt 2012

Ulrich Herbert: Geschichte der Ausländerpolitik in Deutschland. Saisonarbeiter, Zwangsarbeiter, Gastarbeiter, Flüchtlinge. München 2017

Alice Hasters: Was weiße Menschen nicht über Rassismus hören wollen aber wissen sollten. Berlin 2019

QR – CODE:

DIE BARTHOLOMÄUSNACHT IN PARIS – 1572

WIE SICH CHRISTEN AN CHRISTEN VERGINGEN

Heute gehen Katholiken und Protestanten gemeinsam in die Kirche – „Ökumene" nennen wir das. Und wegen der Frage „evangelisch oder katholisch?" landet in Deutschland und Europa schon seit Langem niemand mehr unter dem Beil. Unvorstellbar, wenn man sich an die Bartholomäusnacht erinnert. Die Pariser Nacht vom 23. auf den 24. August 1572 ist pechschwarz – bis die ersten Häuser in Brand gesetzt werden. Geschäfte werden geplündert, Menschen werden durch die Straßen getrieben und an Ort und Stelle hingerichtet, Blut läuft über das Kopfsteinpflaster. Es sehe aus, als habe es stark geregnet, schreiben die Chronisten in ihre Bücher. Dreitausend Menschen werden in dieser Nacht, am Gedenktag des heiligen Bartholomäus, allein in Paris ermordet. Sie alle waren Hugenotten. Als Hugenotten bezeichnet man damals wie heute die französischen Protestanten. Und diese Hugenotten gibt es zum Zeitpunkt der sogenannten Bartholomäusnacht überhaupt erst seit gut fünfzig Jahren. 1517 soll Martin Luther seine Thesen an die Kirchentür in Wittenberg genagelt haben, und seitdem nahm die Reformation ihren Lauf. Das Christentum teilte sich in Protestanten und Katholiken, und das hinterließ auch im streng katholischen Frankreich seine Spuren. Zwar waren im 16. Jahrhundert nur etwa zehn Prozent der Bevölkerung Frankreichs Hugenotten, aber den französischen Adel mischte die Reformation mächtig auf. Etwa die Hälfte aller großen Familien und Fürstenhäuser Frankreichs konvertierte zum Protestantismus. Man muss dem französischen Adel aus heutiger Sicht allerdings unterstellen, dass dies nicht aus Frömmigkeit, sondern aus machtpolitischen Gründen geschah.

Für den König und seine Dynastie war die Kirche eine der wichtigsten Stützen seiner Macht und Legitimation. Im Frankreich des 16. Jahrhunderts war der König sogar Oberhaupt der Kirche. Wenn die Konkurrenz also zum Protestantismus wechselte, bestand die Gefahr, dass sie selbst Ansprüche auf Macht und Krone erheben könnte. Zudem wollten die Hugenotten verhindern, dass immer mehr Macht nach Paris wandert und der Zentralstaat in Frankreich – wie wir ihn heute noch kennen – noch stärker wird. Dieser Konflikt schwelte nun schon seit dreißig oder vierzig Jahren in Frankreich und hatte bereits drei sogenannte „Hugenottenkriege" provoziert. 1572 regiert in Paris stellvertretend für ihren noch nicht volljährigen Königssohn Karl IX. die politisch hochbegabte Katharina von Medici, und sie hat einen Einfall. Sie möchte den Konflikt lösen, indem sie ihre Tochter Margarete von Valois – die Schwester des Königs – mit Heinrich von Navarra liiert. Heinrich von Navarra gilt als Anführer der Protestanten.
Die Hochzeit wird ein wildes und rauschendes Fest, bei dem es in Paris ziemlich zur Sache gegangen sein muss. Gefeiert wird ab dem 17. August 1572 über mehrere Tage hinweg. Die Festlichkeiten stellen aber auch eine Provokation der katholischen Eliten dar, die Pläne schmieden, den vermeintlichen Frieden mit den Hugenotten zu sabotieren. Sie wollen mit Gaspard II. de Coligny einen der prominentesten protestantischen Anführer und engen Vertrauten des Königs ermorden. Ein erstes Attentat am 22. August schlägt fehl, doch ein zweiter Versuch einen Tag später gelingt. Dieses Attentat löst einen regelrechten Blutrausch unter den Katholiken in Paris und die Bartholomäusnacht aus. Sie ziehen durch die Straßen, sie schreien: „Der König will es!", und sie rechtfertigen das Pogrom an den Hugenotten als Massenexekution von Verschwörern. Die Pogrome breiten sich aufs ganze Land aus, und insgesamt werden in wenigen Tagen 13 000 Hugenotten umgebracht.

Unmittelbar nach der Bartholomäusnacht war an Versöhnung zwischen den Konfessionen nicht mehr zu denken, und es kommt zu fünf weiteren Hugenottenkriegen. Zwanzig Jahre lang wird blutig zwischen Katholiken und Protestanten gekämpft, bis sich schließlich Heinrich von Navarra durchsetzt und als erster protestantischer König auf den Thron von Frankreich steigt. Zwar konvertiert er kurze Zeit später zum Katholizismus, aber im Edikt von Nantes 1598 werden den Hugenotten Sicherheit, Bürgerrechte und eingeschränkte Religionsfreiheit garantiert.

Trotzdem sollten die Hugenotten in Frankreich nie wirklich Fuß fassen. 1610 wird Heinrich ermordet, und seine katholischen Nachfolger bekriegen die Hugenotten erneut. Hier fügt sich die Verfolgung der Hugenotten nahtlos ein in den großen Konfessionskrieg, der ganz Europa zum Schlachtfeld werden lässt: der Dreißigjährige Krieg von 1618 bis 1648. Ab 1629 heißt es dann mit dem sogenannten „Gnadenedikt“ von Alès, dass Protestanten in Frankreich nur noch „geduldet“ seien, ansonsten stünden ihnen praktisch keine Rechte mehr zu. Aber der berühmte Sonnenkönig Ludwig XIV. nimmt 1685 mit dem Edikt von Fontainebleau selbst diese wenigen Rechte wieder zurück, indem er den Protestanten ein Bleiberecht nur noch dann einräumt, wenn diese auf die Ausübung ihrer Religion verzichten. Innerhalb von fünfzig Jahren verlassen 200 000 Hugenotten Frankreich in Richtung Niederlande, Schweiz, England oder auch nach Hessen und Brandenburg, wo ihnen religiöse Freiheit garantiert wird. Die etwa 600 000 Hugenotten, die in Frankreich bleiben, konvertieren zum Katholizismus oder passen sich zumindest äußerlich an und leben ihren Glauben höchstens im Geheimen weiter. Die, die ihn offen weiter praktizieren, werden rechtlos, versklavt oder hingerichtet.

Die Geschichte der Hugenotten ist ein markantes Beispiel für die Glaubens- und Konfessionskriege in ganz Europa. Aber sie zeigt auch die Toleranz der „Aufnahmeländer“, um einen modernen Begriff zu benutzen. Überall, wo die Hugenotten hinkamen, halfen sie mit ihrem handwerklichen Know-how, ihrem – auch kulturellen – Reichtum und ihrer Arbeitskraft bei der Entstehung moderner Staaten. Natürlich wird darüber gestritten, wie groß ihr Einfluss auf das damals zum Beispiel erstarkende Brandenburg tatsächlich war. Frankreich selbst jedenfalls hatte unter diesem selbst herbeigeführten Verlust zu leiden, weil das Können und der Ideenreichtum der Hugenotten zwangsweise außer Landes verwiesen waren. Und das ist bis heute spürbar: Nur drei Prozent der Franzosen sagen von sich, Protestanten zu sein. Die Bartholomäusnacht wirft also einen langen Schatten.

LITERATUR:

Simon P. Widmann: Die Bartholomäusnacht des Jahres 1572. Wolfenbüttel 2006

Uwe Schultz: Henri IV. Machtmensch und Libertin. Berlin 2010

Ulrich Niggemann: Hugenotten. Köln, Weimar, Wien 2011

Sabine Appel: Katharina von Medici. Strategin der Macht und Pionierin der Neuzeit. Stuttgart 2018

QR – CODE:

DIE ERMORDUNG VON HANNS MARTIN SCHLEYER – 1977

WIE DER TERROR DEN STAAT HERAUSFORDERTE

In den letzten Jahren hat es immer wieder Terroranschläge in Deutschland gegeben, zum Teil auch mit Toten. Im Dezember 2016 steuerte zum Beispiel der islamistische Terrorist Anis Amri einen Lastwagen in den Berliner Weihnachtsmarkt an der Gedächtniskirche. Elf Menschen wurden getötet, mindestens 67 zum Teil schwer verletzt. Zuvor hatte Amri einen Sattelzug gestohlen und den polnischen Fahrer erschossen. An Jom Kippur, dem Versöhnungsfest und höchsten jüdischen Feiertag, versuchte der Rechtsextremist Stephan B. im Oktober 2019 mit Waffengewalt in die Synagoge in Halle (Saale) einzudringen. Als das nicht gelang, erschoss er in der Umgebung zwei Menschen. Und im Februar 2020 erschoss Tobias R. in Hanau erst neun Menschen mit Migrationshintergrund, dann seine Mutter und sich selbst.

In den 1970er-Jahren kam der Terror in Deutschland aus einer anderen Ecke: Die RAF, die Rote Armee Fraktion, war eine linksextremistische terroristische Vereinigung, die zwischen 1970 und 1998 für mehr als dreißig Morde an Führungskräften aus Politik, Wirtschaft und Verwaltung verantwortlich war. Einer davon war Hanns Martin Schleyer, der Präsident der Bundesvereinigung der Deutschen Arbeitgeberverbände (BDA) und des Bundesverbands der Deutschen Industrie (BDI). Seine Entführung und Ermordung waren der grausame Höhepunkt des sogenannten Deutschen Herbstes.

Am 5. September 1977 wird die Fahrzeugkolonne von Hanns Martin Schleyer in Köln angegriffen, innerhalb von nicht mal zwei Minuten fallen 119 Schüsse aus mehreren Maschinenpistolen. Am Tatort bleiben vier Leichen zurück: Schleyers Fahrer und drei Polizisten. Von Schleyer fehlt jede Spur, und weder die ermittelnden Beamten der Polizei noch andere mit der Aufklärung des Falles befasste Behörden wissen, wo sich der Arbeitgeberpräsident aufhält. Die Erkenntnis, dass es sich um eine erpresserische Entführung handeln könnte, greift schnell um sich. Aus der Vermutung wird bald bittere Realität, denn die Entführer melden sich mit einer Forderung. Das Leben des Arbeitgeberpräsidenten soll getauscht werden gegen die Freilassung von elf inhaftierten RAF-Terroristen, die im Stuttgarter Hochsicherheitsgefängnis in Stammheim einsitzen: Andreas Baader, Gudrun Ensslin, Jan-Carl Raspe, Verena Becker, Werner Hoppe, Karl-Heinz Dellwo, Hanna Krabbe, Bernhard Rössner, Ingrid Schubert, Irmgard Möller und Günter Sonnenberg. In den folgenden 44 Tagen wird die deutsche Öffentlichkeit Zeuge intensiver Ermittlungen, die aber von vielen Pannen und auf diese Situation nicht vorbereiteten Ermittlungsbehörden gekennzeichnet sind. Währenddessen befindet sich Hanns Martin Schleyer in den Händen seiner Entführer. Regelmäßig muss sich der Arbeitgeberpräsident mit Videobotschaften an die Bevölkerung und vor allem an die Bundesregierung wenden. Darin bittet er, auf die Forderungen seiner Entführer einzugehen, die ihn andernfalls ermorden würden. Aber so sehr die Ermittlungen auch intensiviert werden, das Versteck der Entführer wird nicht ausfindig gemacht. Für den Journalisten und RAF-Experten Stefan Aust liegt das vor allem an einer gravierenden Panne, die ganz am Anfang der Ermittlungen passiert ist. Schon am Tag nach der Entführung identifiziert ein Polizist eine Wohnung in einem Hochhaus in Erftstadt-Liblar bei Köln als wahrscheinlichen Unterschlupf der Entführer – und er hat recht. Er gibt seine Ermittlungsergebnisse an die zuständige Dienststelle weiter, auf nach wie vor ungeklärte Weise gehen sie dort aber verloren. Die Entführer verlassen das Versteck etwa zwanzig Kilometer vom

Tatort entfernt, fahren in die Niederlande und entkommen später nach Belgien.
Unter der Leitung von Bundeskanzler Helmut Schmidt wird in Bonn ein Krisenstab der Regierung eingerichtet, dem neben Schmidt mehrere Minister, Oppositionspolitiker und die Chefs der Ermittlungsbehörden angehören. Ihre wichtigste Entscheidung fällen die Politiker gleich zu Beginn der nervenaufreibenden Zeit der Entführung von Hanns Martin Schleyer: Die Regierung wird nicht mit Terroristen verhandeln. Sie handeln in den nächsten Tagen und Wochen nach der Maxime, dass der Rechtsstaat nicht erpressbar ist und sich den Forderungen von Terroristen niemals beugen wird. Darin sind sich Bundesregierung und Opposition einig.
Aber die Standhaftigkeit der Mitglieder des Krisenstabs wird am 13. Oktober 1977 weiter auf die Probe gestellt. Um den Druck auf die Regierung zu erhöhen, entführen palästinensische Terroristen die Lufthansa-Maschine Landshut auf ihrem Flug von Mallorca nach Frankfurt. An Bord sind 86 Passagiere und fünf Besatzungsmitglieder, darunter viele Deutsche. Die Flugzeugentführer fordern die Freilassung der elf inhaftierten RAF-Terroristen. Nach Zwischenlandungen in Rom, Dubai und Aden zwingen die Entführer die Piloten, den Flug nach Mogadischu, der Hauptstadt Somalias, fortzusetzen. Dort setzen sie ein Ultimatum: Entweder die Inhaftierten werden befreit, oder das Flugzeug wird gesprengt.
Die Bundesregierung lässt das Ultimatum verstreichen und schickt stattdessen die GSG 9, eine Spezialeinheit der deutschen Bundespolizei, nach Mogadischu, um den Versuch zu wagen, die Maschine zu stürmen und sowohl Passagiere als auch Besatzung möglichst wohlbehalten zu befreien. Nachdem das in der Nacht des 18. Oktober 1977 gelingt, steuert das Geiseldrama auf einen blutigen Höhepunkt zu. Über ihre Anwälte sind Radios in die Zellen der inhaftierten RAF-Mitglieder

in Stuttgart-Stammheim geschmuggelt worden, die um Mitternacht im Deutschlandfunk die Nachricht von der geglückten Befreiung der Landshut hören. Unmittelbar anschließend erschießen sich Andreas Baader und Jan-Carl Raspe, Gudrun Ensslin erhängt sich mit einem Elektrokabel an ihrem Zellenfenster. Irmgard Möller wird mit vier Stichen in der Herzregion in ihrer Zelle gefunden und überlebt nach einer Notoperation.
Als die Nachrichten aus Mogadischu und vom Tod der RAF-Mitglieder in Stuttgart-Stammheim bei den Entführern von Hanns Martin Schleyer ankommen, fassen sie den Entschluss, ihre Ankündigung wahr zu machen, und töten Schleyer am 19. Oktober 1977 mit drei Schüssen in den Hinterkopf. Seine Leiche stecken sie in den Kofferraum eines Audi 100 und stellen den Wagen in Mulhouse im Elsass ab. In der Rue Charles Péguy machen wenig später Polizeibeamte den grausigen Fund.
Mit der Entführung und Ermordung Hanns Martin Schleyers war der Deutsche Herbst zwar zu Ende, aber die RAF bestand noch bis 1998. Dann erklärte sie in einer lapidaren Meldung an eine Nachrichtenagentur ihr Ende. Nach drei früheren RAF-Mitgliedern wird bis heute gefahndet. Wer der Todesschütze war, ist noch immer nicht abschließend geklärt.

LITERATUR:

Klaus Pflieger: Gegen den Terror. Erinnerungen eines Staatsanwalts. Stuttgart 2016

Anne Ameri-Siemens: Ein Tag im Herbst. Die RAF, der Staat und der Fall Schleyer. Berlin 2017

Butz Peters: 1977. RAF gegen Bundesrepublik. München 2017

Stefan Aust: Der Baader-Meinhof-Komplex. Hamburg 2017

QR – CODE:

DIE SCHLACHT BEI ISSOS – 333 V. CHR.

WIE EIN ZERSCHLAGENER KNOTEN ZU EINEM WELTREICH FÜHRTE

Dieser Spruch ist auf Schulbänken eingeritzt, in Schulbücher gekritzelt oder als nerviges Bonmot eines unbeliebten Geschichtslehrers bekannt: „Drei-drei-drei, bei Issos Keilerei." Aber damit nicht genug: Auch den Gordischen Knoten, den es zur Lösung eines Problems zu zerschlagen gilt, kennt jeder, und obendrein hat beides auch noch mit derselben antiken Schlacht von Issos zu tun.

Im 5. und 4. Jahrhundert v. Chr. waren Griechen und Perser in einen Dauerkonflikt verwickelt. Das Riesenreich der Perser hegte Eroberungspläne gegen Griechenland, die Griechen hingegen wollten ihre Freiheit und Lebensweise unter allen Umständen verteidigen. Der griechische Geschichtsschreiber Herodot stilisierte diese Auseinandersetzung zu einem „Kampf der Kulturen", zur Auseinandersetzung zwischen Demokratie und Despotismus, den er bei den Persern vermutete. 480 v. Chr. hatten die Griechen das übermächtige Heer der Perser in einer Seeschlacht vor der Insel Salamis geschlagen. Seitdem sannen die Perser auf Rache, aber auch die Griechen wollten es nicht dabei belassen, weil die Perser an der kleinasiatischen Küste der heutigen Türkei griechische Siedlungen und Städte unterdrückten.

336 v. Chr. war Alexander makedonischer König und gleichzeitig der mächtigste Herrscher des Korinthischen Bundes geworden, dem nahezu alle griechischen Städte angehörten. Drei Jahre später forderte er den persischen König Dareios III. heraus. Alexander wollte Rache für die Perserzüge der vergangenen Jahrzehnte, Dareios hingegen wollte das Perserreich erweitern. Bevor Alexander in die Schlacht zog, besuchte er

ein Orakel, um sich den Ausgang des Kampfes vorhersagen zu lassen. Der Spruch des Orakels lautete, dass „derjenige die Herrschaft über Asien erringen werde, der den Gordischen Knoten lösen könne“. Einer griechischen Sage nach hat am Pferd von König Gordios, der früher in Anatolien herrschte, ein kunstvoller Knoten gehangen, der die Deichsel mit dem Zugjoch am Hals seines Pferdes verbunden haben soll. Unzählige Könige hatten sich an der Lösung des Rätsels ohne Erfolg versucht. Alexander hingegen nahm sein Schwert und zerschlug den Gordischen Knoten mit einem Hieb.

Mit der Aussicht auf die Eroberung Asiens zog er an der Südküste der heutigen Türkei in die Schlacht von Issos. Er gewann, der persische König Dareios III. musste fliehen, Alexander hingegen startete einen Eroberungszug, der ihn in den kommenden sieben Jahren nach Ägypten, Phönizien, in die Staaten des Nahen und Mittleren Ostens, nach Persien, in die Gebiete der heutigen Länder Afghanistan, Turkmenistan, Tadschikistan, Usbekistan und in Teile Indiens führte. Er gründete siebzig Städte, die seinen Namen trugen – die bedeutendste ist Alexandria im heutigen Ägypten. Aber Alexander war nicht nur Feldherr und Eroberer eines Großteils Asiens. Er war in seiner Jugend von Aristoteles, einem der bedeutendsten griechischen Philosophen, unterrichtet worden. Von ihm lernte er griechische Kultur und Philosophie, Mathematik und Kunst.

Möglicherweise – so vermutet es der Bonner Althistoriker Lennart Gilhaus – hat die Erziehung durch Aristoteles, den wohl einflussreichsten Universalgelehrten der Menschheitsgeschichte, Alexander auf die Idee gebracht, die eroberten Länder auch naturwissenschaftlich zu erschließen. Neben dieser Öffnung des unbekannten Raums vereinte Alexander deren Kultur mit der Kultur der Griechen. Er verbreitete auf seinen Kriegszügen die griechische Kultur und lernte dabei

die Kulturen des Orients kennen. Als seinen Soldaten die Strapazen der jahrelangen Expeditionen zu viel wurden und sie ihn 326 v. Chr. zur Rückkehr nach Griechenland zwangen, erreichten sie auf dem Weg nach Hellas in der Nähe des heutigen Bagdads am östlichen Ufer des Tigris die Stadt Opis. Dort soll Alexander seinen Traum von der Verbrüderung aller von ihm unterworfenen Völker verkündet und eine umfassende Friedensordnung formuliert haben. Er wollte die griechische und die orientalische Kultur, die er beide hochschätzte, miteinander verschmelzen.
Mit seinen Eroberungen begann einerseits die Durchdringung der griechischen Welt mit Einflüssen des Orients, wie andererseits eine Hellenisierung des Morgenlands stattfand. Erst mit dem Vordringen des Islam rund tausend Jahre später wurden die griechischen Spuren eingedämmt und schließlich weitgehend verdrängt. Die griechische Sprache aber blieb jahrhundertelang Amtssprache in Kleinasien, Ägypten oder Syrien. Der „Hellenismus" prägte aber nicht nur Kultur und Sprache, sondern hatte auch großen Einfluss auf die Religionen, die sich in den Jahrhunderten danach entwickelten. Das Judentum und in dessen Gefolge auch das Christentum weisen von Anfang an griechische Spuren auf. Der Apostel Paulus von Tarsus war ursprünglich ein griechisch gebildeter und hellenisierter Jude. Er sprach und missionierte in griechischer Sprache, später sollte Griechisch die Sprache des Neuen Testaments werden. Und damit finden sich die Ausläufer des „Hellenismus" in Form einer Bibel in den Nachtischen guter Hotels in der ganzen Welt und das rund 24 Jahrhunderte später!

LITERATUR:

Hans-Ulrich Wiemer: Alexander der Große. München 2005

Josef Wiesehöfer: Das antike Persien. Düsseldorf 2005

Christian Meier: Kultur, um der Freiheit willen: Griechische Anfänge – Anfang Europas? München 2009

Peter Scholz: Der Hellenismus. Der Hof und die Welt. München 2015

Sabine Müller: Alexander der Große. Eroberung – Politik – Rezeption. Stuttgart 2019

QR – CODE:

DAS LIED DER DEUTSCHEN – 1841

WIE DEUTSCHLAND EINE HYMNE BEKAM

Heute wird sie diskutiert, wenn ein Spieler der deutschen Nationalmannschaft nicht mitsingt oder wenn sie bei Querdenker-Demos gespielt wird. Meistens läuft sie aber ganz selbstverständlich mit – ob bei Staatsempfängen oder Länderspielen: die deutsche Nationalhymne. Diese „Selbstverständlichkeit“ fehlte ihr allerdings lange.

Sommer 1841: August Heinrich Hoffmann von Fallersleben setzt mit dem Raddampfer nach Helgoland über. Dafür muss er damals allerdings noch eine Grenze überqueren: Die berühmte Nordseeinsel liegt zwar in der Deutschen Bucht, gehört aber in den Herrschaftsbereich von Großbritannien. Profi-Songschreiber Hoffmann fährt rüber nach Helgoland, um etwas Arbeit zu erledigen, einige Gedichte und Lieder zu schreiben. Und eines von ihnen soll sich mit genau dieser Frage befassen, die ihn schon bei der Überfahrt nach Helgoland beschäftigt: Was heißt eigentlich „deutsch“?

Denn seit vielen Jahrhunderten ist Deutschland ein Flickenteppich mit etlichen, zum Teil sehr kleinen, aber eigenständigen Territorien. Im Grunde lässt sich nicht einmal von „Deutschland“ reden. Das, was wir heute Deutschland nennen, gehörte bis zu den napoleonischen Kriegen in das Heilige Römische Reich deutscher Nation. Das Reich wird von Napoleon zwar militärisch zerstört, es hatte sich aber vorher schon von innen zersetzt. Als dann auch das napoleonische Frankreich zugrunde geht, wird beim Wiener Kongress 1815 Europa neu sortiert. In der Mitte Europas entsteht dabei der „Deutsche Bund“, eine Ansammlung von 41 Kleinstaaten unter Führung der beiden Großmächte Österreich und Preußen.

Überall in diesen 41 Kleinstaaten gibt es aber Leute wie Hoffmann von Fallersleben, die von einem deutschen Nationalstaat träumen, in „Einigkeit und Recht und Freiheit". So schreibt er es in die dritte Strophe seines Liedes. In der ersten Strophe beschreibt er, von wo bis wo sich dieses Deutschland aus seiner Sicht erstrecken würde: „von der Maas bis an die Memel", also von Belgien bis ins Baltikum; und „von der Etsch bis an den Belt", von Norditalien bis nach Dänemark. Das sind Vorstellungen, die in etwa dem vorherigen Deutschen Reich entsprechen. Und die Strophe schließt, wie sie begonnen hat: „Deutschland, Deutschland über alles, über alles in der Welt!" Was uns heute wie eine deutsche Großmachtfantasie erscheint, meinte damals eigentlich nur, dass ein geeintes Deutschland über den Teilinteressen der einzelnen Kleinstaaten stehen solle. Als Hoffmanns Verleger, Julius Campe, den Dichter auf Helgoland besucht, gibt er schon den Zuschlag, nachdem er nur die ersten Zeilen des Lieds gehört hat. Denn das Lied passe gut in die Zeit, und der Verleger spekuliert, ob der Text vielleicht als sogenanntes „Rheinlied" einschlagen könnte.

Im Jahr 1842 entstehen nämlich vor dem Hintergrund der Rheinkrise diverse solcher nationalistischen Rheinlieder: Frankreich war nach Napoleon wieder in eine klassische Monarchie verwandelt worden, und das Königshaus wollte das Land erneut als großen Player auf der Weltbühne etablieren. Nachdem sich Frankreich aber das ein oder andere Mal außenpolitisch blamiert hatte, musste dringend ein Erfolg her. Und die französische Regierung von Adolphe Thiers warf ihren Blick auf das deutsche Rheinland. Das hatte unter Napoleon schon einmal zu Frankreich gehört, und das wollte man jetzt wiederhaben – notfalls unter Einsatz von Waffengewalt. Das rief wiederum nationalistische Dichter und Denker in Deutschland auf den Plan, den Rhein, zumindest in den Liedern der sogenannten „Rheinliedbewegung", zu verteidigen. In diesem

Zusammenhang schreibt Hoffmann von Fallersleben sein „Lied der Deutschen“ – auch wenn der Rhein selbst keine Erwähnung findet.

Aber wie gesagt: Das Lied der Deutschen ist 1841 nur eines von vielen Rheinliedern. An eine Nationalhymne war noch gar nicht zu denken, schließlich gab es nicht mal einen Nationalstaat, dem diese Hymne hätte gewidmet werden können. Das Lied der Deutschen wurde auch kein Rhein-Hit, da waren andere Lieder populärer. Und auch sein Text, in dem weder ein König noch ein Kaiser besungen wird und der stattdessen Anspielungen auf eine republikanische Staatsordnung macht, war im 19. Jahrhundert nicht gerade massenkompatibel.

Richtig erfolgreich wird das Lied erst ab 1890, als Helgoland von Großbritannien durch den Helgoland-Sansibar-Vertrag an das inzwischen gegründete deutsche Kaiserreich abgetreten wird. Bei der formellen Übergabe am 9. August 1890 wird das Lied der Deutschen gespielt und gesungen. Von da an wird es immer bekannter. Angeblich singen deutsche Soldaten im Ersten Weltkrieg die Hymne, als sie in die verlustreichen Flandernschlachten ziehen. Schließlich wird das Lied der Deutschen 1922 tatsächlich zur Nationalhymne der Weimarer Republik auserkoren. Die Nationalsozialisten übernehmen das „Deutschlandlied“ dann 1933, rasieren aber die Strophen zwei und drei ab und verwenden nur die erste. „Deutschland, Deutschland über alles“ hat bei den Nazis einen überhöhenden und chauvinistischen Sinn, während „von der Maas bis an die Memel“ die Herrschaftsansprüche des sogenannten Dritten Reichs formulierte. Genauso wie der Nationalismus als Ideologie, hatten sich auch die dazugehörigen Lieder ins Extreme pervertiert.

Nach 1945 entschied die junge Bundesrepublik deshalb, die erste Strophe zu streichen, auch die zweite Strophe gestrichen zu lassen und nur noch die dritte zu singen. In der sozialistischen DDR ging die Regierung übrigens einen anderen Weg und ließ ein völlig neues Lied komponieren: „Auferstanden aus Ruinen“. Aber jedes Mal, wenn die deutsche Nationalhymne heute vor einem Fußballspiel läuft oder wir sie auf einer Demo von Rechtsradikalen hören müssen, zeigt sie das dreifache Gepäck, das sie mit sich trägt: die zwar nationalistische, aber auch republikanische und freiheitliche Tradition der 1840er-Jahre, die kaiserlich-militärische Vergangenheit als Schlachtengesang des Ersten Weltkriegs und das Erbe des Nationalsozialismus und seiner unfassbaren Verbrechen. Insofern kann man es eigentlich kurzfassen: Jedes Mal, wenn irgendwo „Das Lied der Deutschen“ gesungen wird, sind wir konfrontiert mit unserer Vergangenheit und unserer deutschen Identität. Und das fällt ganz sicher nicht immer leicht.

LITERATUR:

Dieter Langewiesche: Nation, Nationalismus, Nationalstaat. In Deutschland und Europa. München 2000

Peter Reichel: Schwarz, Rot, Gold. Kleine Geschichte deutscher Nationalsymbole nach 1945. München 2005

Jörg Koch: Einigkeit und Recht und Freiheit. Die Geschichte der deutschen Nationalhymne. Stuttgart 2021

QR – CODE:

DIE GROSSE WEIHNACHTSFLUT – 1717

WIE HEILIGABEND DIE EUROPÄISCHE NORDSEEKÜSTE ÜBERFLUTET WURDE

In 10 000 Jahren ist Brüssel ein Nordseebad. Amsterdam gibt es nicht mehr. Und Dänemark ist ein Inselstaat. So zumindest die aktuellen Prognosen, wie sich der durch den Klimawandel steigende Meeresspiegel auf die Nordseeregion auswirken wird. Hamburg wird dann übrigens auch überflutet sein, genauso Ostfriesland und große Teile von Schleswig-Holstein.
Das ist das Worst-Case-Szenario, wofür der Meeresspiegel um etwa einen Meter ansteigen müsste. Wenn die Menschheit es schafft, die Klimaerwärmung zu verlangsamen, dann könnte es nicht ganz so dramatisch werden, dann müsste man „nur" mit deutlich mehr Überflutungen rechnen. Bei einer Klimaerwärmung schmelzen Meereis und Gletscher, und die Permafrostböden tauen auf. Beides führt zu einem Anstieg des Meeresspiegels. Es gibt Modellrechnungen, die zeigen, dass bei einem Anstieg des Meeresspiegels um einen halben Meter sich die Hochwassergefahr an der Nordseeküste um das Zehnfache erhöht. Dabei ist Hochwasser nichts grundsätzlich Neues in der Region. Die Häufigkeit wäre das größere Problem. Denn die Bewohner der Nordseeküste wissen, wie viel Schaden und Tod eine Überflutung bringen kann. Die Weihnachtsflut von 1717 gilt vielen Menschen als Menetekel.
Es ist die Nacht vom 24. auf den 25. Dezember. Seit Tagen stürmt es, Mensch und Tier halten sich in Ställen und Häusern auf, nur das Nötigste wird außerhalb der schützenden Wände erledigt. Der Wind kommt aus Südwesten und bläst aufs Meer. Das lässt das Wasser zwar zu hohen Wellen auftürmen, das Land aber wird bei dieser Windrichtung nicht überschwemmt.

Am Abend vor Weihnachten nimmt die Windstärke ab, das Abendhochwasser geht zurück, und die Menschen glauben, ein ruhiges Weihnachtsfest feiern zu können. In diesem Glauben gehen sie zu Bett, niemand kommt auch nur im Ansatz darauf, sich auszumalen, was in den nächsten Stunden über sie hereinbrechen wird.
Sie ahnen nicht, dass bei einer derartigen Wetterlage der Wind erst abnimmt, bevor das Hauptsturmfeld des Orkans eintrifft. Genau das geschieht am 25. Dezember 1717 – plötzlich und mitten in der Nacht. In den vergangenen Stunden hat der Wind auf Nordwest gedreht und drückt das Wasser aufs Land. Durch diesen Gegendruck kann das Abendhochwasser nicht abfließen und trifft nun auf das Morgenhochwasser. Die Wassermassen werden durch den orkanartigen Wind gegen die Deiche gedrückt. Es dauert nicht lange, bis die ersten Deichkronen brechen und ganze Deichabschnitte vom Wasser unterspült zusammensacken. Es ist stockdunkle Nacht, als an der ostfriesischen und oldenburgischen Küste die ersten Deiche ihre Funktion nicht mehr erfüllen können und das Wasser ungezügelt ins Landesinnere läuft.
Ab zwei Uhr in der Nacht werden ganze Landstriche überspült. Unbarmherzig dringen die Fluten über das Land und walzen alles nieder, was ihnen im Weg ist. Um fünf Uhr am Morgen des 25. Dezember 1717 erreicht das Meereswasser Hamburg. Die Stadt ist den Wassermassen ebenso wenig gewachsen wie die kleinen Ortschaften, deren Bewohner im Schlaf überrascht werden. Niemand hat Zeit, Gegenmaßnahmen zu ergreifen. Das Ausmaß der Katastrophe wird schnell sichtbar. Ein Chronist hat die aussichtslose Lage beschrieben, in der sich die Bewohner Ostfrieslands befunden haben: „So weit das Auge reichte, sah man, gleich dem Schiffbruch, Dächer der Häuser, Balken, Bretter, Sparren, Schränke, Kisten, Betten, Menschen, Kühe, Pferde, Ochsen, Schweine, Hunde, Hasen ...

umhertreiben. Auf einigen dieser Haufen sah man Bewegung und Leben; es waren Menschen, welche auf Heu- oder Kornschobern, auf Balken und Brettern ihre Errettung gesucht hatten." Doch nur wenige können sich retten, denn die gesamte Küstenregion von Holland über Norddeutschland bis nach Dänemark steht mittlerweile unter Wasser.

Nach einigen Tagen zieht sich das Wasser zurück und gibt das ganze Ausmaß der Katastrophe frei. Etwa 12000 Menschen sind in diesen Tagen ertrunken oder erfroren. Fast 40000 Rinder und 35000 Schafe liegen tot auf den Weiden oder sind in ihren Ställen ertrunken. Mehr als 4000 Häuser sind zerstört. Die ostfriesische Chronik gewährt uns einen Einblick in die Gemütslage jener, die das Inferno überlebt haben: „Hier erblickte man erstarrte Mütter mit ihren Säuglingen in den Armen, Eheleute mit Stricken aneinander gebunden. Dort an den Bäumen scheußliche Leichen hängend und auf den Äckern von Hunden und Raubvögeln Angefressene liegend, welche zusammengesucht und in großen Löchern verscharrt wurden."

Aber die Katastrophe ist noch nicht vorbei, denn die Überlebenden müssen jetzt dem harten Winter mit eisigen Temperaturen standhalten. Dabei stehen sie vor dem Nichts, ihre Lebensgrundlage ist zerstört: „Die Übergebliebenen hatten zwar ihr Leben, aber auch weiter nichts als ihr Leben gerettet. Ihre Ehegatten, ihre Eltern, ihre Söhne, Töchter, Bräute, Brüder, Schwestern, Freunde und Bekannte waren dahin ... dahin ihr Vermögen, bares Geld, Vieh, Vorrat von Torf und allerlei Lebensmitteln – sie standen trostlos da als Schiffbrüchige."

Der Küstenarchäologe Dirk Meier kennt die Nordseeküste Schleswig-Holsteins durch wissenschaftliche Forschungen und hat festgestellt, dass es sowohl kurzfristige als auch langfristige Folgen der Weihnachtsflut von 1717 gegeben hat. Kurzfristig folgte auf Sturm und Flut eine Hungersnot, die mehrere

Jahre dauerte. Ansteckende Krankheiten wie das Marschfieber breiteten sich aus, während gleichzeitig die Schäden von den Überlebenden repariert werden mussten. Die meisten von ihnen hatten die dazu notwendigen Mittel aber nicht. Das war einer der Gründe der langfristigen Verarmung breiter Bevölkerungsschichten. Viele kleine Landwirte mussten ihre Höfe aufgeben, weil sie kein Vieh oder Saatgut mehr hatten. Durch die Überflutung mit Salzwasser waren die Böden unfruchtbar geworden, die Menschen mussten ihre Höfe aufgeben und wegziehen. Das führte einerseits zu einer Entvölkerung. Andererseits konnten die Zurückgebliebenen nun für wenig Geld das zurückgelassene Land und die aufgegebenen Höfe aufkaufen. Bald gab es mehr Großbauern, die große Teile des Landes besaßen.

Es dauerte etwa bis zur Mitte des 18. Jahrhunderts, bis sich die Region wieder einigermaßen erholt hatte: Die Marschen waren entsalzt und wieder fruchtbar, und es lohnte sich, das Land wieder einzudeichen. Die Kredite, die die Menschen wegen der Sturmschäden aufgenommen hatten, wurden bis ins 19. Jahrhundert hinein abbezahlt.

LITERATUR:

Dietrich Hagen: Die jämmerliche Flut von 1717. Untersuchungen zu einer Karte des frühen 18. Jahrhunderts. Oldenburg 2005

Dirk Meier: Land unter. Die Geschichte der Flutkatastrophen. Ostfildern 2005

Felicitas Gottschalk: Am Meer, am wüsten, nächtlichen Meer. Die Weihnachtsflut von 1717 und Oberdeichgräfe Eibe Siade Johans. Oldenburg 2011

Friedrich-Wilhelm Gerstengarbe, Harald Welzer (Hrsg.): Zwei Grad mehr in Deutschland. Wie der Klimawandel unseren Alltag verändern wird. Berlin 2013

David Wallace-Wells: Die unbewohnbare Erde. Leben nach der Erderwärmung. München 2019

QR – CODE:

DER CONTERGAN-PROZESS – 1968

WIE EIN MEDIKAMENT FÜR MISSBILDUNGEN BEI NEUGEBORENEN SORGTE

Zur Bekämpfung der Corona-Pandemie gibt es seit Ende 2020 Impfstoffe, die die Menschen nicht nur schützen, sondern auch verhindern sollen, dass wir die Viren weitertragen und andere infizieren. Ein wesentlicher Teil der Debatte ist die Frage, wie sicher das Serum ist und ob es möglicherweise genverändernd im menschlichen Körper wirken könnte. Derartige Bedenken auszuräumen ist Aufgabe u. a. des Paul-Ehrlich-Instituts. Dieses Institut ist seit 1972 eine Bundesbehörde und prüft Medikamente, Impfstoffe oder medizinische Geräte, bevor sie in Krankenhäusern oder Arztpraxen verwendet werden dürfen. Vier Jahre zuvor hatte vor der Ersten Großen Strafkammer des Landgerichts Aachen der Contergan-Prozess um den größten Medikamentenskandal in der Bundesrepublik begonnen.

Es ist der 31. Dezember 1960, als ein schottischer Arzt nach dem Besuch einer seiner Patientinnen einen Leserbrief an das *British Medical Journal* verfasst, in dem er die Frage stellt, ob die Beschwerden seiner Patientin nicht vielleicht auf eine nervenschädigende Wirkung von Thalidomid zurückzuführen seien. In der Bundesrepublik wird seit 1956 Thalidomid, das in dem Schlaf- und Beruhigungsmitteln Contergan und Contergan forte enthalten ist, rezeptfrei vertrieben. Haus- und Frauenärzte empfehlen schwangeren Frauen die Einnahme von Contergan, um Nervosität und Schlafmangel während der Schwangerschaft zu bekämpfen.

Aber zunächst sieht niemand einen Zusammenhang zwischen dem vermehrten Vorkommen von missgebildeten Neugeborenen und Contergan, das deren Mütter eingenommen hatten.

Ärzte und Elterninitiativen führen die steigende Zahl missgebildeter Kinder auf die Kernwaffentests zurück, die in den Fünfziger- und Sechzigerjahren durchgeführt worden sind. Zwar bestreitet die Bundesregierung Mitte 1958 den Zusammenhang mit weltweiten Kernwaffentests, aber ihre Antwort kann nicht überzeugen. Immer wieder wenden sich betroffene Eltern an Politiker und Ärzte und fragen nach den Ursachen für ihre missgebildeten Kinder. Die Ärzteschaft bemerkt in diesen Monaten vermehrte Missbildungsfälle, wehrt sich aber gegen eine Veröffentlichungspflicht, weil sie fürchtet, damit das Gesetz aus der NS-Zeit weiterzuführen, das unter dem Titel „Gesetz zur Verhütung erbkranken Nachwuchses“ u. a. für die „Aktion T4“ verantwortlich gewesen war. Unter der Federführung der Zentraldienststelle T4 wurden 1940/41 mehr als 70 000 körperlich, geistig oder seelisch Behinderte ermordet. Deshalb gab es in der Bundesrepublik keine ärztliche Meldepflicht bei Geburten mit Missbildungen.
Im Juli 1961 wird Contergan unter die Rezeptpflicht gestellt, bis dahin ist es freiverkäuflich gewesen. Gleichzeitig berichten immer mehr Ärzte und Wissenschaftler in Fachmagazinen über Nebenwirkungen von Thalidomid und bringen sie mit den Fehlbildungen an äußeren Gliedmaßen bei Neugeborenen in Zusammenhang. Im Dezember 1961 kommen zwei Wissenschaftler in Hamburg und Sydney unabhängig voneinander zu der Erkenntnis, dass die Einnahme von Contergan-Tabletten während der Schwangerschaft für die Missbildungen verantwortlich gewesen ist. Nachdem auch das Hamburger Wochenmagazin *Der Spiegel* von den Ergebnissen der beiden Studien berichtet und das Wort von der „Missbildungs-Epidemie“ ins Spiel brachte, nimmt am nächsten Tag das Pharmaunternehmen Grünenthal das Medikament vom Markt.
Schätzungen gehen davon aus, dass mehr als 10 000 Kinder weltweit mit Missbildungen geboren wurden, rund die Hälfte

davon in der Bundesrepublik. Es gibt eine hohe Dunkelziffer, weil es zu einer unbekannten Zahl von Totgeburten kam und viele betroffene Kinder frühzeitig verstorben sind. Die Opfer strebten Entschädigung an, während die Firma Grünenthal auf die unsachgemäße Anwendung von Contergan verwies und Studien eines Genetikers heranzog, der während der NS-Zeit an Menschenversuchen im Zusammenhang mit der Tuberkuloseforschung beteiligt war. Danach war nicht das Medikament Thalidomid, sondern die Erbanlage der Mutter für die Missbildungen verantwortlich. Als sich abzeichnete, dass es zwischen den Opfern und der Firma Grünenthal zu keiner außergerichtlichen Einigung kommen würde, begann am 18. Januar 1968 das Hauptverfahren vor der 1. Großen Strafkammer des Landgerichts Aachen.

Der Prozess musste an einen Ort mit einem Saal verlegt werden, in dem alle Beteiligten Platz finden konnten. Also fand der Prozess im Casino des Eschweiler Bergwerksvereins im zehn Kilometer entfernten Alsdorf statt. Am ersten Verhandlungstag, dem 27. Mai 1968, standen neun führende Manager des Pharmakonzerns vor Gericht und mussten sich gegen den Vorwurf der „vorsätzlichen und fahrlässigen Körperverletzung, der fahrlässigen Tötung und des schweren Verstoßes gegen das Arzneimittelgesetz" verantworten. Es waren über 300 Nebenkläger zugelassen, rund 120 Zeugen gehört und zahlreiche Gutachten gelesen worden. Aber es zeichnete sich kein Ende der Verhandlung ab. Anfang April 1970 kam es daraufhin zu einer Einigung zwischen den Geschädigten und der Firma Grünenthal. Gegen den Verzicht der Klage zahlte die Firma 100 Millionen D-Mark in die später so benannte Contergan-stiftung ein und konnte erreichen, dass bei Gründung der Stiftung auch die Bundesrepublik Deutschland der Einigung beitrat und finanzielle Unterstützung gewährte. Daraufhin wurde das Verfahren am 18. Dezember 1970 wegen „geringfügiger"

Schuld der Angeklagten und „mangelndem Interesse“ der Öffentlichkeit eingestellt.

Seitdem werden die Opfer des Contergan-Skandals in Deutschland mit Geld entschädigt, die Stiftung sorgt zudem für notwendige Umbauten in den Wohnungen und hilft in Notfällen. Das alles kann das Leid bei den Opfern des Skandals nur teilweise lindern. Aber als weitere Konsequenz wurde das Arzneimittelrecht verschärft und der wissenschaftlich kontrollierbare Nachweis der Wirksamkeit eines Medikaments eingeführt.

LITERATUR:

Catia Monser: Contergan, Thalidomid. Ein Unglück kommt selten allein. Düsseldorf 1993

Carsten Büll: Contergan. Fünf Lebensgeschichten. Mannheim 2007

Walter Eckel: Contergankinder erkämpfen sich ihr Leben. Eine Geschichte und Dokumentationen. Books on Demand 2011

Thomas Großbölting, Niklas Lenhard-Schramm (Hrsg.): Contergan. Hintergründe und Folgen eines Arzneimittel-Skandals. Göttingen 2017

QR – CODE:

DER GROSSE LAUSCHANGRIFF – 1998

WIE DAS AUSSPÄHEN DER PRIVATSPHÄRE FÜR POLITISCHEN STREIT SORGTE

Heute gehen viele Menschen sorglos mit ihren privaten Daten im Netz um. Hier eine Kontoverbindung, dort eine Telefonnummer oder Adresse und schließlich leicht zu erratene Passwörter. All das erleichtert Datenmissbrauch und Internetkriminalität. In merkwürdigem Gegensatz zu diesem Verhalten steht die öffentliche Aufregung, wenn es beispielsweise um die Ausgestaltung der Corona-Warn-App und die Rückverfolgung der Kontakte eines Infizierten geht.
Ende der 1990er-Jahre ist die Debatte ähnlich hitzig gewesen. Es geht um ein Gesetzesvorhaben der Bundesregierung, mithilfe einer „akustischen Wohnraumüberwachung" der internationalen Kriminalität begegnen zu können. Innen- und Sicherheitspolitiker argumentieren, dass Verabredungen zu Verbrechen und organisatorische Absprachen häufig aus privaten Wohnungen gemacht werden. Durch eine Überwachung könnten Polizei und Justiz effizienter und damit erfolgreicher gegen das internationale Verbrechen vorgehen. Kritiker halten diesen Überlegungen den vom Grundgesetz garantierten besonderen Schutz der eigenen Wohnung entgegen. Sie befürchten einen Überwachungsstaat, der sich unter dem Deckmantel der Verbrechensbekämpfung flächendeckenden Zugang zu Privaträumen unbescholtener Bürger verschaffen könnte. Bis dahin waren derartige Lauschangriffe zwar auch schon möglich, mussten aber durch eine richterliche Anordnung vorher legitimiert werden.
Ausgelöst wird die Debatte um den „großen Lauschangriff", nachdem es den deutschen Sicherheitsbehörden immer weniger gelingt, verdeckte Ermittler in kriminelle Vereinigungen

einzuschleusen und in Führungskreisen der organisierten Bandenkriminalität zu ermitteln. Daraus wird die Forderung nach einer akustischen Überwachung privater Räume abgeleitet. Die Regierungsfraktionen von CDU/CSU und FDP stützen den entsprechenden Gesetzesantrag ebenso wie die SPD. Bündnis 90/Grüne und PDS, die Vorgängerin der Partei Die Linke, sind strikt gegen das Gesetz. Sie sehen in einer emotionalen Bundestagsdebatte am 16. Januar 1998 die Grundrechte infrage gestellt und argumentieren, dass die Möglichkeit eines „großen Lauschangriffs" das Freiheitsgefühl der Menschen in ihrem Wohnraum derart einschränke, dass es mit dem Grundgesetz nicht vereinbar sei.
Mit einem Änderungsantrag wollen sie erreichen, dass bestimmte Berufsgruppen vom Lauschangriff ausgenommen werden. Das soll zum Beispiel für Ärzte, Anwälte oder Seelsorger gelten, deren Berufsausübung auf einem besonderen Vertrauensverhältnis oder sogar auf einer Geheimhaltungspflicht beruht. Aber die Mehrheitsverhältnisse im Deutschen Bundestag sind an jenem Januartag eindeutig: 452 Abgeordnete stimmen für eine Grundgesetzänderung, die den „großen Lauschangriff" ermöglicht, 184 votieren mit „nein", fünf Enthaltungen werden gezählt. Aber damit ist das Thema nicht vom Tisch, denn die kontroverse Debatte spaltet nicht nur die Bevölkerung, sondern auch die auf die Einhaltung der Grundrechte stets besonders bedachte FDP. Deren Justizministerin Sabine Leutheusser-Schnarrenberger war schon zu Beginn der FDP-internen Debatte von ihrem Amt zurückgetreten, weil sich bei einer Mitgliederbefragung zum „großen Lauschangriff" die Zustimmung der Freien Demokraten zeigte. Auch innerhalb der SPD gab es abweichende Meinungen.
Da mit dem Gesetz über die „akustische Wohnraumüberwachung" zudem eine Änderung des Grundgesetzes verbunden ist, muss auch der Bundesrat zustimmen. Bei der ent-

sprechenden Sitzung kommt es am 16. Februar 1998 zwar zu einer Zustimmung, aber die Vertreter der Bundesländer verweisen das Gesetz an den Vermittlungsausschuss, wo ein Kompromiss ausgehandelt wird, der den besonderen Schutz bestimmter Berufsgruppen feststellt. Sie sollen von Lauschangriffen ausgenommen werden. Diesem Kompromiss stimmen die Abgeordneten von CDU und CSU im Bundestag am 5. März 1998 nicht zu. Da allerdings Teile der FDP-Fraktion mit der Opposition stimmen, muss die Regierung eine Abstimmungsniederlage einstecken. Das Gesetz wird in der vom Vermittlungsausschuss ausgehandelten Form angenommen und das Grundgesetz am 26. März 1998 geändert.
Aber auch damit sind die Diskussionen um den „großen Lauschangriff" nicht beendet, denn Sabine Leutheusser-Schnarrenberger und einige andere FDP-Politiker erheben eine Verfassungsbeschwerde und erreichen damit die Entscheidung des Bundesverfassungsgerichts am 3. März 2004, dass das Gesetz teilweise gegen die Menschenwürde verstößt und somit verfassungswidrig ist. Daraufhin ändert der Bundestag im Mai 2005 das Gesetz entsprechend den Anordnungen der Verfassungsrichter und beschließt Änderungen am Artikel 13 des Grundgesetzes.
Danach kann nur eine „richterliche Anordnung" den Einsatz von „technischen Mitteln zur akustischen Überwachung von Wohnungen, in denen der Beschuldigte sich vermutlich aufhält", erlauben, wenn „die Erforschung eines Sachverhalts auf andere Weise unverhältnismäßig erschwert oder aussichtslos wäre". Damit soll auch weiterhin der „absolut geschützte Kernbereich privater Lebensgestaltung", wie es das Verfassungsgericht formuliert hat, vor Lauschangriffen geschützt bleiben. Ferner darf die „akustische Wohnraumüberwachung" nur eingesetzt werden, wenn Straftaten vorliegen, für die eine mehr als fünfjährige Haftstrafe vorgesehen sind.

Diese Einschränkungen haben seit Mai 2005 dazu geführt, dass jährlich in weniger als zehn Fällen private Räume akustisch überwacht werden. Davor waren es mehr als dreimal so viele Fälle.

LITERATUR:

Rolf Gössner: „Big Brother“ & Co. Der moderne Überwachungsstaat in der Informationsgesellschaft. Hamburg 2000

Sandro Gaycken, Constanze Kurz (Hrsg.): 1984.exe. Gesellschaftliche, politische und juristische Aspekte moderner Überwachungstechnologien, Bielefeld 2008

Sabine Leutheusser-Schnarrenberger: Angst essen Freiheit auf. Darmstadt 2019

QR – CODE:

DIE HINRICHTUNG VON JOSEPH SÜSSKIND OPPENHEIMER – 1738

WIE EIN BEAMTER DES HERZOGS VON WÜRTTEMBERG ERMORDET WURDE

Anhänger der Verschwörungserzählungen von QAnon lassen in erschreckender Weise einen blutrünstigen Mythos wieder aufleben, nach dem eine Clique reicher Menschen sich als Elite der Menschheit fühlt, die sich über alle Gesetze hinwegsetzen kann und den Staat „von unten" lenkt und führt. Zu ihrem Verhalten gehört in der Vorstellungswelt von QAnon auch die Praxis, gesunde Kinder zu entführen, sie in Kellerverliesen einzusperren und sich von Zeit zu Zeit an ihrem Blut zu laben und dadurch jugendliche Tatkraft zu erlangen. Das ist ebenso blödsinnig wie die historischen Vorbilder, auf denen diese Erzählung beruht. Aber diese Erzählungen haben sich über Jahrhunderte gehalten und wurden immer wieder verwendet, wenn es darum ging, nach Sündenböcken für gesellschaftliche Fehlentwicklungen, Naturkatastrophen oder Epidemien zu suchen. Ein besonders krasses Beispiel ist die Geschichte des Kaufmanns Joseph Süßkind Oppenheimer, der im März 1698 in Heidelberg geboren wird und zeitlebens in Diensten seines Landesherrn, Herzog Karl Alexander von Württemberg, steht. Karl Alexander war wie die meisten Regenten seiner Zeit ein absolutistischer Herrscher, der als Alleinherrscher auch allein darüber bestimmte, wofür die Steuereinnahmen in Württemberg ausgegeben wurden. Er ließ Schlösser oder Residenzen bauen und führte kostspielige Kriege. Er schaltete sich in den Spanischen Erbfolgekrieg und die Feldzüge gegen die Türken ein, die das Vordringen der Heere des osmanischen Großwesirs Nevşehirli Damat İbrahim Pascha nach Europa verhindern sollten.

Die europaweiten Aktionen des württembergischen Herzogs reißen ein tiefes Loch in die Staatskasse. Karl Alexander hält Ausschau nach einem Kaufmann und Bankier, der diesen Zustand beheben könnte. Seine Wahl fällt auf Joseph Süß Oppenheimer, der einer angesehenen jüdischen Kaufmannsfamilie entstammt und ein weitgereister, erfahrener Finanzmakler ist. Die beiden hatten sich am Hof des bis 1733 amtierenden württembergischen Herzogs Eberhard Alexander kennengelernt. Als Karl Alexander dessen Nachfolger wird, beginnt Oppenheimer seine Tätigkeit als Hoffaktor. In dieser Eigenschaft ist er zuständig für das Kapital des Herzogs und den Aufbau einer effektiven Finanzverwaltung. Bald darauf wird er zum Geheimen Finanzrat und engen politischen Berater des Herzogs ernannt. Karl Alexander beauftragt Oppenheimer, die Steuereinnahmen zu erhöhen und ein wirksames Kontrollsystem über die Zahlungsmoral seiner Untertanen einzurichten.

Oppenheimer macht sich sogleich an die Arbeit, gründet ganz im Sinne der damals in allen absolutistischen Regierungen vorherrschenden merkantilistischen Wirtschaftspolitik einige Manufakturen und eine eigene Bank, vergibt Handelsrechte für Leder und Wein, handelt mit wertvollen Edelmetallen und veranstaltet staatliche Glücksspiele. Er tut dies im Auftrag des württembergischen Herzogs, der schon vor seiner Thronbesteigung von der protestantischen zur katholischen Konfession konvertiert war und damit seine mehrheitlich protestantische Bevölkerung vor den Kopf gestoßen hatte. Und nun wird der katholische Regent von einem jüdischen Kaufmann beraten, während die protestantische Bevölkerung zunehmend unruhig wird. Denn der Herzog missachtet die württembergische Verfassung, in der ausdrücklich festgehalten ist, dass die mehrheitlich protestantischen Landstände Württembergs bei Steuererhöhungen das letzte Wort haben. Karl Alexander wähnt sich in absolutistischer Machtvollkommenheit und ignoriert alle Mahnungen Oppenheimers, der daraufhin seinen Rücktritt anbietet, was der Herzog aber ablehnt – schließlich sind die Maßnahmen seines Geheimen Finanzrats erfolgreich und die Staatskassen wieder gefüllt.

Zu den politischen Spannungen, die die Steuererhöhungen in der Bevölkerung auslösen, kommt nun auch noch eine religiöse Komponente, denn Oppenheimers Geld- und Steuerpolitik weckt bei immer mehr Bürgern Zorn und antijüdische Ressentiments. Schnell wird der Berater zum Sündenbock für die Politik des Herzogs und gerät ins Visier der Bürger. Aber solange Karl August hinter Oppenheimer steht, bleibt es bei verbalen Protesten. Am 12. März 1737 ändert sich die Lage aber schlagartig, denn der Herzog stirbt aufgrund eines Lungenödems. Kurz nach der Todesnachricht wird der nun schutzlose Joseph Süßkind Oppenheimer festgenommen und unter Hausarrest gestellt. Sein Vermögen wird konfisziert, ein Großteil seines Hausrats verkauft und sein Personal verhaftet. Anfang 1738 verlegt man ihn in Festungshaft nach Hohenasperg. Neben Hochverrat und Bestechlichkeit wird Oppenheimer sexueller Kontakt mit einer zwanzig Jahre jüngeren Christin aus vornehmer Familie vorgehalten. Jene Frau wird ebenfalls festgenommen und bringt im Zuchthaus den gemeinsamen Sohn zur Welt, der aber kurz nach seiner Geburt verstirbt. Als sich herausstellt, dass Oppenheimer auch Kontakt zu Frauen aus höheren, adligen Kreisen in Württemberg gehabt hat, wird dieser Anklagepunkt in Erwartung peinlicher öffentlicher Diskussionen vor dem Stuttgarter Sondergericht fallen gelassen.

Das Todesurteil gegen Joseph Süßkind Oppenheimer nach einem Schauprozess wird am 9. Januar 1738 gefällt. Am 4. Februar 1738 wird er hingerichtet. Etwas mehr als 200 Jahre später entdecken Propagandisten des NS-Regimes die Leidensgeschichte Oppenheimers wieder. Im Auftrag der Reichsregierung inszeniert der bekannte Regisseur Veit Harlan den antisemitischen Film *Jud Süß*, in dem Oppenheimer als Täter dargestellt wird. In Verdrehung der historischen Tatsachen „überredet“ er den Herzog, die Steuern zu erhöhen, um sein luxuriöses Leben zu finanzieren. Sein Verhältnis zu der jungen Christin endet in einer angedeuteten Vergewaltigung, was die junge Frau in den Selbstmord treibt. Der NS-Propagandafilm dient dazu, beim Publikum eventuell vorhandene Skrupel bei der Verfolgung und Ermordung der Juden zu beseitigen. „Das Publikum ging nach anfänglicher Zurückhaltung in überraschend starker Weise mit“, vertraut Propagandaminister Joseph Goebbels nach der Uraufführung seinem Tagebuch an.

LITERATUR:

Rolf Giesen, Manfred Hobsch: Hitlerjunge Quex, Jud Süss und Kolberg. Die Propagandafilme des Dritten Reiches. Dokumente und Materialien zum NS-Film. Berlin 2005

Alexandra Przyrembel, Jörg Schönert (Hrsg.): „Jud Süß“. Hofjude, literarische Figur, antisemitisches Zerrbild. Frankfurt am Main 2006

Robert Kretzschmar, Gudrun Emberger (Hrsg.): Die Quellen sprechen lassen. Der Kriminalprozess gegen Joseph Süß Oppenheimer 1737/38. Stuttgart 2009

Joachim Brüser: Herzog Karl Alexander von Württemberg und die Landschaft. Katholische Konfession, Kaisertreue und Absolutismus. Stuttgart 2010

QR – CODE:

DER ERSTE ANSCHLAG AUF DAS WORLD TRADE CENTER – 1993

WIE ISLAMISTEN DIE KAPITALISTISCHE WELT ZUM ERSTEN MAL ATTACKIERTEN

Der Anschlag auf das New Yorker World Trade Center und das Pentagon in Washington sind bekannt geworden als 9/11. An jenem verhängnisvollen 11. September krachten die beiden Türme des Symbols der westlich-kapitalistischen Wirtschaftsordnung in sich zusammen und rissen fast 3000 Menschen in den Tod. Auch das amerikanische Verteidigungsministerium wurde schwer beschädigt. Dieser Tag zeigte nicht nur auf, wie verletzlich die Supermacht USA auf eigenem Territorium war, sondern er war der Beginn einer kriegerischen Auseinandersetzung mit der „Achse des Bösen", die der 43. US-Präsident George W. Bush am 11. September 2001 glaubte ausgemacht zu haben. Dabei hat diese Auseinandersetzung schon mehr als acht Jahre zuvor begonnen.

Am Mittag des 26. Februar 1993 schrecken die Menschen im New Yorker Stadtteil Manhattan auf. Eine gewaltige Detonation lässt den Boden erzittern, und ein ungewöhnlich starker Explosionsknall geht durch Manhattan. Kurz danach quillt schwarzer Rauch aus der Einfahrt zur Tiefgarage, einige Brände sind zu sehen, die Feuerwehr bereitet sich auf einen Großeinsatz in den Kellergeschossen des WTC vor. Zu diesem Zeitpunkt sind etwa 100 000 Menschen in den Räumen der 110 Stockwerke, die in jedem der Türme untergebracht sind. Trotz des nasskalten Winterwetters sind das Restaurant und die Aussichtsplattform in über 400 Meter Höhe gut besucht. Hoch oben ist von der Detonation kaum etwas zu spüren, die Stahlkonstruktion und die Statik der beiden Türme sind stabil. Aber schwarze Rauchschwaden kriechen Stockwerk um Stockwerk nach oben. Noch Stunden später kommen Menschen hustend mit Tüchern vor Mund und Nase durch die Ausgangstüren der Zwillingstürme.

In diesem Moment mutet es wie ein Wunder an, dass die Gebäude noch stehen. In den sechs unterirdischen Etagen, die größtenteils als Garagen genutzt werden, sieht es anders aus: Vier Betondecken sind eingestürzt und haben einen Berg von Schutt und Asche hinterlassen. Die Detonation hat einen vierzig Meter großen Krater verursacht, sechs Menschen das Leben gekostet und etwas mehr als 1000 Personen zum Teil schwer verletzt. Am nächsten Morgen titelt die *New York Times*, es sei der „schwerste Anschlag“ in der modernen US-amerikanischen Geschichte gewesen.

Während die Aufräumarbeiten in vollem Gange sind, gehen Mutmaßungen über die Drahtzieher des Anschlags um die Welt. Erste Spuren scheinen nach Jugoslawien zu führen, wo seit 1991 der Kroatienkrieg tobt, bei dem es um die Unabhängigkeit des einst zur Sozialistischen Föderativen Republik Jugoslawien gehörenden Kroatien ging. Die USA hatten sich eingemischt und sich damit auf serbischer Seite Feinde gemacht. Da zur gleichen Zeit mit Radovan Karadžić der Präsident der Republika Srpska in New York war, schien der Verdacht gegen die Serben erhärtet, zumal Karadžić in einem offenen Brief eindringlich vor äußerer Einmischung in den Konflikt im ehemaligen Jugoslawien gewarnt hatte. Aber nähere Ermittlungen legten nahe, dass nicht etwa Serbenführer Radovan Karadžić in den Anschlag verwickelt war, sondern eine islamistische Terrororganisation.

Zwei Tage nach dem Anschlag sind die Lösch- und Sicherungsarbeiten so weit fortgeschritten, dass FBI-Ermittler gefahrlos in die zerstörten Untergeschosse des World Trade Centers gehen und nach Resten des Sprengstoffs suchen können.

Nach Stunden werden sie fündig: An einem zerfetzten Autoblech lässt sich eine Seriennummer entschlüsseln, sie gehört zu einem auffallend gelben Lieferwagen, der am Morgen des 26. Februar 1993 deshalb unbemerkt in die Tiefgarage fahren konnte, weil es an den Garageneinfahrten keine Kontrollen gegeben hat. Die Herkunft des Lieferwagens ist schnell geklärt und führt zu Mohammed Salameh, der den Wagen kurz zuvor bei einer Autovermietung geliehen hat. Er wird verhaftet, am 17. März 1993 angeklagt. Die Hausdurchsuchung bringt ans Tageslicht, dass Salameh alle Utensilien, die zum Bau einer solchen Autobombe notwendig gewesen sind, besessen hat. So überführt wird er am 24. Mai 1994 zu 240 Jahren Haft verurteilt, die er in einem Bundesgefängnis im US-Bundesstaat Colorado absitzt.

Ein Jahr später wurde ein zweiter Haupttäter in Islamabad verhaftet. Der Kuwaiter Ramzi Ahmed Yousef offenbarte, dass der eigentliche Plan der Attentäter gescheitert ist. Sie wollten ursprünglich mit einer sehr viel größeren Menge Sprengstoff den Nordturm so zum Einsturz bringen, dass er auf den Südturm kippt und diesen ebenfalls zum Einsturz bringt. Experten schätzen, dass dann mit etwa 100 000 Toten zu rechnen gewesen wäre. Ramzi Ahmed Yousef wurde ebenfalls zu 240 Jahren Haft verurteilt. Die Ermittlungen gingen weiter und führten schließlich auch zu den Hintermännern und einem islamistischen Terrornetzwerk namens al-Qaida, das von Osama bin Laden angeführt wurde. Im Februar 1998 erklärte Osama bin Laden der westlichen Welt und vor allem den USA den Krieg, indem er den Befehl erteilte, die „Amerikaner und ihre Verbündeten" zu töten. Dies sei eine „individuelle Verpflichtung" für jeden gläubigen Muslim.

In New York zogen Polizei und Stadtverwaltung die entsprechenden Konsequenzen aus dem Anschlag vom 26. Februar 1993. Die Sicherheitsvorkehrungen rund um das Banken- und

Börsenviertel in Manhattan wurden verstärkt, Ein- und Ausfahrten in das World Trade Center waren fortan überwacht, und am Haupteingang zu den Zwillingstürmen gab es nun Personenkontrollen. Aber die meisten glaubten, dass die Vorkehrungen übertrieben waren, schließlich würden Terroristen nicht zweimal dasselbe Ziel aussuchen. Als achteinhalb Jahre später zwei Flugzeuge die Türme zum Einsturz brachten, erwies sich diese Hoffnung als trügerisch.

LITERATUR:

Jason Burke: Al-Qaida. Wurzeln, Geschichte, Organisation. Düsseldorf/Zürich 2004

Guido Steinberg: Der nahe und der ferne Feind. Die Netzwerke des islamistischen Terrorismus. München 2005

Steve Coll: Die Bin Ladens. Eine arabische Familie. München 2008

Stefan Goertz: Islamistischer Terrorismus. Heidelberg 2017

QR – CODE:

DAS MASSAKER VON MY LAI – 1968

WIE EIN KRIEGSVERBRECHEN DIE USA AUF DIE PROBE STELLTE

Heute wissen wir, dass es keinen „sauberen" Krieg gibt. Es gibt kein „sauber", wenn zum Beispiel ein deutscher Soldat den Befehl zum Luftangriff auf einen gekaperten Tanklaster gibt – doch statt Terroristen sterben Zivilisten. Oder wenn Kriegsgefangene von denjenigen gefoltert und vergewaltigt werden, die wir Verbündete nennen. Aber diese grauenhafte Lektion mussten wir erst lernen.

16. März 1968, My Lai – ein Dorf in Vietnam: Zuerst sind die Hubschrauber des Spezialkommandos zu hören, wenig später fallen Schüsse. Eine Dorfbewohnerin erinnert sich, sie und ihre Familie hätten gedacht, die Amerikaner würden auf Schweine und Hühner schießen. Zu diesem Zeitpunkt war aber wohl schon die Hälfte des Dorfes tot. Die nach dem Bataillonskommandanten Lieutenant Colonel Frank Akeley Barker benannte US-amerikanische „Task Force Barker" hatte den Auftrag, My Lai nach Unterstützern des Vietcongs zu durchsuchen, jedoch sollten sie keinen einzigen Kämpfer vorfinden. Stattdessen vergingen sie sich an den völlig unbewaffneten Dorfbewohnern. Frauen und Mädchen wurden vergewaltigt, Männer mit Macheten verstümmelt, Kinder und Alte wurden alle gleichermaßen abgeschlachtet. Erst ein amerikanischer Aufklärungspilot konnte das Massaker aufhalten, indem er seinen Hubschrauber zwischen den Soldaten und ihren Opfern landete und den eigenen Leuten drohte, das Feuer auf sie zu eröffnen. Elf Frauen und Kinder konnten so gerettet werden. Alle anderen 504 Menschen in My Lai wurden innerhalb von nur drei Stunden ermordet.

Was an diesem 16. März 1968 in Vietnam geschah, blieb der Weltöffentlichkeit über ein Jahr lang verborgen. Die verant-

wortlichen Offiziere notierten zunächst, in einem schweren Feuergefecht seien 128 Vietcong getötet wurden – unglücklicherweise aber auch zwanzig Zivilisten. Dem Spezialkommando wurde sogar noch zum erfolgreichen Einsatz gratuliert. Wahrscheinlich sollte das Massaker vertuscht werden, um die Beteiligten zu schützen. Manche Historiker sagen, dass die Vertuschung auch in die Gedankenwelt der US-Streitkräfte in Vietnam gepasst habe. Der Kampf gegen einen im Wald oft unsichtbaren Feind, der mit Sprengfallen, Verkleidung und Heckenschützen arbeitet, habe in der Vorstellung der Soldaten jeden Vietnamesen zum Feind gemacht. Diese Gedankenwelt schlug sich militärisch auch in Flächenbombardements und den sogenannten Free Fire Zones nieder, in denen unkontrolliert auf jeden das Feuer eröffnet werden durfte.
Im Frühjahr 1968 werden die US-Streitkräfte auch um die politische Sprengkraft einer Enthüllung der Ereignisse von My Lai gewusst haben. Sollte ein derartiges Massaker an die Öffentlichkeit geraten, drohte den Truppen der völlige Vertrauensverlust in der amerikanischen Bevölkerung. Denn der Vietnamkrieg, den die US-Regierung der eigenen Bevölkerung immer wieder als einen leichten Kampf gegen einen vollkommen unterlegenen Gegner verkaufen wollte, wird schon seit dreizehn Jahren geführt, seit inzwischen vier Jahren sind die USA offizielle Kriegsteilnehmer. Mehr als 300 000 US-Soldaten sind in Südvietnam stationiert – und trotzdem verlieren sie. Sie kämpfen gegen die „Nationale Front zur Befreiung Südvietnams", besser bekannt als Vietcong: eine Guerillatruppe, die die Vereinigung mit dem schon seit 1955 kommunistischen Norden des Landes will. Das wollen die Amerikaner aber um jeden Preis verhindern, denn nach der Domino-Theorie des Kalten Krieges würde nach Vietnam bald ganz Südostasien an den Kommunismus und damit in das Einflussgebiet des großen Gegners Sowjetunion fallen. Während die Sowjets das kommunistische Nordvietnam und den Vietcong von außen unterstützen, grei-

fen die US-Amerikaner sogar direkt und mit eigenen Truppen in den Krieg ein. Zu Beginn erfahren sie dafür sehr viel Rückhalt in der eigenen Bevölkerung, denn irgendwo müsse der Kommunismus ja in seine Schranken gewiesen werden. Aber Ende der Sechzigerjahre verliert der Vietnamkrieg immer mehr an Zustimmung. Er findet kein Ende, die Opferzahlen auf Seiten der Amerikaner steigen, und überall in den USA gibt es immer größer werdende Friedensdemonstrationen.

Aber My Lai blieb nicht lange unter Verschluss: Der Investigativjournalist Seymour Hersh bekam 1969 Wind davon, dass es innerhalb der Armee rumorte. Er führte Interviews zum Beispiel mit dem in My Lai befehlshabenden Offizier und machte anschließend durch seine Recherchen und Artikel das Massaker weltweit bekannt. Unterstützt wurde Seymour Hersh durch die eindrucksvollen Bilder des Militärfotografen Ron Haeberle, der sich aus Angst vor Strafe nicht getraut hatte, die Bilder im Alleingang zu veröffentlichen. Nun aber werden nach den Enthüllungen 26 Offiziere für ihre Taten in My Lai angeklagt, weitere vierzehn für die versuchte Vertuschung der Ereignisse. Verurteilt wird allerdings nur ein einziger: William Calley. Er war der in My Lai befehlshabende Offizier, der Hersh die Interviews gegeben hatte. Er wird zunächst zu einer lebenslangen Haftstrafe verurteilt, die wenig später von US-Präsident Richard Nixon zu einem lebenslangen Hausarrest vermindert wird.

Es folgen weitere Reduzierungen des Strafmaßes, und schließlich ist William Calley schon 1974 wieder in Freiheit. Nichts an diesem ganzen Prozedere, sagen viele Historiker, stehe in Einklang mit den Maßstäben des internationalen Kriegs- und Völkerrechts.

Nicht zuletzt deshalb war My Lai für viele Amerikaner der moralische Bankrott des Westens. Auch brach die Vorstellung in sich zusammen, dass der Vietnamkrieg ein „sauberer" oder sogar ein „guter" Krieg sei. Und auf den moralischen Bankrott folgte

dann noch die militärische Niederlage. 1975 ziehen sich die USA unterlegen aus Vietnam zurück. Die Schätzungen darüber, wie viele Menschen in diesem Krieg ums Leben gekommen sind, gehen weit auseinander. Die Spannweite liegt zwischen anderthalb oder sogar vier Millionen Menschen. Aber fast alle Schätzungen haben eines gemeinsam: Im Vietnamkrieg sind – genau wie in My Lai – mehr Zivilisten als Soldaten getötet worden.
Durch Vietnam und My Lai wurde vor allem dem Westen gut zwanzig Jahre nach dem Ende des Zweiten Weltkriegs wieder in Erinnerung gerufen, dass im Krieg immer alle leiden. Im Jahr 2003 sprach ein amerikanischer Soldat ganz explizit davon, dass er im Irak kein zweites My Lai erleben wolle. Trotzdem gab es das Foltergefängnis von Abu-Ghuraib. Und beim Versuch, ganz „sauber“ per Luftangriff einige Taliban-Kämpfer in Afghanistan auszuschalten, starben Dutzende Zivilisten, unter ihnen Kinder. Den Befehl gab ein deutscher Offizier der Bundeswehr. All das sollte man nie vergessen, wenn Kriege erklärt werden oder wir uns sogar an ihnen beteiligen.

LITERATUR:

Marc Frey: Geschichte des Vietnamkriegs. Die Tragödie in Asien und das Ende des amerikanischen Traums. München 2006

Bernd Greiner: Krieg ohne Fronten. Die USA in Vietnam. Hamburg 2007

Howard Jones: My Lai. Vietnam 1968 and the Descent into Darkness, Oxford 2017

QR – CODE:

DIE ERMORDUNG VON MARTIN LUTHER KING – 1968

WIE DIE SCHWARZE BÜRGERRECHTSBEWEGUNG GETROFFEN WERDEN SOLLTE

Während der Amtseinführung vom US-amerikanischen Präsidenten Joe Biden im Januar 2021 hat die 22-jährige Poetin Amanda Gorman ein Gedicht vorgetragen. Darin heißt es unter anderem:

„Scripture tells us to envision
that everyone shall sit under their own vine and fig tree
and no one shall make them afraid.
If we're to live up to our own time,
then victory won't lie in the blade, but in all the
bridges we've made.
That is the promise to glade
The hill we climb.
If only we dare
It's because being American is more than a pride we inherit.
It's the past we step into
and how we repair it."

Ihr Gedicht handelt von den schweren Zeiten, die die USA durchgestanden haben und noch durchstehen müssen, aber auch von der Hoffnung auf eine bessere Zukunft. Dabei stand die Afroamerikanerin auf den Stufen des Kapitols in Washington D. C., ganz in der Nähe des Ortes, an dem am 28. August 1963 Martin Luther King seine „I have a dream"-Rede gehalten hatte. Diese Rede ist zum Symbol der amerikanischen Bürgerrechtsbewegung und ihres Kampfes um Gerechtigkeit und Gleichheit der Menschen unabhängig von Hautfarbe oder Religionszugehörigkeit geworden.

Martin King wird am 15. Januar 1929 in Atlanta im US-Bundesstaat Georgia als Sohn eines Baptistenpredigers geboren. Schon in der Grundschule macht er schlechte Erfahrungen mit dem, was zu dieser Zeit Rassentrennung genannt wurde: Schwarze und weiße Schülerinnen und Schüler durften nicht in einer gemeinsamen Klasse unterrichtet werden. Sein bester Freund ist ein weißer Junge aus der Nachbarschaft. Irgendwann verbieten dessen Eltern ihrem Sohn den Umgang mit dem schwarzen Nachbarjungen. Für den kleinen Martin ein traumatisches Erlebnis, das ihn ein Leben lang begleiten wird. Zur gleichen Zeit nimmt sein Vater am baptistischen Weltkongress in Berlin teil. Anschließend gibt er seinem Sohn Martin – zu Ehren des protestantischen Reformators Martin Luther – den Beinamen Luther.

Nach seiner Schulzeit studiert Martin Luther King Theologie auf dem Crozer Theological Seminar in Pennsylvania. Anschließend setzt er sein Theologiestudium an der Universität Boston fort und wird dort 1955 zum Doktor der Philosophie promoviert. Kurz zuvor hat er schon eine Pastorenstelle in der Dexter Avenue Baptist Church in Montgomery im Bundesstaat Alabama angenommen. Das ist Mitte der Fünfzigerjahre kein einfacher Ort für Schwarze, weil im US-Bundesstaat Alabama – wie in allen anderen Staaten im Süden der USA auch – in Restaurants, Schulen und an öffentlichen Plätzen eine Politik der Apartheid betrieben wird. Gesetze legen Zugangsbeschränkungen für Schwarze in öffentlichen Einrichtungen fest, weisen ihnen getrennte Sitze und Bänke in Bussen und Bahnen zu und unterhalten eigene Schulen für schwarze und weiße Kinder.

King engagiert sich früh in der Bürgerrechtsbewegung. Im Dezember 1955 organisiert er die erste große gewaltfreie Protestaktion der afroamerikanischen Bürgerrechtsbewegung: den Boykott von öffentlichen Verkehrsmitteln, der als

„Montgomery Bus Boycott" in die Geschichte eingehen sollte. King hatte dazu aufgerufen, nachdem am 1. Dezember 1955 die schwarze Verkäuferin Rosa Parks zu einer Gefängnisstrafe verurteilt worden war. Sie hatte sich geweigert, ihren Sitzplatz in einem Bus für einen weißen Fahrgast freizumachen – wie es die Gesetze in Alabama vorsahen. Der Boykott des öffentlichen Nahverkehrs dauert knapp 400 Tage und richtet großen wirtschaftlichen Schaden für die Verkehrsbetriebe an. Schließlich erklärt der US-Supreme Court – das oberste Gericht der USA – am 13. November 1956 die Rassentrennung in öffentlichen Verkehrsmitteln für ungesetzlich.

Danach wird King schnell im gesamten Land berühmt. Anfang 1964 ziert er als „Mann des Jahres" das Cover des *Time Magazine*, im Sommer 1963 organisiert er den „Marsch auf Washington", bei dem er zu Füßen des Kapitols seine „I have a dream"-Rede hält. Ein Jahr später wird sein Engagement mit dem Friedensnobelpreis ausgezeichnet. Martin Luther King ist ein begnadeter Redner, zwischen 1957 und seiner Ermordung am 4. April 1968 hält er mehr als 25000 Reden und ist dafür fast zehn Millionen Kilometer unterwegs. Aber sein Einsatz für die Bürgerrechte der schwarzen Bevölkerung in den USA hat ihm jede Menge Feinde eingebracht. Weiße Rassisten halten ihn für einen Nestbeschmutzer und werfen ihm vor, den Untergang des „weißen Mannes" zu provozieren. Dieser Hass entlädt sich am 4. April 1968.

Jener Tag im April 1968 ist ruhig für Martin Luther King. Am Abend vorher hat er eine Rede in Memphis gehalten, um die streikenden Müllwerker zu unterstützen. Eine große Demonstration ist für den 8. April geplant. Er verbringt diesen Tag in Memphis, Tennessee, und macht einen ungewohnt entspannten Eindruck. Das berichten seine Mitstreiter später. Mittags trifft er sich mit seinem Bruder im Motel Lorraine, in dem King sich das Appartement Nummer 306 gemietet hat. Sie telefonieren mit ihren Eltern. Um kurz vor sechs geht King wieder in sein Zimmer, um sich für das Abendessen beim örtlichen Reverend Samuel Kyles fertig zu machen. Er geht auf den Balkon, unterhält sich mit einem seiner Mitarbeiter, der im Hof steht. Dann fällt ein Schuss. Die Kugel trifft King in den Hals und die untere Gesichtshälfte. Er wird sofort ins Krankenhaus gebracht, aber es ist zu spät. Um 19.05 Uhr wird er für tot erklärt.

Der Schütze war der Gefängnisausbrecher und Bankräuber James Earl Ray, ein weißer Rassist. Seine Fingerabdrücke wurden später auf einer Waffe identifiziert, die in der Nähe des Tatorts gefunden wurde, gemeinsam mit einem T-Shirt. Außerdem war er direkt nach dem Attentat geflohen, erst nach Kanada, dann nach Europa. In London wurde er nach 65 Tagen auf der Flucht gefasst. Er gestand die Tat, zog dann sein Geständnis aber wieder zurück. Trotzdem wurde er zu 99 Jahren Haft verurteilt. 1977 gelang ihm die Flucht aus einem Hochsicherheitsgefängnis. Drei Tage später wurde er wieder aufgegriffen, aber Ray behauptete zeitlebens, Opfer einer Verschwörung geworden zu sein. Daraus entstand die – auch von Martin Luther Kings Sohn Dexter King vertretene – These, die damalige Regierung habe den Mord an seinem Vater in Auftrag gegeben.

Die Nachricht vom Tod Martin Luther Kings verbreitete sich wie ein Lauffeuer in den USA und in der ganzen Welt. In mehr als hundert Städten kam es zu gewalttätigen Krawallen, bei denen 39 Menschen ums Leben kamen, etwa 2600 wurden verletzt und 10 000 Personen verhaftet. Viele hatten die Hoffnung auf ein friedliches Ende des Rassenkonflikts in den USA mit Martin Luther King verbunden. Der von Martin Luther King geplante Protestmarsch am 8. April in Memphis fand statt und wurde angeführt von Kings Frau Coretta. Etwa 35 000 Menschen nahmen friedlich daran teil. Einen Tag später wurde Martin Luther King beerdigt, in Atlanta, seiner Geburtsstadt. 50 000 Menschen begleiteten den Pferdekarren, auf dem sein Sarg stand. Einen Karren, wie ihn Sklaven auf den Plantagen besteigen mussten.

LITERATUR:

Britta Waldschmidt-Nelson: Martin Luther King, Malcolm X. Frankfurt am Main 2000

Clayborne Carson (Hrsg.): The Autobiography of Martin Luther King. London 2000

Tobias Dietrich: Martin Luther King. Paderborn 2008

Alois Prinz, Irmela Schautz: I have a dream. Das Leben des Martin Luther King. Stuttgart 2019

María Isabel S. Vegara: Martin Luther King. Little People, Big Dreams. Berlin 2020

QR – CODE:

DIE GRÜNDUNG DES STAATES ISRAEL – 1948

WIE DIE HEIMSTATT DER JUDEN ENTSTAND

Etwa 600 Jahre vor der Geburt Jesu von Nazareth begann mit der ersten Zerstörung des Tempels in Jerusalem durch die Babylonier unter ihrem König Nebukadnezar II. die Vertreibung der Juden aus ihrer Heimat. Die Babylonier hatten das Königreich Juda erobert und den Tempel Salomons zerstört. Nach biblischer Überlieferung war Salomon der Erbauer des ersten jüdischen Tempels in Jerusalem und der dritte König Israels. Inzwischen gibt es wissenschaftlich begründete Zweifel am Ausmaß des salomonischen Reichs und an der Ausgestaltung des Tempels, aber für die Geschichte des jüdischen Volks hat diese erste Zerstörung des Tempels große Bedeutung.
Die Babylonier sprachen eine zeitweilige Vertreibung der Juden aus Jerusalem und ihrem Königreich aus, sie mussten sich in den Randgebieten des neubabylonischen Reichs ansiedeln. Viele der ausgewiesenen Juden blieben in den kleinasiatischen Gebieten, andere kehrten rund fünfzig Jahre später wieder in ihre alte Heimat zurück und erbauten an derselben Stelle einen zweiten Tempel zu Ehren Salomos. Den Babyloniern folgten Perser, Griechen und Römer, die rund um die Levante Großreiche aufbauten und der Region ihren kulturellen Stempel aufdrückten. Während der römischen Herrschaft, die mit dem Eroberungsfeldzug des Feldherrn Pompeius 63 v. Chr. begann, wurde die Situation für die Juden immer schwieriger. Sie weigerten sich, zum römischen Kultglauben zu konvertieren, weil das mit dem jüdischen Glauben nicht in Einklang zu bringen war. Im Jahr 66 eskalierte die Lage zu einem Aufstand, der niedergeschlagen wurde und mit der Zerstörung des zweiten Tempels im Jahr 70 endete. Wieder wurden die Juden aus

der Stadt gewiesen. Die letzten jüdischen Aufständischen verschanzten sich auf der Bergfestung Masada am Ufer des Toten Meeres und leisteten zwei Jahre Widerstand. Auch wenn die Niederlage gegen die römischen Legionen den endgültigen Verlust jeglicher Eigenständigkeit Judäas bedeutete, erlosch die Opposition gegen die Römer nie so ganz.
Das wurde 132 beim Bar-Kochba-Aufstand besonders sichtbar. Dieser Aufstand wurde mit extremer Härte geführt, der jüdische Anführer Simon Bar-Kochba überlebte den Kampf ebenso wenig wie mehrere Hunderttausend Opfer des vierjährigen Krieges. Nach dem Aufstand erteilte der römische Kaiser Hadrian den Befehl, auf den Ruinen des zerstörten zweiten Tempels einen heidnischen Jupitertempel zu errichten. Zudem ließ er auf den Resten des alten Jerusalem eine römische Stadt errichten, deren Umrisse man heute noch entdecken kann. Die Juden durften sich nicht mehr in Jerusalem aufhalten, aus der Provinz Judäa wurde die Provinz Syrien Palästina, und die Römer tilgten in der Folgezeit möglichst viele Spuren jüdischen Lebens in Jerusalem.
Mit dieser Vertreibung aus ihrer Heimat begann für Millionen Juden bis ins Jahr 1948 ein Leben in der Diaspora. Viele siedelten in Europa, wo sie immer dann antijüdischen Pogromen ausgesetzt waren, wenn Naturkatastrophen, Krankheiten oder andere nicht auf den ersten Blick erklärliche Dinge geschahen. Sie waren ihren christlichen Nachbarn aus vielerlei irrationalen Gründen ein Dorn im Auge, was zu lokalen Gewaltausbrüchen und Mordaktionen führte. Aus Antijudaismus wurde am Ende des 19. Jahrhunderts Antisemitismus, der kurz danach eine „Begründung“ durch die angebliche unterschiedliche Beschaffenheit des Blutes von Juden und Nichtjuden erfuhr. Während Europa zwischen 1914 und 1918 in den Ersten Weltkrieg verwickelt war, bekannte sich der britische Außenminister Arthur James Balfour am 2. November 1917 in der nach

ihm benannten Balfour-Deklaration zu dem seit 1897 von der zionistischen Bewegung verfolgten Ziel, eine „nationale Heimstatt" des jüdischen Volkes in Palästina zu errichten. Dieses Vorhaben wurde 1922 beim Völkerbund diskutiert. Großbritannien erhielt das Mandat des Völkerbunds, vorübergehend die Verwaltung Palästinas zu übernehmen. Bestandteil dieses Völkerbundmandats war die Balfour-Deklaration. Aber bevor die Deklaration in die Tat umgesetzt wurde, begann der Zweite Weltkrieg und damit auch der Rassenkrieg des nationalsozialistischen Deutschlands gegen die europäischen Juden, der Millionen Opfer gekostet hat.
Nicht zuletzt der Holocaust bewegt die Generalversammlung der Vereinten Nationen am 29. November 1947 dazu, Palästina in ein arabisches und ein jüdisches Gebiet zu teilen. Die Stadt Jerusalem – so der UN-Beschluss – soll unter der Verwaltung der Vereinten Nationen stehen. Die Freude, die diese Nachricht bei Juden in aller Welt auslöst, ist verständlich. Viele von ihnen hatten sich der Vernichtung durch eine rechtzeitige Flucht entziehen können. Nun werden sie zum ersten Mal seit dem Ende des Bar-Kochba-Aufstands in einem jüdischen Staat leben können. Als am 14. Mai 1948 mit einer schlichten Zeremonie in Tel Aviv die israelische Unabhängigkeit proklamiert wird, steht aber auch die Balfour-Deklaration Pate. Diese Deklaration war ein Schlag gegen die Bestrebungen gewesen, ein großes arabisches Reich als „Lohn" für den Einsatz der Araber im Ersten Weltkrieg gegen das Osmanische Reich zu gründen. Fortan betrachteten die arabischen Nachbarn Israel als einen „Stachel im eigenen Fleisch" und versuchten vom ersten Tag der Existenz Israels diesen Staat wieder zu eliminieren.
So währte auch die Freude in Tel Aviv nur wenige Stunden, denn noch am Tag der Gründung wird der junge israelische Staat von seinen arabischen Nachbarn angegriffen und in den

ersten Unabhängigkeitskrieg verwickelt. Die Araber in Palästina machen geltend, dass sie und ihre Familien dort seit Jahrhunderten leben und nun durch die Aufteilung Palästinas aus ihrer Heimat vertrieben würden. Der Krieg gegen Ägypten, Saudi-Arabien, Jordanien, Libanon, Irak und Syrien dauert 15 Monate und endet mir der Annexion von Gebieten durch Israel, die nach dem UN-Teilungsplan nicht zum israelischen Staatsgebiet gehören sollten.

Was für die Israelis ein Grund zum Feiern ist, wird für die Palästinenser zum Beginn einer Katastrophe. Immer wieder kommt es in den folgenden Jahrzehnten zu gewalttätigen Auseinandersetzungen mit Israel. Während die arabischen Staaten Israel mit Wirtschaftsboykotten schädigen, wird die Bindung des jüdischen Staates an den Westen immer enger. Ab dem Sommer 1950 erlaubt und fördert ein Rückkehrgesetz die Einwanderung von Juden aus anderen Ländern. Zur Unterbringung der neuen Bürger entstehen Siedlungen, kleine Dörfer und Kibbuzim, die den arabischen Nachbarn ein Dorn im Auge sind.

Bis 2006 ist der Nahe Osten durch viele arabisch-israelische Kriege gekennzeichnet. Im Oktober 1956 beginnt der Sinai-Krieg nach der Sperrung des Sues-Kanals durch Ägypten, es folgen 1967 der Sechstagekrieg, 1973 der Jom-Kippur-Krieg und 1982 und 2006 die beiden Libanonkriege. Experten gehen davon aus, dass diese als „Nahostkonflikt" bekannt gewordene Auseinandersetzung anhält und jederzeit wieder in Gewalt umschlagen kann.

LITERATUR:

Michael Wolffsohn: Israel. Geschichte, Politik, Gesellschaft, Wirtschaft. Wiesbaden 2007

Margret Johannsen: Der Nahost-Konflikt. Wiesbaden 2011

Marlène Schnieper: Nakba – die offene Wunde. Die Vertreibung der Palästinenser 1948 und die Folgen. Zürich 2012

Muriel Asseburg, Jan Busse: Der Nahostkonflikt. Geschichte, Positionen, Perspektiven. München 2016

QR – CODE:

DIE WÄHRUNGSREFORM IN WESTDEUTSCHLAND – 1948

WIE MIT NEUEM GELD DER ÖKONOMISCHE AUFSCHWUNG GELANG

Heute kostet ein Kilo Roggenbrot etwa vier Euro, eher weniger. Ein Ei knapp fünfzig Cent, wenn man die Teuersten nimmt. Im Mai 1948 musste man auf dem Schwarzmarkt in Hamburg für ein Kilo Roggenbrot über neun und für ein Ei acht Reichsmark zahlen. Ein Hamburger Facharbeiter bekam allerdings für acht Stunden Arbeit nur zehn Reichsmark Lohn. Er musste also fast zwei Tage arbeiten, um sich ein Brot und ein Ei kaufen zu können. Das ist unzumutbar und reicht nicht zum Leben, fanden auch die Besatzungsmächte der drei westlichen Zonen und kreierten neues Geld: die Deutsche Mark.

Der Zweite Weltkrieg war von Adolf Hitler und seinem Regime faktisch über die Notenpresse finanziert worden: Wann immer sie neues Geld brauchten, druckten sie es. So kam viel Bargeld in die Welt: 1939 waren knapp zwölf Milliarden, 1945 aber 56 Milliarden Reichsmark im Umlauf. Gleichzeitig konnte die Bevölkerung aber kaum Bargeld ausgeben. Geld hatte nach dem Krieg seine ursprüngliche Bedeutung als Zahlungsmittel verloren: Lebensmittel und Kleidung gab es nur noch auf monatlich ausgegebene Bezugsscheine zu einem von den Besatzungsmächten festgelegten Wert. Die Geschäfte waren hingegen meistens leer, dafür blühte umso mehr der Schwarzmarkt, auf dem Waren gegen Waren getauscht wurden.

Die Alliierten unternahmen gegen diese Zustände zunächst nichts. Aber vor allem die US-Amerikaner sahen schon 1945 die Notwendigkeit einer Währungsreform. Ein Jahr später legten sie den Colm-Dodge-Goldsmith-Plan vor, der im Auftrag

von US-Präsident Harry S. Truman von amerikanischen Ökonomen und Bankern entwickelt worden war. Dieser Plan war die Grundlage für die Planung einer Währungsreform in den alliierten Besatzungszonen. Da aber 1946 der Kalte Krieg zwischen der Sowjetunion auf der einen und den westlichen Demokratien auf der anderen Seite das Verhältnis unter den alliierten Siegermächten des Zweiten Weltkriegs vergiftet hatte, konnten sich die Alliierten nicht einigen, wo das Geld gedruckt werden sollte. Die Sowjetunion war für Leipzig als Druckort, die Vereinigten Staaten schlugen Berlin vor, weil diese Stadt als einzige unter der Kontrolle aller vier Besatzungsmächte stand. Der Streit eskalierte, im März 1948 verließ die Sowjetunion den Alliierten Kontrollrat, der als oberste Behörde die gemeinsame Verwaltung aller vier Besatzungszonen sicherstellen sollte. Nach dem sowjetischen Rückzug aus diesem gemeinsamen Gremium begannen die Planungen der drei westlichen Siegermächte, USA, Großbritannien und Frankreich, die Währungsreform in ihren drei Besatzungszonen alleine durchzuführen. Sechs Monate zuvor hatten die Amerikaner schon mit dem Druck der neuen Geldscheine begonnen. Die ersten Scheine der neuen Deutschen Mark waren deshalb den Dollar-Banknoten sehr viel ähnlicher als der Reichsmark – auch wenn sie blau und nicht grün gefärbt waren. Deutsche Ökonomen und Wirtschaftswissenschaftler waren zunächst nicht eingeweiht, die Aktion Währungsreform sollte im Geheimen anlaufen, um Spekulationsgeschäfte auszuschließen.
Am 20. April 1948 wurden elf Währungsexperten und Banker am Sitz der Sonderstelle Geld und Kredit in Bad Homburg abgeholt und mit einem Bus der US-Streitkräfte zur sogenannten Währungskonklave in den US-amerikanischen Luftwaffen-Fliegerhorst Rothwesten bei Kassel gebracht. Streng abgeschirmt und ohne Kontakte zur Außenwelt haben sie dort die für die Währungsreform nötigen Gesetze und Verordnungen ausge-

arbeitet. Alles war streng geheim. Das Bindeglied zwischen der US-Militärregierung und den deutschen Fachleuten war der US-Leutnant Edward A. Tenenbaum, der später als „Vater der D-Mark“ bezeichnet wurde. Er war auch einer der wenigen, die wussten, dass parallel zum Währungskonklave im Frühjahr 1948 23 000 nicht gekennzeichnete Stahlkisten von der American Bank Note Company in New York City nach Bremerhaven verschifft wurden. Darin waren 5,7 Milliarden D-Mark in Scheinen: die Kleinen von fünfzig Pfennig bis zu fünf Mark waren grün, blau, violett und braun, die größeren Scheine von zehn bis fünfzig Mark in verschiedenen Blautönen, die 100-DM-Noten in kräftigem Rot.

Gerüchte hat es zwar auch schon vorher gegeben, aber erst am 18. Juni 1948 informieren die Militärgouverneure der Westzonen die Bevölkerung der drei westlichen Besatzungszonen übers Radio und durch Aushänge, dass es eine Währungsreform geben wird. Auch der Oberste Chef der Sowjetischen Militäradministration in Deutschland, Marschall Georgi Konstantinowitsch Schukow, wird über die Pläne informiert, mit der Zusicherung, dass die neue Währung nicht für die Westsektoren Berlins gelten werde. Zwei Tage später, am 20. Juni 1948 – einem Sonntag –, tritt die Währungsreform auf dem Gebiet der drei westlichen Zonen in Kraft. Jeder Bewohner dieses Trizone genannten Gebietes bekommt zunächst vierzig D-Mark, zwei Monate später weitere zwanzig, in Ausgabestellen für Lebensmittelmarken ausgehändigt. Für die sonstigen Werte hatten die Teilnehmer des Währungskonklave eine komplizierte Tabelle ausgeklügelt: Mieten und Pachten, Löhne und Gehälter sowie Renten und Pensionszahlungen werden im Verhältnis eins zu eins umgestellt, Schulden und Kredite im Verhältnis zehn zu eins.

Entgegen der Versicherung, die D-Mark nicht in den Westsektoren Berlins einzuführen, gilt die neue Währung ab dem 23. Juni 1948 auch in West-Berlin und löst damit eine inter-

nationale Krise aus. Denn einen Tag später verhängt die Sowjetunion als Reaktion auf die auch in Berlin eingeführte neue Währung eine Blockade der Stadt. Sämtlich Schienen-, Straßen- und Wasserwege von und nach Berlin sind versperrt. Wenige Tage später ordnet die Sowjetunion eine eigene Währungsreform in der Ostzone an. Damit ist Deutschland ökonomisch de facto zweigeteilt – elf Monate, bevor es dann auch zur politischen Teilung der Zonen kommt.
Zeitgleich mit der Währungsreform verkündet Ludwig Erhard, der Direktor der Verwaltung für Wirtschaft, der zuvor die Sonderstelle Geld und Kredit geleitet hatte, ein Ende der Preiskontrollen und der Rationierungen. Er ist der Überzeugung, dass die neue Währung nur in einer freien Marktwirtschaft Vertrauen gewinnen und sich durchsetzen kann. Diese Entscheidung gilt als Voraussetzung für das „deutsche Wirtschaftswunder".

LITERATUR:

Werner Abelshauser: Deutsche Wirtschaftsgeschichte. Von 1945 bis in die Gegenwart. München 2011

Uwe Fuhrmann: Die Entstehung der „Sozialen Marktwirtschaft" 1948/49. Konstanz 2017

Wolfgang Benz: Wie es zu Deutschlands Teilung kam. Vom Zusammenbruch zur Gründung der beiden deutschen Staaten 1945–1949. München 2018

Harald Jähner: Wolfszeit. Deutschland und die Deutschen 1945–1955. Berlin 2019

QR – CODE:

DIE GRÜNDUNG NORDKOREAS – 1948

WIE EINE FAMILIENDYNASTIE EINEN „ARBEITER- UND BAUERNSTAAT" ERRICHTETE

Der 9. September ist in Nordkorea ein Feiertag. An diesem Tag wird an die Staatsgründung und vor allem an den ersten Präsidenten Kim Il-sung erinnert. Bis heute wird er verehrt als Gründer Nordkoreas, als „ewiger Präsident" und „großer Führer", ohne den es eine Staatsgründung im Norden Koreas nicht gegeben hätte. Dabei war die Teilung Koreas in Nord und Süd vor allem eine Folge des Kalten Krieges – genauso wie die Teilung Deutschlands.

Als Korea 1910 zur japanischen Kolonie wurde, war das Land noch vereint. Nach der japanischen Besatzung galt es offiziell als Provinz Japans. Koreanische Männer wurden gezwungen, in der kaiserlichen Armee Japans zu dienen. Das Kaiserreich Japan kämpfte im Zweiten Weltkrieg an der Seite Deutschlands und Italiens und führte den Krieg im pazifischen Ozean. Die japanische Invasion Südostasiens umfasste neben den Philippinen vor allem China, Singapur, Teile Ostindiens und die malaiischen Inseln. Erst nachdem der massive Einsatz der amerikanischen Luftwaffe die japanische Flotte weitgehend zerstört hatte, konnte 1945 Südostasien befreit und zurückerobert werden. Die Alliierten forderten die Kapitulation der japanischen Armee und die Abdankung des Kaisers als Voraussetzungen für ein Ende der Kampfhandlungen. Nach dem Abwurf zweier Atombomben über Hiroshima und Nagasaki Anfang August 1945 kündigte Kaiser Hirohito die Kapitulation seines Landes an.

Damit endete der Zweite Weltkrieg auch in Asien – und mit ihm die Besetzung Koreas durch die Japaner. Dafür kamen andere: Im Norden marschierten sowjetische, im Süden amerikani-

sche Truppen ein. Beide Seiten rückten – wie zwischen ihnen vereinbart – bis zum dünn besiedelten 38. Breitengrad vor. Diese Teilung war eigentlich nur als Provisorium gedacht, denn zu gegebener Zeit sollte ein geeintes und unabhängiges Korea entstehen. Aber der Kalte Krieg und die schnell eskalierende Konfrontation der Westmächte unter Führung der USA und dem Ostblock unter Führung der Sowjetunion verhinderten die Einheit Koreas. Der sowjetische Machthaber Stalin hatte – genau wie in Europa – die Idee, sein Land mit einer Art Schutzzone gegen die USA und andere westliche Mächte zu umgeben. Deshalb wollte er Nordkorea als Puffer sowohl gegen China als auch Japan in seinen Machtbereich integrieren. Die Amerikaner hatten Ähnliches im Sinn und wollten mit Südkorea neben Japan zwei starke Stützen im Pazifik gegen die UdSSR und China haben.
In den folgenden Jahren wird immer deutlicher: Ein vereinigtes, unabhängiges Korea wird es erst mal nicht geben, und so werden – vergleichbar zur Entwicklung in Deutschland – zwei Staaten gegründet: Im Süden am 15. August 1948 die westlich orientierte Republik Korea. Und im Norden am 9. September 1948 die Demokratische Volksrepublik Korea, die mit der Sowjetunion verbündet ist. Die eigentliche Staatsgründung erfolgt ohne großen Pomp, eine kleine Delegation aus Moskau ist für die Feierlichkeiten nach Pjöngjang gereist. Die Stimmung ist nur durch die zementierte Teilung des Landes getrübt. Für den neuen sozialistischen Staat setzt Stalin auf den jungen Kim Il-sung, der sich im antijapanischen Widerstandskampf einen Namen gemacht hatte und von der Roten Armee ausgebildet worden war. Direkt nach seiner offiziellen Ernennung zum ersten nordkoreanischen Regierungschef beginnt er, ein politisches System nach sowjetischem – genauer gesagt nach stalinistischem – Vorbild aufzubauen. Bald wird er „Führer“ genannt, ein Titel, der bis dahin innerhalb der kommunistischen

Bewegung allein Lenin und Stalin vorbehalten ist. Sein Gesicht ist schnell allgegenwärtig, auf Wandmalereien, Bildern und durch übergroße Statuen, die in jeder Stadt gebaut werden.
Kim Il-sung gibt auch den Traum eines vereinten, freien, kommunistischen Koreas nicht auf und marschiert deshalb nach dem Abzug der sowjetischen und der amerikanischen Truppen am 25. Juni 1950 in Südkorea ein. Unterstützt wird er dabei von China. Südkorea hat die USA an seiner Seite. Nach drei Jahren endet der Krieg mit einem Waffenstillstand, einen Friedensvertrag zwischen den beiden Ländern gibt es bis heute nicht. Den Bürgern Nordkoreas geht es in den folgenden Jahren nicht gut. Sie leben häufig unter ärmlichsten Bedingungen, leiden unter Hungerkatastrophen. Heimlich geschossene Fotos zeigen unterernährte Menschen, die das Ansehen Nordkoreas überall diskreditieren.
Kim Il-sung stirbt 1994. Nach dem Tod des „ewigen Präsidenten" und einer dreijährigen, staatlich verordneten Trauerzeit übernimmt sein Sohn Kim Jong-il den Posten des Generalsekretärs der Partei der Arbeit Koreas. Der Sohn regiert wie der Vater das Land mit drastischen Methoden. Gleichgeschaltete Medien, Reiseverbote und keinerlei Kontakte zum Ausland kennzeichnen das ohnehin ärmliche Leben der Menschen in Nordkorea. Außerdem wird häufig von Menschenrechtsverletzungen berichtet. Nach Recherchen von Amnesty International unterhielt Nordkorea während der Amtszeit von Kim Jong-il zahlreiche Straflager. Zudem wird ihm die Organisation von zwei Terroranschlägen vorgehalten. Ärmliches Leben auf der einen und ein ausufernder Personenkult um Kim Il-sung, der auch seine Familie einschließt, auf der anderen Seite waren die Kennzeichen seiner Regierungszeit. Kim Jong-il starb 2011, seitdem regiert sein Sohn Kim Jong-un das Land. Die Dynastie von Kim Il-sung ist geblieben, ebenso wie der 38. Breitengrad als Grenze zwischen Nord- und Südkorea. Die koreanische

Einheit ist nicht wiederhergestellt, Familien und Freunde sind nach wie vor getrennt. Korea ist das letzte durch den Kalten Krieg geteilte Land.

LITERATUR:

Thomas Kern, Patrick Köllner (Hrsg.): Südkorea und Nordkorea. Einführung in Geschichte, Politik, Wirtschaft und Gesellschaft. Frankfurt am Main 2005

Bernd Stöver: Geschichte des Koreakriegs. Schlachtfeld der Supermächte und ungelöster Konflikt. München 2015

Barbara Demick: Im Land des Flüsterns. Geschichten aus dem Alltag in Nordkorea. München 2016

Rüdiger Frank: Nordkorea. Innenansichten eines totalen Staates. München 2017

QR – CODE:

DIE LEHMAN-BROTHERS-PLEITE – 2008

WIE DIE WELT VOR DEM BANKROTT STAND

Heute hat praktisch jeder von uns ein Bankkonto – oder zwei, oder drei, oder doch eher vier. Umfragen nach hat mehr als die Hälfte aller deutschen Privathaushalte vier oder mehr Bankkonten, laut statistischem Bundesamt sind es insgesamt so viele wie noch nie. Unser Vertrauen in die Banken scheint unerschütterlich, obwohl sie uns schon oft im Stich gelassen haben.

Montagmorgen, 15. September 2008, die Wall Street in New York: Ein paar Broker haben den Braten schon gerochen, ihre Sachen gepackt und machen sich mit gelöstem Schlipsknoten und Umzugskartons unterm Arm vom Acker. Sie sind gerade Zeugen einer Katastrophe geworden, die trotz aller Versuche am Wochenende zuvor nicht aufgehalten werden konnte. Lehman Brothers ist pleite. Und die Pleite dieser Bank schickt ein Beben durch das weltweite Finanzsystem. Dabei hatte alles ganz klein angefangen.

Lehman Brothers wurde 1850 von den Brüdern Heinrich, Emanuel und Maier gegründet – und zwar als Gemischtwarenladen. Die drei Brüder hießen gebürtig Lehmann, kamen aus Rimpar in der Nähe von Würzburg, waren aber alle drei nacheinander in die USA emigriert. Vor allem weil sie als Juden in ihrer Heimat Bayern verschiedenste Formen von Diskriminierung und struktureller Ausgrenzung erleiden mussten. Bis 1861 hatten Juden in Bayern nur in den seltensten Fällen das Recht, sich niederzulassen oder zu heiraten. Die drei Lehmanns wollten das nicht länger mitmachen, emigrierten stattdessen in die USA und ließen sich in Alabama nieder. Die „Lehmans", wie sie in den USA nun hießen, lebten fortan in einer sehr ländlichen und landwirtschaftlich geprägten Gegend, wo sie einen Gemischtwarenladen eröffneten. Ihre Kunden zahlten nicht mit Geld, sondern mit Baumwolle, die sie auf ihren Feldern anbauten. Alsbald türmte sich die Baumwolle bei den Lehmans, und sie beschlossen, in den damals enorm lukrativen Baumwollhandel einzusteigen. Schnell gründeten sie ein zweites Büro am wichtigen Handelsplatz New York, und als sich bei ihnen nicht mehr nur die Baumwolle, sondern auch das Geld türmte, investierten sie in den Bau des amerikanischen Eisenbahnnetzes. Man kann es ahnen: Das Geld türmte sich bald nur noch höher. Schon 1880 gingen die Lehmans an die Börse, und zu Beginn des 20. Jahrhunderts gehörten sie zu den größten Investoren, man könnte auch sagen „Investmentbankern" der USA.

Die Lehmans wurden in der Folge zu einer der bedeutendsten Familien des Landes und zu einer regelrechten Dynastie. 1969 allerdings starb mit Bobby Lehman der letzte Nachfahre der drei Brüder aus Rimpar an der Spitze des Unternehmens, das sich anschließend immer weiter veränderte, mit anderen Firmen fusionierte und trotz einiger Rückschläge immer größer wurde. Und im Jahr 2008 ist die Lehman Brothers Holdings Inc. die viertgrößte Investmentbank der USA.

Im großen Stil war sie damals vor allem in Immobiliengeschäfte verwickelt, eine riesige Investitionsblase in den USA zu Beginn des Jahrtausends, und als diese Blase platzte, ging es auch mit Lehman steil bergab. Am Wochenende vor der Pleite berät die US-Regierung noch intensiv, ob sie Lehman wie zuvor schon andere Banken mit einem Haufen von Steuergeldern retten soll. Aber stattdessen entscheidet sich die Regierung, Lehman vor die Wand fahren zu lassen. An dem erwähnten Montagmorgen raufen sich die Broker die Haare, stehen fassungslos auf dem Parkett, oder sie packen, wie gesagt, direkt ihre Sachen, denn tatsächlich sollten im Zuge der gesamten Krise Tausende Broker und Banker ihre Jobs verlieren.

Die Krise zieht ihre Kreise um die ganze Welt. Banken hatten Kredite bei Banken, die Kredite bei Banken hatten, die wiederum Kredite bei Banken oder sogar Staatsanleihen gezeichnet hatten. Und als Lehman seine Kredite nicht mehr bedienen kann, beginnt das ganze Kartenhaus in sich zusammenzubrechen. Die Krise schwappt natürlich auch zu uns nach Deutschland. Hier waren es vor allem die Hypo Real Estate und die Commerzbank, die mit Steuergeldern gerettet werden mussten. „Sozialismus für Reiche" lautete deshalb einer der Slogans vieler Kritiker dieser Rettungsmaßnahmen, denn die Haftung lag nicht bei denen, die die Misswirtschaft betrieben hatten und damit reich geworden waren. Ungeachtet der Krise waren nämlich Gewinnbeteiligungen und Boni an die Manager der Banken ausgezahlt worden, während die finanziellen Konsequenzen des weltweiten Jonglierens mit faulen Immobilienkrediten von uns allen – den Steuerzahlern – aufgefangen wurden. So besitzt der damalige Lehman-Chef bis heute mehrere sündhaft teure Immobilien quer durch die USA. Die Krise setzte sich aber nach den Bankenrettungen immer weiter fort und gipfelte schließlich in dem, was wir heute „Eurokrise" nennen. Viele europäische Staaten gerieten dabei an den Rand der Zahlungsunfähigkeit (allen voran Griechenland und Spanien), und die Europäische Union wäre beinahe dabei auseinandergebrochen. Ganz abgesehen von den vielen einzelnen Existenzen und Menschenleben, die im Zuge dieser Krise ruiniert wurden.

Heute interessiert uns vor allem die Frage, ob sich Lehman wiederholen könnte und welche Maßnahmen ergriffen wurden, um so etwas zu verhindern. Und tatsächlich ist in Deutschland, wie in Europa und den USA, vieles getan worden. Bankenaufsichten wurden etabliert, spekulative Geschäfte eingegrenzt, und die Eigenkapitaldecke der Banken erhöht, damit sie bei Kreditausfällen nicht gleich mit leeren Händen dastehen. Auch

enorme Summen europäischer Staatsschulden wurden den Banken abgenommen, es wurden gemeinsame Rettungsschirme und Stabilitätsmechanismen eingeführt – wie die heftig umstrittene Europäische Finanzstabilisierungsfazilität (EFSF) oder der ebenfalls kritisierte Europäischen Stabilitätsmechanismus (ESM).
Kritiker, wie der weltweit angesehene deutsche Volkswirt Martin Hellwig, sagen dagegen, Lehman sei keinerlei Zäsur gewesen. Die Banken seien sofort wieder beim „business as usual" gewesen, wenn sie denn je davon abgekommen seien. Ihre miesen Geschäfte seien kompensiert worden, sie hätten faule Kredite auf Schattenbanken umgelegt und wir würden weiter mit Banken – wie etwa Deutsche Bank, BNP Paribas oder Barclays – zusammenarbeiten, die „too big to fail" sind, die also weltweit das System stützen würden und deren Ausfall wir uns nicht erlauben könnten. Zuletzt müssen wir aber auch unser eigenes Verhältnis zu den Banken und dem Geld überdenken. Dabei geht es nicht nur um die Zahl unserer Bankkonten, sondern um die Selbstverständlichkeit, mit der wir Kredite für immer teurer werdende Häuser aufnehmen; oder die Selbstverständlichkeit, mit der wir davon ausgehen, dass sich unser Geld auf Sparbüchern oder in Investmentfonds wie von Zauberhand vermehrt.

LITERATURHINWEISE:

Peer Steinbrück: Unterm Strich. Hamburg 2010

Martin Hellwig, Anat R. Admati: Des Bankers neue Kleider. Was bei Banken wirklich schiefläuft und was sich ändern muss. München 2013

Jens Korte: Rettet die Wall Street. Warum wir die Zocker brauchen. Zürich 2014

QR – CODE:

DER MARSCH VON LONDONDERRY – 1968

WIE EINE DEMONSTRATION EINEN BÜRGERKRIEG AUSLÖSTE

Im Westen von Belfast stehen mehrere bis zu vierzehn Meter hohe Mauern. Sie trennen Stadtviertel voneinander: pro-irische katholische Wohnviertel auf der einen Seite, pro-britische protestantische Wohnblocks auf der anderen. Jeden Abend werden schwere Eisentore in den Mauern geschlossen und jeden Morgen um sechs Uhr wieder geöffnet. Diese Mauern heißen „Peace Walls", Friedensmauern, und sollen einen instabilen Frieden schützen, der seit dem Karfreitagsabkommen vom April 1998 und dem damit verbundenen Ende des Kriegs in Nordirland gilt. Der Krieg ist zwar beendet, der Konflikt allerdings bleibt ungelöst. Es geht dabei vor allem um die Frage: Zu wem gehört Nordirland – zum katholischen Irland oder zum protestantischen Großbritannien? Rein politisch ist das durch den irischen Unabhängigkeitskrieg 1921 festgelegt worden: Nordirland gehört zu Großbritannien. Aber es gibt genug Menschen, die das anders sehen und gesehen haben.
1921 wurde eine innerirische Grenze festgelegt und die „Grüne Insel" Irland in Gebiete aufgeteilt, in denen im Nordteil der Insel überwiegend protestantische Unionisten lebten, und in den südlichen Rest der Insel, wo überwiegend katholische Republikaner wohnten. 1948 wurde dieser Teil zum irischen Freistaat und zur Republik Irland erklärt. Das Problem an dieser Regelung war, dass es auch in den protestantischen nordirischen Gebieten, die zu Großbritannien gehörten, katholische Republikaner gab und bis heute gibt, die sich vom Vereinigten Königreich abgewandt hatten. Sie wurden in den folgenden Jahren immer mehr zu Fremdkörpern und mitunter auch zu Staatsfeinden erklärt. Dazu kam ein wirtschaftlicher Nieder-

gang nach dem Zweiten Weltkrieg, vor allem in den großen Städten Belfast und Londonderry, der die ärmere, meist katholische Bevölkerung traf.
1966 formierte sich die Ulster Volunteer Force (UVF). Sie war eine von radikalen Protestanten gegründete bewaffnete Organisation, die sich für den Verbleib Nordirlands im Vereinigten Königreich einsetzte. Ihre Neugründung – die erste UVF-Gründung hatte es schon 1912 gegeben – war eine Reaktion auf die von ihnen befürchtete Wiederbelebung der Irisch-Republikanischen Armee (IRA). Die IRA setzte sich – ebenfalls bewaffnet – für ein vereinigtes katholisches Irland ein. Bis 1969 verübte die UVF mehrere Anschläge, bei denen mindestens drei Menschen ums Leben kamen und viele andere zum Teil schwer verletzt wurden. Um den Konflikt anzuheizen, ließen es UVF-Täter so aussehen, als sei die IRA für die Anschläge verantwortlich. Gegen diesen Terror in irischen Städten gingen Ende der 1960er-Jahre immer mehr Menschen auf die Straße – Protestanten wie Katholiken.
Für den 5. Oktober 1968 rufen die nordirischen Bürgerrechtsbewegungen Derry Housing Action Committee (DHAC) und Northern Ireland Civil Rights Association (NICRA) zu einer Demonstration in Londonderry auf. Daraufhin kündigt die protestantische Bruderschaft Apprentice Boys of Derry zur gleichen Zeit in Derry – der irische Name für die zweitgrößte Stadt Nordirlands – eine Gegendemonstration auf derselben Strecke zur selben Zeit an. Beide Veranstaltungen werden verboten.
Trotzdem versammeln sich mehr als 2000 Menschen am vereinbarten Ort, um für eine gerechtere Vergabe von Wohnungen, Jobs und eine generelle Gleichbehandlung von Katholiken und Protestanten in Nordirland zu demonstrieren. In der Duke Street im Zentrum werden die Demonstrierenden von Polizisten der Royal Ulster Constabulary (RUC) eingekreist. Als die Protestierenden versuchen, die Frontlinie der Polizisten zu

durchbrechen, werden sie brutal niedergeknüppelt und dabei von Fernsehteams gefilmt. Obwohl die Menge auseinandergetrieben ist, setzt die Polizei auch noch Wasserwerfer ein. Mehr als hundert Demonstrierende werden verletzt, viele von ihnen müssen im Krankenhaus behandelt werden. Bis in die Morgenstunden des 6. Oktober gibt es Kämpfe, im Arbeiterviertel Bogside kommt es zu einer regelrechten Straßenschlacht.

Dadurch, dass der brutale Umgang mit katholischen Demonstranten durch die nordirische Polizei zum ersten Mal gefilmt worden war, wurden die Berichte am nächsten Tag nicht nur in Irland und Großbritannien, sondern auf der ganzen Welt gesehen. Für viele waren die Szenen schockierend und sorgten dafür, dass etliche Menschen – vor allem in Großbritannien – aufmerksamer auf die Zustände in Nordirland blickten. Auch die britische Regierung, die bis zu diesem Zeitpunkt ignoriert hatte, wie die Unionisten in Nordirland regierten, wurde gezwungen, sich aktiver an der Führung dieses zum United Kingdom gehörenden Landesteils zu beteiligen.

An der Situation der katholischen Bevölkerung in Nordirland änderte sich allerdings wenig. 1969 eskalierte die Gewalt endgültig. Bis zum Karfreitagsabkommen 1998 starben 3500 Menschen infolge der Gewalt, ungefähr die Hälfte davon waren Zivilisten. Das Abkommen vom April 1998 erwies sich in den folgenden Jahren als stabilisierender Faktor, vor allem an der umstrittenen Grenze zwischen den beiden Teilen der irischen Insel. Für die Bewohner beider Seiten der Grenze war der reibungslose Waren- und Personenverkehr der wichtigste Garant dafür, Frieden zu halten. Diese offene Grenze ist seit dem EU-Austritt des Vereinigten Königreichs Anfang 2021 wieder in Gefahr, weil Kontrollen der EU-Außengrenze zwischen dem zu Großbritannien gehörenden Nordirland und der zur EU gehörenden Republik Irland zu verzögerten Warenlieferungen führen.

LITERATUR:

David McKittrick, David McVea: Making Sense of the Troubles. A History of the Northern Ireland Conflict. London 2012

Shane Paul O'Doherty: The Volunteer. Erinnerungen eines ehemaligen IRA-Terroristen. Salzkotten 2013

Frank Otto: Der Nordirlandkonflikt. Ursprung, Verlauf, Perspektiven. München 2014

Liam Ó Ruairc: Nordirland zwischen Krieg und Frieden. Der gescheiterte Aufbau nach der Niederlage der IRA. Wien 2020

QR – CODE:

DER KIELER MATROSENAUFSTAND – 1918

WIE MATROSEN DEN ERSTEN WELTKRIEG BEENDETEN

Die Feldstraße in Kiel beherbergt einige kleine Restaurants, ein Weinhaus, und ganz in der Nähe liegt das Ministerium für Bildung, Wissenschaft und Kultur. Folgt man der Straße in nördlicher Richtung, kreuzen die Yorckstraße, die Lützowstraße und die Schlieffenallee, dahinter befinden sich der Blücherplatz und die Scharnhorststraße. Abgesehen von Alfred von Schlieffen, der den Angriffsplan für den Ersten Weltkrieg ausgearbeitet hat, erinnern diese Straßennamen an Generäle, die das preußische Militär in der Zeit der napoleonischen Kriege führten. Am 3. November 1918 wurde diese Kieler Feldstraße zu dem Ort, an dem eine kaiserliche Militärpatrouille auf Demonstranten schoss, die den Kieler Matrosenaufstand unterstützen wollten.

Seit Sommer 1917 kommt es in der deutschen Marine zu Unruhen unter den Matrosen. Ständig werden sie von der Marineleitung in unsinnige und gefährliche Manöver gegen einen überlegenen Feind geschickt. Die Matrosen beschweren sich über unzureichende Verpflegung und drängen auf den Einsatz einer schlagkräftigen Hochseeflotte, der ihnen immer wieder versprochen worden ist. Bei Zusammenkünften von Matrosen kommt die Idee auf, durch Streik einen Frieden zu erzwingen, was die Oberste Heeresleitung als Meuterei wertet, obwohl es zunächst nur bei Diskussionen bleibt.

Die Situation eskaliert weiter. Während die Marineführung Friedensinitiativen abblockt, indem sie einen sogenannten Siegfrieden mit Gebietsansprüchen und Reparationen fordert, breitet sich unter den Matrosen Kriegsmüdigkeit aus. Die Marineführung redet von Aktionen einer Geheimorganisation, bringt im August 1917 sechs Matrosen wegen „kriegsverräteri-

scher Aufstandserregung“ vor Gericht. Sie werden zum Tode verurteilt, zwei von ihnen werden hingerichtet, die anderen Urteile in langjährige Haftstrafen verwandelt. Kurz danach beginnt in Russland die Oktoberrevolution, an deren Ende neben dem Sturz des Zaren auch ein Friedensangebot an das Deutsche Reich steht. Der daraufhin am 3. März 1918 unterzeichnete Frieden von Brest-Litowsk ist aber ein deutscher „Diktatfrieden“. Er drängte den Einfluss des durch die bolschewistische Revolution geschwächten russischen Reichs zurück und schuf gleichzeitig erweiterte politische Möglichkeiten für das Deutsche Reich in Polen, im Baltikum und in Belarus. Das im Spätsommer 1918 unterzeichnete Ergänzungsabkommen mit Russland stellte den Höhepunkt der territorialen und politischen Expansion des deutschen Kaiserreichs dar.
In den nächsten Monaten wird aber immer deutlicher, dass der Krieg zugunsten der alliierten Gegner Deutschlands ausgehen würde. Sämtliche Reserven sind verbraucht worden, die groß angekündigten Sommeroffensiven an der Westfront sind wirkungslos geblieben, und die Gegenangriffe der von den USA unterstützten Entente werden immer heftiger und führen Ende September 1918 dazu, dass Generalquartiermeister Erich Ludendorff den Krieg verloren gibt. Er schlägt vor, eine neue Regierung zu bilden, die eine parlamentarische Mehrheit hinter sich hat. Diese Regierung soll dann um Waffenstillstand nachsuchen und einen Frieden aushandeln. Sein Hintergedanke ist, der demokratisch legitimierten neuen Regierung die Verantwortung für die unabwendbare Niederlage in die Schuhe zu schieben. Die neue Regierung von Reichskanzler Max von Baden richtet im Oktober 1918 ein Friedensgesuch an den amerikanischen Präsidenten Woodrow Wilson.
Dann überschlagen sich die Ereignisse, weil konservative und rechtsextreme Kreise den Vorwurf erheben, die neue Regierung, an der auch die SPD und Liberale beteiligt sind, wolle

Deutschland den Feinden unterwerfen. Sie fordern, weiterzukämpfen und einen „ehrenvollen Untergang“ zu erreichen. Am 10. Oktober 1918 wird das irische Passagierschiff RMS Leinster in der Bucht von Dublin durch Torpedos des deutschen U-Boots 123 versenkt. Von 771 Passagieren und Besatzungsmitgliedern überleben nur 270. US-Präsident Wilson fühlt sich hintergangen und verschärft umgehend die Friedensbedingungen für das Deutsche Reich. Darauf erklären Ludendorff und der Chef der Obersten Heeresleitung, Paul von Hindenburg, die Wiederaufnahme der Kampfhandlungen.

Am 23. Oktober 1918 wird der Operationsbefehl 19 bekannt, der einen deutschen Seeangriff an der Küste Flanderns und an der Themsemündung vorsieht. Am 29. Oktober 1918 erteilen die Seekriegsleitung und das Kommando der Hochseestreitkräfte der deutschen Flotte für den nächsten Tag den Befehl zum Auslaufen. Das ist der Startschuss für eine Meuterei auf den Schiffen des Geschwaders SMS Thüringen und SMS Helgoland. 48 Matrosen werden verhaftet, aber der Aufstand ist nicht mehr zu stoppen. In Kiel nehmen am 3. November 1918 Matrosen Kontakt mit Angehörigen der Marineeinheiten an Land auf und solidarisieren sich mit streikenden Arbeitern. Als versucht wird, den Aufstand mit Waffengewalt zu unterdrücken, werden die Unruhen so stark und von immer mehr Soldaten und Arbeitern unterstützt, dass schließlich die rasch gebildeten Arbeiter- und Soldatenräte die Macht in Kiel übernehmen.

Mit diesem Kieler Matrosenaufstand begann die Novemberrevolution, die zum Sturz der Monarchie, zur Vertreibung des Kaisers ins niederländische Exil und zur Ausrufung der ersten deutschen Republik mit einer demokratischen Verfassung führte. Zudem verhinderte die Meuterei der Kieler Matrosen die sinnlose Weiterführung des Krieges, die viele Tausend Tote gefordert hätte.

LITERATUR:

Manfred Jessen-Klingenberg, Detlev Kraack, Hans Christian Segeberg: Der Kieler Matrosenaufstand und die Novemberrevolution 1918. Zwischen Befehlsverweigerung und demokratischem Neuanfang. Kiel 2004

Sonja Kinzler, Doris Tillmann (Hrsg.): Die Stunde der Matrosen. Kiel und die deutsche Revolution 1918. Darmstadt 2018

Gerd Krumeich: Die unbewältigte Niederlage. Das Trauma des Ersten Weltkriegs und die Weimarer Republik. Freiburg 2018

QR – CODE:

DIE SPANISCHE GRIPPE – 1918

WIE EINE INFLUENZA-PANDEMIE FAST FÜNFZIG MILLIONEN MENSCHENLEBEN FORDERTE

Keine großen Menschenansammlungen, häusliche Quarantäne für Infizierte, Mund-Nasen-Schutz, Schulschließungen – das alles kennen wir aus der aktuellen Corona-Pandemie. Aber diese Maßnahmen galten schon mal, Anfang des 20. Jahrhunderts. Damals raffte die Spanische Grippe laut Weltgesundheitsorganisation WHO zwischen zwanzig und fünfzig Millionen Menschen weltweit dahin. Manche Schätzungen gehen sogar von hundert Millionen Menschen aus – bei einer Weltbevölkerung von etwa 1,8 Milliarden. Damit starben an der Spanischen Grippe mehr Menschen als im Ersten Weltkrieg, der siebzehn Millionen Tote verursacht hat.

Und auch wenn sie so heißt: Ihren Ursprung hat die Spanische Grippe nicht in Spanien. Sie heißt Spanische Grippe, weil Spanien nicht am Ersten Weltkrieg beteiligt war und es dadurch keine Pressezensur gab wie in den Staaten, die an diesem Krieg teilgenommen haben. Die ersten Berichte über die Grippe kamen Anfang 1918 über die Nachrichtenagenturen in allen europäischen Staaten an. Aber sie wurden zensiert. Eine Meldung der Nachrichtenagentur Reuters über die Erkrankung des spanischen Königs Alfons XIII. im Mai 1918 stand bei der Namensgebung der Pandemie Pate. Reuters meldete weiter: „Eine merkwürdige Krankheit mit epidemischem Charakter ist in Madrid aufgetreten. Diese Epidemie verläuft harmlos, keine Todesfälle bisher gemeldet." Das sollte sich aber bald ändern, denn zu diesem Zeitpunkt war die Ausbreitung schon nicht mehr zu stoppen.

Es ist nicht ganz klar, wo genau der erste Fall aufgetreten ist. Die Wissenschaft geht aber mittlerweile davon aus, dass das mutierte Virus wohl von Schweinen auf Menschen übergesprungen ist, und zwar im Mittleren Westen der USA. Das bestätigt auch der Tropenmediziner Jürgen May vom Hamburger Bernhard-Nocht-Institut. Er hat über die Pandemie geforscht, und ihm zufolge ist es mithilfe von genetischen Analysen gelungen, den Ursprungsort im Mittleren Westen der USA zu verorten.

Dort gab es in Kansas Kasernen, in denen Soldaten für ihren Einsatz im Ersten Weltkrieg ausgebildet wurden. In den engen Unterkünften und Ausbildungsräumen herrschten ideale Bedingungen für die Verbreitung der Viren. Viele tausend Soldaten lebten auf engstem Raum unter schlechten Hygienebedingungen zusammen. Das Virus, das eine schwere Influenza auslöste, konnte sich nahezu ungehindert verbreiten. Im März 1918 registriert ein US-Militärarzt den ersten Anstieg von Grippefällen, schon im Juni werden Fälle aus Neuseeland, Australien, China und Indonesien bekannt. Als immer mehr alliierte Soldaten auf die europäischen Schlachtfelder des Ersten Weltkriegs gebracht werden, haben sie, ohne es zu wissen, auf ihren Truppenschiffen jede Menge Infizierte. Ende März wird von erkrankten Soldaten in der Bretagne berichtet. Die Pandemie breitet sich im Stillen aus, denn nun kommen Woche für Woche einige Zehntausend US-Soldaten in Europa an.

Verbreitet wird die Spanische Grippe über Tröpfchen beim Husten oder Niesen. Hat man sich infiziert, bekommt man Fieber, Husten, Kopf- und Gliederschmerzen. Für viele Infizierte endet die Erkrankung mit einer bakteriellen Lungenentzündung und dem Tod wenige Tage später. Bewohner der Insel Java beschreiben den Krankheitsverlauf so: „Morgens krank, abends tot. Abends krank, morgens tot."

Zunächst wird vermutet, es sei eine neue Variante der Pest, weil sich die Haut der Erkrankten durch den Sauerstoffmangel oft von dunkelblau bis bräunlich-violett verfärbt. Dass es sich um eine Grippe-Variante handelt, können die Mediziner noch nicht wissen, denn das Influenza-Virus wird erst 1933 von drei Forschern aus London entdeckt. Ungewöhnlich ist das Alter, in dem die meisten Betroffenen sind. Vor allem Babys und Kleinkinder unter fünf Jahren sind anfällig für die Spanische Grippe, außerdem ältere Menschen zwischen 70 und 74 Jahren – und auffallend viele Zwanzig- bis Vierzigjährige. Diese Altersklasse bleibt normalerweise von Infektionskrankheiten eher verschont.

Im Nachhinein wurde klar, dass die Städte, die verschärfte Hygienekonzepte und ein Verbot von Veranstaltungen erarbeitet hatten, die Pandemie besser überstanden haben als die, die keine Maßnahmen ergriffen haben. Zum Beispiel fand in Philadelphia noch im Frühherbst 1918 eine Militärparade statt, an der viele Menschen teilnahmen. Kurz danach starben innerhalb einer Woche etwa 5000 Menschen in der Stadt. Besonders hart traf es Philadelphia im Oktober, als an einem einzigen Tag 711 Menschen starben. Weil die städtische Leichenhalle aber nur für maximal 36 Tote ausgelegt war, mussten die Leichen vierreihig in Korridoren und Räumen gelagert werden.

Ein wirkliches Gegenmittel hatten die Menschen damals nicht. Impfungen waren noch nicht die Regel, es gab nur Impfmittel gegen Pocken, Tollwut, Typhus, Cholera und die Pest. Das Grippevirus war noch nicht bekannt. Auch Antibiotika gegen die bakterielle Lungenentzündung gab es Anfang des 20. Jahrhunderts noch nicht.

Die Spanische Grippe blieb nicht der einzige Grippeausbruch in diesem Jahrhundert. Ende der 1950er-Jahre verbreitete sich die Asiatische Grippe, der mehr als eine Million Opfer zugeschrieben werden. Genauso schlimm war die Hongkong-Grippe von 1968. Und 2009 grassierte die Schweinegrippe, die mehr als 18 000 Tote forderte. Aber erst ein anderes Virus, nämlich eine Mutation des Coronavirus, sollte 2019 die Welt so lahmlegen, wie es der Spanischen Grippe 100 Jahren zuvor gelungen ist.

LITERATUR:

Gina Kolata: Influenza. Die Jagd nach dem Virus. Frankfurt am Main 2015

Laura Spinney: 1918 – Die Welt im Fieber. Wie die Spanische Grippe die Gesellschaft veränderte. München 2018

Wilfried Witte: Tollkirschen und Quarantäne. Die Geschichte der Spanischen Grippe. Berlin 2020

Harald Salfellner: Die Spanische Grippe. Eine Geschichte der Pandemie von 1918. Haselbach 2020

Ronald D. Gerste: Wie Krankheiten Geschichte machen. Von der Antike bis heute. Stuttgart 2021

QR – CODE:

DIE VERTREIBUNG DER ROTEN KHMER – 1979

WIE DIE WELT EINEN VÖLKERMORD ÜBERSAH

Heute gibt es kaum noch einen Flecken Erde, der uns verborgen bleibt. Egal ob Wahlen, Demonstrationen, Revolutionen oder Krieg, in der Regel kriegt die Weltöffentlichkeit davon sehr schnell etwas mit. In den 1970er-Jahren aber geschah ein Völkermord hinter verschlossenen Türen, und niemand wusste davon – außer den Opfern und Tätern.
Kambodscha 1979: „Der Spaten ist dein Stift, das Reisfeld dein Papier." Unter dieser Maxime wird das Land jetzt schon seit vier Jahren von den Roten Khmer regiert. An der Spitze steht „Bruder Nr. 1", Pol Pot. Die Roten Khmer haben nach langem Bürgerkrieg ein kommunistisches Regime installiert, das Kambodscha zu einem reinen Bauernstaat umformen will. Und dazu ist ihnen jedes Mittel recht. „Wer eine Brille trägt, wird als Intellektueller verdächtigt und standrechtlich erschossen", berichtet später ein Hörfunk-Reporter. „Wer eine Küchenmaschine besitzt, wird als Konterrevolutionär gelyncht. Wer gar einen Traktor fährt, mit Feldhacken und Sicheln zerstückelt."
Die Roten Khmer hatten sich die selbst erklärte „perfekte Revolution" zum Ziel gesetzt. Alle hatten gleich zu sein, jeder Anflug von Bürgerlichkeit, Technologie oder Luxus wurde mit dem Tod bestraft. Und alle hatten als einfache Bauern auf den Feldern zu arbeiten, um das Land zu ernähren. In Wahrheit hieß das aber vor allem, die Truppen zu ernähren, denn Kambodscha führte Krieg mit seinem Nachbarn Vietnam. Der Rest der Bevölkerung litt im Grunde ständig Hunger, und wenn Überschüsse erwirtschaftet wurden, flossen die Erlöse gleich wieder in den Kauf von Waffen.

Krieg herrschte in Kambodscha zu diesem Zeitpunkt schon seit vielen Jahren. Das Land stand im Grunde seit Jahrhunderten unter der Herrschaft fremder Mächte, bis es 1954 erstmals seine vollständige Unabhängigkeit erlangte. Das war eines der Ergebnisse der Indochina-Konferenz, die im April 1954 in Genf Südostasien nach Jahrzehnten von Krieg neu ordnete. Dabei entstand das Königreich Kambodscha, das von seinem König Sihanouk buddhistisch-sozialistisch geführt werden und eine neutrale Rolle nach dem Vorbild der Schweiz im Südosten Asiens spielen sollte. „Neutral", denn gleich nebenan tobte der Vietnamkrieg, in dem der Kampf der beiden großen Welt-Ideologien des 20. Jahrhunderts ausgefochten wurde: Kapitalismus gegen Kommunismus.

Aber dieses junge Königreich Kambodscha hatte im Innern mit vielen politischen und wirtschaftlichen Problemen zu kämpfen, außenpolitisch war es kaum möglich, eine neutrale Position zu wahren, denn der Vietnamkrieg schwappte ungefragt immer wieder über die Grenze nach Kambodscha hinein. Schließlich gab es nach dem Sturz von Staatspräsident Sihanouk durch General Lon Nol zuerst eine konservative, pro-westliche Revolution und die Gründung der Republik Khmer. Aber nach fünf Jahren erfuhr Kambodscha den nächsten Umsturz, nachdem ein Bürgerkrieg das Land weitgehend ruiniert hatte und 1975 die Roten Khmer an die Macht brachte.

Was dann ab 1975 in Kambodscha passierte, sollte zunächst niemand mitkriegen. Alle diplomatischen Beziehungen zu anderen Staaten wurden – mit Ausnahme Chinas – gekappt, keine Journalisten oder andere Berichterstatter waren im Land. Alle Intellektuellen und alle Wohlhabenden, die möglicherweise Verbindungen ins Ausland gehabt haben konnten, wurden verfolgt und hingerichtet. Und während die Roten Khmer Abertausende der eigenen Bevölkerung töteten, führten sie nach außen schon wieder Krieg, nämlich gegen das bis

dahin eigentlich verbündete Vietnam, das eben erst die USA besiegt und das eigene kommunistische Regime etabliert hatte. Aber während Vietnam auf Seiten der Sowjetunion stand, hatte Kambodscha mit China angebandelt. Und als diese beiden kommunistischen Supermächte selbst untereinander in Konflikt gerieten, fochten Kambodscha und Vietnam den Stellvertreterkrieg aus. Vietnam ging aus ihm 1979 siegreich hervor. Und erst jetzt wird der Öffentlichkeit ersichtlich, was in Kambodscha passiert ist: Von den sieben Millionen Einwohnern, die Kambodscha vor dem Putsch der Roten Khmer unter Pol Pot hatte, waren nach Schätzungen nur noch zwei Drittel am Leben. „Unter den Roten Khmer ist meine ganze Familie umgekommen", erinnert sich eine Überlebende. „Meine Tochter wurde nur acht Jahre alt, mein Vater gerade fünfzig. Sie haben jeden Tag Hunderte umgebracht. Auch meinen Mann haben sie getötet." Und die Reporter und Berichterstatter, die ins Land kommen, entdecken schon wenige Tage nach der Niederlage der Roten Khmer die heute berüchtigten „Killing Fields": Massengräber, zwei bis drei Meter tief, in denen bis zu sechzig Leichen verscharrt wurden. Die Gefangenen wurden nur selten erschossen, um Munition zu sparen. Stattdessen mussten sie sich neben das Grab knien, bekamen mit einem Bambusstock einen Schlag auf den Hinterkopf und vielen vornüber hinein. Wer Schlag und Sturz überlebt hatte, wurde lebendig begraben. Massengrab neben Massengrab neben Massengrab, allein auf einem der größten „Killing Fields" sind wohl 17 000 Menschen hingerichtet worden.
Heute fehlt Kambodscha wegen des Terrors der Roten Khmer praktisch eine ganze Generation. Das Durchschnittsalter liegt bei knapp über zwanzig, im Alter zwischen vierzig und sechzig sind in Kambodscha nur noch wenige Menschen am Leben. Zwar hat das Land einerseits mit der Aufarbeitung der Ereignisse begonnen: Es gibt Gedenkstätten, die Arbeit an einer

gemeinsamen Erinnerungskultur hat begonnen, und vor allem hat es Prozesse gegen einige Anführer der Roten Khmer gegeben, die zu lebenslanger Haft wegen Verbrechen gegen die Menschlichkeit verurteilt wurden. Auf der anderen Seite ist der schon seit 1985 amtierende Ministerpräsident des Landes, Hun Sen, selbst ein ehemaliger Kämpfer der Roten Khmer. Und bei den Prozessen gegen die Roten Khmer, die erst ab 2007 richtig Fahrt aufnahmen, wurde ihm immer wieder vorgeworfen, die Ermittlungen zu behindern.

Immerhin waren diese Prozesse aber öffentlich, und die ganze Welt hat zugeschaut, auch wenn das den Genozid und die „Killing Fields" nicht ungeschehen macht. Vielleicht dient uns die jüngere Geschichte Kambodschas aber als Erinnerung daran, was passieren kann, wenn alle wegschauen.

LITERATUR:

Andreas Margara: Das Khmer-Rouge-Tribunal und die Aufarbeitung des Völkermords in Kambodscha. Heidelberg 2009

Peter Stöver: Geschichte Kambodschas. Von Angkor bis zur Gegenwart. München 2015

Daniel Bultmann: Kambodscha unter den Roten Khmer.
Die Erschaffung des perfekten Sozialisten. Paderborn 2017

QR – CODE:

DAS MÄDCHEN UND DIE SCHLACHT VON ORLEANS – 1429

WIE FRANKREICH VON JEANNE D'ARC GERETTET WURDE

Heute kennt sie in Frankreich jeder. Und zwar nicht nur, weil über sie spektakuläre Kinofilme gedreht werden. Egal ob Nationalisten, Republikaner, Sozialisten oder Rechtsextremisten: Für die meisten ist Johanna von Orleans eine Heldin. Aber warum interessieren sich die Franzosen immer noch für ein Bauernmädchen, das vor 600 Jahren gelebt hat?
Orleans 1429: „König von England, ich bin gesandt, um euch, Mann für Mann, aus Frankreich hinauszuschlagen!" Diese Worte schreit ein gerade mal siebzehn Jahre altes Bauernmädchen über das Schlachtfeld. So wurde es zumindest später niedergeschrieben. Der Legende nach war sie zu Pferd, in eine dicke Rüstung gepackt, das Schwert in der einen und die Standarte in der anderen Hand inmitten französischer Kämpfer in Orleans unterwegs. Die Rüstung und die Fahne trug sie wahrscheinlich wirklich, Pferd und Schwert sind wohl eher dazugedichtet. Trotzdem sollten dieses Mädchen und die Soldaten, die ihr folgten, am 7. Mai 1429 siegreich vom Schlachtfeld gehen.
Die Schlacht um Orleans ist Wendepunkt im Hundertjährigen Krieg, der zu diesem Zeitpunkt schon seit 92 Jahren tobte, seitdem 1337 der englische König seinem französischen Amtskollegen den Krieg erklärt hatte. 1337 hieß der englische König Eduard III., der in Personalunion gleichzeitig Herzog von Aquitanien war. Aquitanien war aber eine Provinz im Südwesten Frankreichs, und damit unterstand Eduard III. als Herzog auch dem französischen König. Das war für den immer mäch-

tiger und erfolgreicher gewordenen König Englands natürlich schwer zu ertragen. Regelmäßig musste er Zahlungen, Huldigung und Kniefall leisten. Obendrein war Eduards Mutter die Schwester des französischen Königs. Als der im Februar 1328 gestorben war, hatte Eduard wegen der verwandtschaftlichen Nähe Anspruch auf den französischen Thron erhoben. Er wollte englischer und französischer König zugleich werden!
Dieser Anspruch wurde aber ausgeschlagen – schon allein, weil der Thron nicht an die Erblinie einer Frau gehen sollte. Stattdessen wurde ein Cousin des französischen Königs, Philipp VI., zum Nachfolger. Jetzt haben wir also Eduard III. auf dem englischen Thron und Philipp VI. auf dem französischen. Und das Verhältnis zwischen diesen beiden verschlechtert sich zunehmend, auch weil Eduard seinen Status als bloßer Vasall Frankreichs nicht akzeptieren will. 1337 überschlagen sich dann die Ereignisse, als französische Kriegsschiffe englische Hafenstädte und Eduards Herzogtum Aquitanien angreifen. Da platzt Eduard der Kragen, und er erklärt 1337 Frankreich einen Krieg, der über einhundert Jahre lang geführt werden sollte.
Der Beginn dieses epochalen Kriegs verlief für England zunächst sehr schlecht, es gab nur wenige Erfolge zu verzeichnen. Erst nach Jahrzehnten, auf beiden Seiten waren schon etliche Ritter und sogar Könige verschlissen worden, kippte die Lage zugunsten Englands. Als englische Truppen 1428 beginnen, Orleans zu belagern, haben sie schon große Teile Frankreichs eingenommen – inklusive Paris. All das hört ein junges Mädchen aus einem kleinen lothringischen Dorf: Jeanne d'Arc. Sie kann es kaum ertragen, dass ihr geliebtes Frankreich von den Engländern überfallen wird. Und sie berichtet von göttlichen Visionen, die ihr verhießen, dass sie Frankreich befreien werde. Auf eigene Faust macht sie sich auf den Weg zum Königshof, um dem noch ungekrönten Thronerben Karl VII. ihre Dienste anzubieten. Tatsächlich wird sie mit

der erwähnten Rüstung und einem Gefolge kampferprobter Männer belohnt. Wie genau sie den König überzeugt, als junges Mädchen plötzlich ins Kriegsgeschehen eingreifen zu dürfen, ist immer wieder der Stoff von Legendenbildung gewesen. Historiker und Jeanne-d'Arc-Biograf Malte Prietzel aber meint, dass es sich durch ihr großes Sendungs- und Selbstbewusstsein erklären lässt. Sie war von sich und ihren Visionen derart überzeugt, dass sie Dinge wagte, die absurd und unmöglich erschienen. Der gläubige König wiederum war von dieser Überzeugung angesteckt, vielleicht hatte er aber auch einfach nichts mehr zu verlieren. Die Schlacht um Orleans war entscheidend, denn Orleans war das Tor zum Süden des Landes. Hätten die Engländer hier gesiegt, hätten sie ganz Frankreich eingenommen. Es kam anders: Die Franzosen gewannen, angeführt von Jeanne d'Arc. Auf dem Schlachtfeld wurde sie von einem Pfeil getroffen und verwundet, doch als die Soldaten sahen, dass sie weiter aufrecht standhielt, kämpften sie entschlossen weiter bis zum Sieg.

Deshalb ist sie für die Franzosen bis heute eine Nationalheldin, auch wenn der Mythos langsam etwas verblasst. Für Nationalisten ist sie eine Patriotin. Für Republikaner ist sie eine mutige Kämpferin gegen fremde Herrschaft, schon im Zweiten Weltkrieg war sie Symbolfigur für den Widerstand gegen Nazi-Deutschland. Die Katholiken sind begeistert von Johannas Frömmigkeit, immerhin wurde sie 1920 von Papst Benedikt XV. heiliggesprochen. Die Sozialisten sagen, dieses Bauernmädchen war nun wirklich eine aus dem Volk! Aber vor allem die extreme Rechte beansprucht Jeanne d'Arc als Ikone der Vaterlandsliebe und im Kampf gegen Eindringlinge aus dem Ausland. Marine Le Pen, die Vorsitzende der rechtsextremen Sammlungsbewegung Rassemblement National, schwingt immer wieder Brandreden vor den diversen Jeanne-d'Arc-Denkmälern Frankreichs – wie zum Beispiel dem Tour Jeanne d'Arc in Rouen. Dort wurde Johanna festgehalten, nachdem sie den Engländern in die Hände gefallen war. Ihr wurde der Prozess als Hexe und Häretikerin gemacht. Das Todesurteil durch Verbrennung wurde am 30. Mai 1431 vollstreckt. Jeanne d'Arc wurde gerade einmal neunzehn Jahre alt.

LITERATUR:

Martin Kintzinger: Der Auftrag der Jungfrau. Das besetzte Frankreich im Hundertjährigen Krieg. In: Die besetzte Res publica. Hrsg. v. Markus Meumann, Jörg Rogge, Münster 2006, S. 63–88

Joachim Ehlers: Der Hundertjährige Krieg. München 2009

Malte Prietzel: Jeanne d'Arc. Das Leben einer Legende. Freiburg 2011

Anne Curry: Der Hundertjährige Krieg 1337–1453. Darmstadt 2012

QR – CODE:

DIE WAHL MAGGIE THATCHERS ZUR PREMIERMINISTERIN – 1979

WIE EINE „EISERNE LADY" ENGLAND UMKREMPELTE

Heute hat Finnland die jüngste Regierungschefin der Welt, in Dänemark regiert eine Ministerpräsidentin, und wir hier in Deutschland hatten sechzehn Jahre eine Bundeskanzlerin. Frauen sind heute an der politischen Spitze angekommen. Vorgemacht hat es ihnen die Iron Lady – und dabei ihr Land und Europa geprägt.

London im Mai 1979: Margaret Thatcher ist eben erst von der Queen zur Premierministerin Großbritanniens ernannt worden. „Wo Zwietracht herrscht, lasst uns Versöhnung bringen." Jetzt steht sie in der 10 Downing Street vor der versammelten Presse und zitiert zweimal den heiligen Franz von Assisi: „Wo Verzweiflung herrscht, lasst uns Hoffnung bringen." Und tatsächlich ist Margaret Thatcher eine Hoffnungsträgerin für den kranken Mann Europas, wie Großbritannien in den Siebzigerjahren genannt wird. Das vom Zweiten Weltkrieg geschundene Land hatte nach 1945 einen umfassenden Wohlfahrtsstaat aufgebaut, um die Bevölkerung nicht alleinzulassen. Grundversorgung und Infrastruktur, Gesundheitssystem, Wasserversorgung, Elektrizität, Kohlebergbau, Bahn oder auch Fluggesellschaften waren verstaatlicht, und die Gewerkschaften spielten eine mächtige Rolle, Krankenhäuser und Müllabfuhr wurden im Winter 1978 praktisch pausenlos bestreikt.

Mit dem Versprechen, das alles umzukrempeln, gewannen Margaret Thatcher und ihre konservativen Tories 1979 die Wahl. Schon zu diesem Zeitpunkt trägt Thatcher den Titel der „Iron Lady", der „eisernen Lady". Die neue Regierung macht sich schnell an die Arbeit, die Wirtschaft Stück für Stück zu privatisieren. Das verschärft die Krise zwar kurzfristig noch weiter, doch ab 1981/82 werden erste Erfolge sichtbar. 1982 spielt Thatcher außerdem ein Haufen Felsen in die Karten, auf den Großbritannien seit 1690 Anspruch erhebt: Die Falklandinseln vor der argentinischen Küste. Argentinien möchte die Inseln erobern, aber Thatcher reagiert schnell und entschlossen und entsendet U-Boote und Flugzeugträger in den südlichen Atlantik. Drei Monate später sind fast tausend Soldaten bei den Kämpfen im Atlantik gestorben, aber die Falklandinseln bleiben britisch, und Thatcher ist populärer denn je. 1983 wird sie im Amt als Premierministerin bestätigt.

Ab sofort verfolgt sie konsequent ihr liberales Wirtschaftsprogramm, den sogenannten Thatcherismus, und legt sich dabei mit den mächtigen Gewerkschaften und Bergleuten an. Auslöser der Massenproteste ist ihre Ankündigung, viele der alten und ineffizienten Kohlegruben zu schließen und den Rest zu privatisieren. Die Bergarbeiter streiken, Thatcher lässt die Polizei brutal drauflos knüppeln und nennt die Gewerkschaften „den Feind im Inneren". Ein Jahr lang hielten die Arbeiter ihren Streik durch, am Ende mussten sie aber klein beigeben. Auch in den eigenen Reihen hat Maggie Thatcher manchen Kredit verspielt, selbst eingefleischte Parteifreunde zweifeln, ob Thatcher eigentlich noch eine traditionelle, gemäßigte konservative Politikerin ist. Und auch mit der Europäischen Gemeinschaft geht Thatcher auf Konfrontationskurs.

Thatcher hatte sich zwar schon früh in ihrer politischen Karriere als Freundin des europäischen Binnenmarkts geäußert, aber mehr bitte auch nicht. Schon gleich nach Amtsantritt 1979 haute sie in Brüssel mit dem berühmten Satz „I want my money back!" auf den Tisch – es ging um den britischen Beitrag zum gemeinsamen europäischen Haushalt. Bis 1984 hatte sie schließlich den berühmten Britenrabatt ausgehandelt. 1988 sagte sie dann bei einer Rede in Brügge,

Großbritannien habe nicht zu Hause die Grenzen des Staates nach hinten verschoben, um dann zuzuschauen, wie in Brüssel ein neuer Superstaat entsteht. Immer verbissener trat sie als Gegnerin der EG auf. 1990 schließlich kam es auch wegen dieser anti-europäischen Haltung zu einer Revolte unter den Tories, in deren Folge Thatcher sowohl die Parteispitze als auch das Amt der Premierministerin aufgeben musste – gegen ihren Willen und nicht ohne zu kämpfen. Aber ihr verzweifeltes Aufbäumen war erfolglos, und Margaret Thatcher sollte noch jahrelang voller Verbitterung über ihr politisches Ende sprechen.

Ihr politisches Erbe ist aber bis heute spürbar. Sie hat ganz Europa gezeigt, dass eine Frau einen Staat – zum Teil mit brutalen Methoden – führen kann. Sie hat Großbritannien komplett deindustrialisiert und zu einem Dienstleistungs- und Finanzwirtschaftszentrum umgekrempelt. Das ist bis heute so – mit allen Vorteilen wie dem großen Finanzboom der Neunziger- und Nullerjahre; aber auch mit allen Nachteilen, die in den letzten großen Finanzkrisen sichtbar wurden. Und sie hat ganz sicher die europaskeptische Haltung der Briten verfestigt. Dem Brexit hätte sie aber vermutlich keinen Vorschub geleistet. Der Großbritannienkenner und Buchautor Thomas Kielinger zum Beispiel meint, dass sie wahrscheinlich eine „klügere Wirtschaftlerin gewesen wäre".

LITERATUR:

Margaret Thatcher: Downing Street No. 10. Die Erinnerungen. Düsseldorf 1993

Dominik Geppert: Thatchers konservative Revolution. Der Richtungswandel der britischen Tories 1975–1979. München 2002

Thomas Kielinger: Großbritannien. München 2009

Detlev Mares: Margaret Thatcher. Die Dramatisierung des Politischen. Gleichen/Zürich 2014

QR – CODE:

DER FRAUENARZT HORST THEISSEN UND DER MEMMINGER PROZESS – 1989

WIE DAS RECHT AUF ABTREIBUNG DAS LAND SPALTETE

Entscheidet sich heute eine Frau, ihre Schwangerschaft frühzeitig zu beenden und einen Abbruch durchführen zu lassen, kann sie sich auf klare gesetzliche Regeln verlassen. Zwar gilt der entsprechende Verbotsparagraf 218 StGB noch immer, aber es gibt viele Ausnahmen, die eine Straffreiheit garantieren. Dadurch soll der schwierigen Abwägung zwischen dem Schutz des ungeborenen Lebens und der Lage der Mutter Rechnung getragen werden.

Das war nicht immer so. Bei der Gründung des Deutschen Reichs 1871 wird zum ersten Mal ein Paragraf in das Strafgesetzbuch übernommen, der einen Schwangerschaftsabbruch unter Strafe stellt. Vorausgegangen waren politische Debatten, die die neue Gesetzgebung überhaupt erst möglich machten. Im 18. Jahrhundert galt eine prinzipielle Straflosigkeit bei Schwangerschaftsabbrüchen. Die katholische Kirche berief sich auf Aristoteles und dessen Lehre der „sukzessiven Beseelung“, nach der ein Fötus bis zum 80. Tag „Teil der mütterlichen Eingeweide“ war. Erst danach, stellt Günter Jerouschek fest, beginnt nach den damaligen Vorstellungen die „Menschwerdung“. Im Laufe des 18. Jahrhunderts setzte sich aber mehr und mehr die Erkenntnis durch, dass mit der Vereinigung von Ei und Samenzelle eine Vorstufe des Menschseins erreicht sei. Der Staat sei – dieser Logik folgend – zwar nicht verpflichtet, aber doch berechtigt, sich um das Wohl seines zukünftigen Bürgers zu kümmern.

Das schlug sich bei der Reichsgründung in der Schaffung eines einheitlichen deutschen Strafgesetzbuches nieder. Ein

Abbruch der Schwangerschaft konnte mit bis zu fünf Jahren Zuchthaus bestraft werden. Lediglich wenn das Leben der Mutter in Gefahr war und sie eine Geburt vielleicht nicht überleben würde, blieb der Abbruch einer Schwangerschaft straffrei. Die aufkommende Frauenbewegung, private Schwangerschaftsabbrüche bei Kurpfuschern und der seit 1913 geführte sogenannte Gebärstreik sorgten während des Ersten Weltkriegs für gesellschaftliche Debatten. Die Geburtenentwicklung und die Zahl der Schwangerschaftsabbrüche bekam durch die hohen Menschenverluste an den Fronten eine besondere Brisanz: Der „Bedarf an Soldaten und Arbeitern" wurde zu einer Frage des nationalen Überlebens hochstilisiert und emotional aufgeladen.

In der „Beschränkung der Geburten" sah hingegen der französische Intellektuelle Paul Robin ein geeignetes Mittel zur Lohnsteigerung, weil „weniger Arbeitskräfte zu einer zwangsläufigen Steigerung der Löhne" führen würden.

Im Juli 1918 wurde im Berliner Reichstag ein Gesetzentwurf eingebracht, der die Einführung einer Abtreibungsstraflosigkeit aus medizinischen Gründen hätte ermöglichen können. Aber diese Einführung einer „medizinischen Indikation" wurde wegen des Kriegsgeschehens nicht mehr debattiert und verabschiedet. Während der Weimarer Republik scheiterten SPD und KPD damit, den aus dem Reichsstrafgesetzbuch übernommenen Abtreibungsparagrafen zu streichen. Aber eine Reformdebatte konnten auch konservative Kräfte nicht verhindern. Anfang der Dreißigerjahre entwickelte sich eine außerparlamentarische Bewegung gegen den § 218, die nicht nur protestierte, sondern auch ein Netz von Beratungsstellen aufbaute, in denen ratsuchende Frauen Hilfe und mitunter auch Vermittlung zu einem Arzt bekamen.

Die „Rassen- und Bevölkerungspolitik" des NS-Regimes lehnte jede Liberalisierung des Abtreibungsstrafrechts ab und führte die Todesstrafe für diejenigen ein, die fortgesetzt gewerbliche Abtreibungen betrieben. Die „Lebenskraft des Volkes" stand über allem. Erlaubt und gefördert war allerdings die Tötung eines in dieser Ideologie „lebensunwerten" Lebens.

In der Bundesrepublik begann nach einer von der Feministin Alice Schwarzer initiierten öffentlichkeitswirksamen Kampagne im Wochenmagazin *Stern*, der am 6. Juni 1971 titelte „Wir haben abgetrieben", eine breite Debatte um den § 218. Knapp 400 Frauen traten aus der Anonymität heraus und stießen damit eine Massenbewegung an. Die sozial-liberale Bundesregierung reagierte und legte nach einem Urteil des Bundesverfassungsgerichts am 12. Februar 1976 die Indikationsregel vor. Abtreibungen blieben danach verboten und waren mit Strafandrohungen für die Mutter und den Arzt versehen. Aber es gab vier sogenannte Indikationen, die eine Straffreiheit bewirkten: die medizinische, eugenische, kriminologische oder soziale Indikation.

Zehn Jahre später löst eine Steuerprüfung beim Memminger Frauenarzt Horst Theissen einen Skandal aus, der 1986 in einem aufsehenerregenden Prozess endet. Nach einer anonymen Anzeige wegen Steuerhinterziehung durchsuchen Fahnder die Praxis des Frauenarztes und finden unter den 1300 Patientenakten viele mit dem Kürzel „I". Sie vermuten, dass sich dahinter das lateinische Wort „Interruptio" für Abtreibung verbirgt, und übergeben die Akten der Staatsanwaltschaft. Das ist der erste Skandal in diesem nun beginnenden „Hexenprozess", wie ihn die Gerichtsreporterin Gisela Friedrichsen bezeichnet hat. 1988 wird Anklage erhoben, die Staatsanwaltschaft wirft Horst Theissen vor, in einer „Vielzahl von Fällen" Schwangerschaftsabbrüche vorgenommen zu haben, für die die „objektiven Voraussetzungen einer Indikationslage nicht gegeben waren".

Während des Prozesses müssen Frauen, die die Praxis des Arztes aufgesucht haben, ihre Anonymität preisgeben, obwohl

Zuschauer im Gerichtssaal anwesend sind. Kritiker sehen darin eine moderne Spielart der Inquisition, auf der Straße mehrt sich der Protest, die Diskussionen zwischen kirchlichen Amtsträgern, Feministinnen und Politikern sind aufgeheizt. Der Prozess endet mit einer zweieinhalbjährigen Haftstrafe und einem anschließenden dreijährigen Berufsverbot, die Revisionsverhandlung wandelt das Urteil in eine Bewährungsstrafe um und verzichtet auf ein Berufsverbot. Horst Theissen aber ist ruiniert, muss seine Praxis verkaufen und versucht sich als Heilpraktiker. Nicht zuletzt wegen des Memminger Prozesses gegen Horst Theissen führt die Bundesrepublik nach der Wiedervereinigung 1995 die sogenannte Fristenlösung ein: Bis zur 12. Woche nach der Befruchtung ist eine Abtreibung zwar rechtswidrig, aber straffrei.

LITERATUR:

Gisela Friedrichsen: Abtreibung. Der Kreuzzug von Memmingen. Frankfurt am Main 1991

Günter Jerouschek: Lebensschutz und Lebensbeginn. Die Geschichte des Abtreibungsverbots. Tübingen 2002

Katja Krolzik-Matthei: § 218. Feministische Perspektiven auf die Abtreibungsdebatte in Deutschland. Münster 2015

Dirk von Behren: Kurze Geschichte des Paragraphen 218 Strafgesetzbuch. Bundeszentrale für politische Bildung 2019 (www.bpb.de abgerufen am 07.03.2021)

QR – CODE:

DIE SCHLACHT AUF DEM AMSELFELD – 1389

WIE EINE SCHLACHT ZUR KEIMZELLE DES NATIONALISMUS WURDE

Es gibt Konflikte, die schwelen schon seit Jahrhunderten, und wenn man sie von allen Seiten betrachtet, scheint es keine für alle zufriedenstellende Lösung zu geben. Der Nahostkonflikt scheint im Moment genauso unlösbar wie die Konflikte auf dem Balkan. Einer dieser Konflikte reicht zurück bis ins Mittelalter, nämlich auf den 15. Juni 1389, als es auf dem Amselfeld zu einer dramatischen Schlacht kam.

Das Amselfeld ist eine Landschaft im Nordosten des Kosovo. Früher verliefen hier wichtige Handelsrouten, deshalb war die Kontrolle über diese Region von großer Bedeutung. Im 14. und 15. Jahrhundert führten die christlichen Herrscher des Balkans mit dem expandierenden Osmanischen Reich viele Kriege. Eine der dominanten Balkanmächte war das Serbische Reich, das zur Mitte des 14. Jahrhunderts unter Zar Stefan Uroš IV. Dušan den Höhepunkt seines politischen Einflusses und seiner Ausdehnung erreichte. Unter der Herrschaft von Dušan dem Mächtigen erstreckte sich das Reich der Serben über Bosnien und Herzegowina, das heutige Montenegro und Albanien, das heutige Kosovo bis hinunter zum griechischen Festland und zur Chalkidiki. 1355 starb Kaiser Dušan plötzlich und unerwartet in Adrianopel, dem heutigen Edirne im türkischen Ostthrakien. Bis heute wird über die Ursache seines Todes gerätselt, die Vermutungen reichen von Vergiftung bis Epilepsie. Nachfolger wurde sein Sohn Stefan Uroš V., der mit dem passenden Beinamen „der Schwache“ versehen wurde. Er konnte das große Serbische Reich nicht

zusammenhalten, es zerfiel in viele kleine untereinander zerstrittene Fürstentümer.
Zur gleichen Zeit drohte Gefahr durch nomadische Turkvölker, die versuchten, den Einfluss des Osmanischen Reichs zu vergrößern und damit die jahrhundertealte Vorherrschaft des Byzantinischen Reichs in Kleinasien zu brechen. Bis 1398 war das Serbische Reich umgeben von Nachbarländern, die unter osmanischer Kontrolle waren. Nur Teile Rasziens, des Kosovo, Nordmakedoniens und Zentralserbiens waren noch serbische Fürstentümer – und damit die letzten christlichen Bastionen in einer ansonsten muslimischen Region. Eines der wirtschaftlich und politisch wichtigsten Fürstentümer war das von Lazar Hrebeljanović. Er herrschte im heutigen Zentralserbien und in Teilen des Kosovo.
Der Sultan des Osmanischen Reichs, Murad I., wollte aber auch diese noch verbliebenen serbischen Fürstentümer unterwerfen. Damit hätte er die letzten Verbündeten des christlichen Byzantinischen Reichs beseitigt, und der Weg zu dessen Hauptstadt Konstantinopel wäre frei. Deshalb rief Lazar 1389 dazu auf, sich mit einer vereinten serbischen Streitmacht den Osmanen zu stellen und die christlichen Bastionen auf dem Balkan zu verteidigen. Dem Aufruf sollen 100 000 Mann gefolgt sein, nicht nur Serben, sondern auch Albaner, Bosnier, Bulgaren und Walachen. Andere Quellen sprechen davon, dass er nicht mehr als 25 000 Soldaten hinter sich hatte – was für diese Zeit schon ein beeindruckendes Heer gewesen wäre. Unterstützt wurde er von den Heeren des bosnischen Königs Tvrtko I. und seines Schwagers Vuk Branković.
Nach sorgfältiger Vorbereitung wurde die weite Hochebene des Amselfelds nahe Pristina als Austragungsort der Schlacht gewählt. Sie fand am 15. Juni 1389, am Vidovdan, dem Tag des Heiligen Veit, statt. Jener Heilige soll als Märtyrer unter dem römischen Kaiser Diokletian gelitten haben. Der für seine

brutalen Christenverfolgungen bekannte Diokletian hatte Veit nach Rom geholt, um seinen Sohn von dem als Wunderheiler bekannten Veit gesund machen zu lassen. Nachdem Veit den Kaisersohn geheilt hatte, sollte er den christlichen Glauben aufgeben. Als Veit sich weigerte, ließ Diokletian ihn den Löwen zum Fraß vorwerfen. Aber die Löwen legten sich vor ihm nieder und begannen seine Füße zu lecken, woraufhin Veit mit siedend heißem Öl übergossen wurde. Die Märtyrerlegende besagt, er sei von einem Engel gerettet und ins süditalienische Lukanien gebracht worden, wo er 304 gestorben sei.
Über die Schlacht, bei der Sultan Murad I. mit seinen beiden Söhnen die osmanischen Truppen selbst anführte, ist wenig bekannt. Detaillierte Berichte der Schlacht gibt es nicht. Außerdem widersprechen sich später verfasste christliche und muslimische Quellen – auch und vor allem bei der Frage, welche Seite letztendlich gewonnen hat. Klar ist aber, dass sowohl Fürst Lazar als auch Sultan Murad I. ums Leben kamen und dass die Heere beider Seiten das Schlachtfeld mit Verlusten verließen. Murads Sohn Bayezid I. wurde neuer Sultan des Osmanischen Reichs. Das bosnische Reich von König Tvrtko wurde in den folgenden Jahren von den Osmanen in Ruhe gelassen. Der serbische Fürst Vuk Branković verteidigte seinen Herrschaftsbereich im Kosovo auch weiterhin militärisch gegen die Osmanen. Erst 1396 wurde er endgültig von Bayezid I. besiegt, der das Fürstentum des gefallenen Fürsten Lazar in das Reich der Osmanen eingliederte.
Lazar wurde etwa ein Jahr später heiliggesprochen und seine Gebeine in das Kloster Ravanica überführt. Viele Texte, die bis heute in der serbischen Volksdichtung bekannt sind, handeln von ihm als heiligem Märtyrer und Beschützer der Serben. Sie sind genauso wie die Legenden um die Schlacht auf dem Amselfeld Teil des Heldenepos, auf denen die Serben ihren heutigen Nationalstolz begründen.

Heute leben mehrheitlich Albaner im Kosovo, aber mit Hinweis auf die Schlacht auf dem Amselfeld erklären serbische Nationalisten den Anspruch Serbiens auf das Kosovo. Und genau deshalb wählte der damalige Präsident der Sozialistischen Republik Serbien, Slobodan Milošević, zum 600. Jahrestag am 28. Juni 1989 den historischen Schauplatz der Schlacht als Veranstaltungsort. In seiner Rede vor einem Millionenpublikum heizte er die Nationalitätenkonflikte auf dem Balkan an. Das Ergebnis waren vier sogenannte „Jugoslawienkriege", die zwischen 1991 und 1999 stattgefunden haben.

LITERATUR:

Malte Olschewski: Der serbische Mythos. Die verspätete Nation. München 1998

Julija Bogoeva, Caroline Fetscher (Hrsg.): Srebrenica. Ein Prozeß. Dokumente aus dem Verfahren gegen General Radislav Krstić vor dem Internationalen Strafgerichtshof für das ehemalige Jugoslawien in Den Haag. Frankfurt a. M. 2002

Carl Polónyi: Heil und Zerstörung. Nationale Mythen und Krieg am Beispiel Jugoslawiens 1980–2004. Berlin 2010

Konrad Clewing, Oliver Jens Schmitt (Hrsg.): Geschichte Südosteuropas. Vom frühen Mittelalter bis zur Gegenwart. Regensburg 2011

QR – CODE:

DER STONEWALL-AUFSTAND IN DER CHRISTOPHER STREET – 1969

WIE DIE WELTWEIT GRÖSSTE PRIDE-PARADE GEBOREN WURDE

Wer an einem bestimmten Sommerwochenende mal nach Köln, Amsterdam oder Berlin fährt, der wird merken: Mit einer Pride-Parade schockt man hier heute kaum noch jemanden. Und die Partys zum Christopher Street Day gehören wie selbstverständlich dazu. Ganz anders war das bei der Trauerfeier, die dem CSD seinen Namen gab.

Die Nacht vom 27. Juni auf den 28. Juni 1969, die Christopher Street Nummer 53 in Greenwich Village, New York: In der beliebten Kneipe Stonewall Inn wird gefeiert. Die Feier muss man sich aber in einer besonderen Atmosphäre vorstellen, denn obwohl es ausgelassen zuging, war es eigentlich eine Trauerfeier. Es wurde Abschied genommen von Judy Garland: Schauspielerin und Ikone der Homosexuellen – vor allem in New York, wo sie auch beerdigt wurde. Und das Stonewall Inn war der perfekte Ort für die Trauerfeier, denn die Kneipe war in der New Yorker Szene sehr beliebt. 200 Leute zwängen sich in den kleinen Kellerschuppen.

Eigentlich macht der Laden nicht viel her, das Haus war zuvor schon einmal abgebrannt und dann einfach komplett schwarz angemalt worden. Aber wahrscheinlich ist er damals genau deshalb der richtige Ort für Schwule, Lesben, Trans- und Intersexuelle, denn sie haben in den USA der Sechzigerjahre einen schweren Stand. Zwar ist das ganze Land in Aufruhr durch die Bürgerrechtsbewegung, Proteste gegen den Vietnamkrieg und die Frauenbewegung, aber für die Idee einer LGBTQIA*-Szene gibt es da noch lange nichts zu gewinnen. „Bis zum

Stonewall-Aufstand konntest du deinen Job verlieren, wenn jemand rausfand, dass du schwul oder lesbisch warst,“, erzählt zum Beispiel Frederik „Tree“ Sequioa, der 1969 im Stonewall Inn als Barkeeper arbeitet. „Der Vermieter konnte dich einfach vor die Tür setzen, innerhalb weniger Tage. Und die Polizei hat uns gehasst.“

Genau diese Polizei steht gegen 1.20 Uhr plötzlich auf der Matte – eine der vielen, brutalen Razzien, mit denen sie die Szene immer wieder schikaniert. „Männer, die sich Frauenkleider angezogen hatten, mussten mindestens drei Teile Männerkleider drunter tragen. Bei Frauen galt dasselbe, nur andersrum. Wer sich nicht daran gehalten hat, kam wegen Betrug ins Gefängnis“, erinnert sich der Barkeeper. „Damals galt Homosexualität als Krankheit.“ Heute denken viele Forscher außerdem, dass auch der Rassismus der New Yorker Polizei bei diesen Razzien eine Rolle gespielt habe, denn ganz besonders brutal ging sie gegen schwarze Dragqueens und transsexuelle Latinas vor.

An diesem Abend wehren sich die Besucher des Stonewall Inn aber. Erste Gäste weigern sich, ihre Papiere vorzuzeigen oder sich abführen zu lassen. Die 200 aufgebrachten Männer und Frauen treiben die acht Polizisten auf die Straße, verhöhnen sie, singen Lieder und führen Tänze auf. Die Menge ruft „Gay Power“ und fängt an, die Beamten mit Flaschen und Steinen zu bewerfen. Die Polizisten verbarrikadieren sich in der Bar und rufen Spezialeinheiten zur Verstärkung. Aber die Nachricht, dass was los ist in der Christopher Street, geht um wie ein Lauffeuer, und plötzlich ist auch die Menschenmenge, die den Barbesuchern Rückendeckung gibt, auf 2000 Leute angewachsen. In den nächsten Tagen kommt es jede Nacht zu solchen Szenen vor dem Stonewall Inn, bis sich die Lage am dritten Juli beruhigt. Es war das erste Mal, dass sich homo-, trans- und intersexuelle Menschen in den USA derart zur Wehr gesetzt haben.

Bis daraus aber der Christopher Street Day wurde, wie wir ihn heute kennen, dauerte es eine Weile. Historiker Gottfried Lorenz erklärt zum Beispiel, dass Homosexuelle in Deutschland Ende der Sechziger vom Stonewall-Aufstand nichts wussten und dass eine Verbindung zu den Ereignissen nachträglich konstruiert worden sei. Der erste CSD in Deutschland wurde jedenfalls 1979 gefeiert. Heute gehört er aber beinahe selbstverständlich wie ein Feiertag in jeden Kalender und wird jährlich im Sommer gefeiert – wenn auch nur selten direkt am Jahrestag der eigentlichen Stonewall-Aufstände. Europas größtes CSD-Fest findet zum Beispiel immer am ersten Juli-Wochenende in Köln statt.

Der wohl größte Unterschied zu 1969: Auf den Umzügen und den Partys sieht man heute weder in den USA noch in Deutschland die Polizei losknüppeln und Handschellen anlegen. Die LGBTQIA*-Bewegung wird immer selbstbewusster und ihre Stimme in der Öffentlichkeit hörbarer. Aber wenn wir mal auf Pride-Paraden in Riga, Warschau oder Jerusalem schauen, bemerken wir, dass die nur unter schwerem Polizeischutz stattfinden können. Juli 2016 kam es in Orlando im US-Bundesstaat Florida zu einem brutalen Anschlag, als ein Attentäter 49 Menschen in einem beliebten LGBTQIA*-Club erschoss. Ähnlich wie damals im Stonewall Inn zählten wieder besonders viele Lateinamerikaner zu den Opfern. Und nicht zuletzt sagen fast zwanzig Prozent der Deutschen, dass sie Homosexualität für unnatürlich halten; fast vierzig Prozent finden es unangenehmen, wenn sie sehen, wie sich zwei Männer küssen – das sind Ergebnisse einer Umfrage der Antidiskriminierungsstelle des Bundes. Fast die Hälfte der Deutschen kann den Christopher Street Day also nur mit Scheuklappen besuchen.

LITERATUR:

David Carter: Stonewall: The Riots That Sparked the Gay Revolution. New York 2004

Marty Huber: Queering Gay Pride. Zwischen Assimilation und Widerstand. Wien 2013.

Gottfried Lorenz: Diskriminieren – Kriminalisieren – Eliminieren. Studien zur Geschichte der Homosexualität in Hamburg vor und nach 1945. Hamburg 2016

QR – CODE:

DER AMTSANTRITT DES WLADIMIR PUTIN – 1999

WIE EIN SPION AN DIE MACHT KAM

Heute kennt eine ganze Generation nur Wladimir Putin. Nie haben junge Russinnen und Russen jemanden anderes an der Spitze ihres Staates erlebt. Dabei hatte das bei seinem Amtsantritt vor gut zwanzig Jahren wohl kaum jemand gedacht.

1999 kannte kaum jemand einen gewissen Wladimir Wladimirowitsch Putin. Und das sollte auch so sein, denn Putin war Chef des Inlandsgeheimdienstes FSB – und damit der ranghöchste Spion Russlands. Putin war kein Mann der Öffentlichkeit. Aber im August 1999 wird jemand mit seinen Ideen gebraucht, denn in der russischen Teilrepublik Dagestan herrscht Krieg. Tschetschenische Islamisten waren einmarschiert und hatten ein Emirat ausgerufen. Der amtierende Präsident Boris Jelzin hat schon vier Premierminister innerhalb eines Jahres verschlissen, jetzt soll es Putin richten. Kaum ist er im Amt, eskaliert die Situation weiter. Bei Anschlägen in Moskau und anderen russischen Städten sterben über 300 Menschen. „Es ist schwer, die Täter als Menschen zu bezeichnen. Das sind nicht mal Tiere", sagt Putin 1999. Laut russischen Geheimdienst-Unterlagen steckten tschetschenische Terroristen hinter den Anschlägen. Überzeugend nachgewiesen wurde das aber nie. „Wir werden diese Terroristen überall verfolgen. Wenn sie auf dem Klo sitzen, dann sterben sie eben auf dem Klo. Fertig." Als der frisch gebackene Ministerpräsident Wladimir Putin das sagt, haben die Bombardierungen und der Krieg in Tschetschenien schon längst begonnen.

Während Putin politischen Aktivismus demonstrierte, wurde Präsident Boris Jelzin bei den Russen immer unbeliebter. Zigtausende demonstrierten auf den Straßen, litten unter Armut, und Jelzin kam bei Umfragen nur noch auf zwei Prozent Zustimmungsrate. Sein Alkoholkonsum hatte ihn zur Zielscheibe von Hohn und Spott gemacht, gleichzeitig ermittelte die Moskauer Staatsanwaltschaft schon lange gegen ihn wegen Korruption. Silvester 1999 gibt Jelzin auf, tritt zurück und ernennt Putin zu seinem Nachfolger im Amt des russischen Präsidenten. Erst im März muss sich Putin bei einer Wahl im Amt bestätigen lassen – bis dahin ist der Tschetschenienkrieg praktisch gewonnen, auch wenn er auf dem Papier erst im Jahr 2009 beendet wird. Putin holt 53 Prozent der Stimmen und wird im Amt bestätigt.

Aber wie blieb er zwanzig Jahre im Amt? Indem er den Staat nicht völlig, aber doch entscheidend umstrukturiert hat. Putin installierte eine „Vertikale der Macht" – das heißt: Der russische Präsident beschnitt die Privilegien der Teilrepubliken und Gemeinden zugunsten einer gestärkten Zentralmacht, die das Land von aus Moskau regierte. Er hatte die Unterstützung der 2001 gegründeten Partei Einiges Russland, die im Parlament Mehrheiten gewann. Und er sagte den Oligarchen den Kampf an. Sein Vorgänger Boris Jelzin hatte die sozialistische Staatswirtschaft der 1991 untergegangenen UdSSR ins Chaos gestürzt. Die zwar maroden, aber großen Staatsunternehmen der Öl-, Gas- oder Chemiebranche wurden geradezu verramscht. Kleine Unternehmer kauften die am Boden liegenden Wirtschaftsimperien billig auf, sanierten sie und wurden schwerreich. Diese reich gewordenen Oligarchen hatten unter Jelzin praktisch unbeschränkte Macht und Freiheiten.

Putin wollte sie einhegen und versprach ihnen, sich weiterhin nicht einzumischen – wenn sie sich im Gegenzug aus der Politik heraushielten und ihn akzeptierten. Als sich aber Unternehmer wie Michail Chodorkowski oder Boris Beresowski kritisch über Putin äußerten, begannen harte Auseinandersetzungen zwischen den russischen Überwachungsbehörden und den Oligarchen. Ihnen wurde Korruption vorgeworfen. Nach fadenscheinigen Prozessen landeten sie für Jahre im Gefängnis, mussten ihre Unternehmensanteile verkaufen und gingen anschließend teilweise ins Exil.

Nach zwei Amtszeiten war für Putin als Präsident im Jahr 2008 aber erst einmal Schluss, denn die Verfassung sah nur zwei Amtszeiten für einen Präsidenten vor. Als Platzhalter hatte Waldimir Putin sich den Leningrader Politiker Dmitri Anatoljewitsch Medwedew ausgesucht. Medwedew wurde für vier Jahre zum Präsidenten Russlands gewählt, während Putin das Amt des Ministerpräsidenten innehatte. Vier Jahre später trat Putin bei den Präsidentschaftswahlen wieder an. Inzwischen war die Amtszeit eines Präsidenten auf sechs Jahre verlängert worden, sodass seine dritte Präsidentschaft von 2012 bis 2018 dauerte. Bei den Wahlen am 18. März 2018 wurde Wladimir Putin mit mehr als 76 Prozent der Stimmen zum vierten Mal russischer Präsident.

Putin hatte auf diesem Weg im Inneren die Konkurrenz ausgeschaltet. Aber auch bei den Beziehungen nach außen geht es ihm oft eher um Konkurrenz als um Partnerschaft. Die Ausdehnung von NATO und EU bis an die russische Grenze wollte Moskau nicht akzeptieren und hat sie mit der völkerrechtswidrigen Annexion der Krim quittiert. Die russische Besetzung des Donbas im Osten der Ukraine hat über viele Jahre nicht nur zu einem blutigen militärischen Konflikt geführt, sondern auch das Verhältnis zur westlichen Welt fast wieder in einen „kalten Krieg“ verwandelt. Dabei hatte der russische Präsident noch im September 2001 vor dem deutschen Bundestag davon gesprochen, gemeinsam ein europäisches Haus zu bauen. Ob Putin von der Idee eines Europas von Lissabon bis Wladiwostok damals wirklich überzeugt war, ist fraglich.

Fraglos aber ist seitdem die russische Politik härter geworden. Nicht nur im Konflikt mit der Ukraine, sondern vor allem auch im syrischen Bürgerkrieg beweist sich Russland als Militärmacht. Seit Jahren muss die Welt zur Kenntnis nehmen, dass Russland unter Wladimir Putin wieder die Stellung einer Supermacht anstrebt. Wer das Verhältnis des Westens zu Russland verbessern will, kommt dabei an Wladimir Putin nicht vorbei, und das wird auch noch lange so bleiben: Im März 2020 hat die Duma den Zähler der bisherigen Amtszeiten Putins auf Null zurückgeschraubt. Theoretisch kann er bis 2036 im Amt bleiben. Dann würden gleich mehrere Generationen nie einen anderen russischen Präsidenten als Wladimir Putin kennengelernt haben.

LITERATUR:

Anna Politkowskaja: In Putins Russland. Köln 2005

Alexander Rahr: Der kalte Freund. Warum wir Russland brauchen. Die Insider-Analyse. München 2011

Sabine Adler: Russisches Roulette. Ein Land riskiert seine Zukunft. Berlin 2011

Hubert Seipel: Putin. Innenansichten der Macht. Hamburg 2015

Benjamin Bidder: Generation Putin. Das neue Russland verstehen. Stuttgart 2016

QR – CODE:

DIE TETANUSIMPFUNG – 1914

WIE EINE SPRITZE ALLES VERÄNDERTE

Impfen ist dank Corona wieder ein viel diskutiertes Thema: Gegen was sollten wir uns impfen, wie oft, welcher Wirkstoff – warum überhaupt? Empfehlungen dazu gibt alle drei Jahre die Ständige Impfkommission beim Robert-Koch-Institut. Immer mit dabei ist die Impfung gegen Tetanus, auch Wundstarrkrampf genannt. Noch heute sterben laut Weltgesundheitsorganisation WHO jedes Jahr bis zu einer halben Million Menschen an Tetanus, vor allem in Indien, Westafrika und China. Nach den Zahlen des Robert-Koch-Instituts treten in Deutschland etwa fünfzehn Fälle von Wundstarrkrampf pro Jahr auf.

Menschen können sich gegen das Bakterium *Clostridium tetani* impfen lassen und so die Ausbreitung des häufig tödlich verlaufenden Wundstarrkrampfs verhindern. Man kann sich schnell und ohne etwas zu merken infizieren, denn der Tetanuserreger ist überall – auch heute noch. Er kommt im Erdreich vor, aber auch in Kot, Holz und sogar in geringen Mengen in unserem Darm. Die Sporen des Bakteriums sind extrem widerstandsfähig und können jahrelang im Erdreich überdauern. Eine offene Stelle, eine kleine Verletzung oder der Biss von einem Tier können dem Bakterium den Weg eröffnen, in eine Wunde einzudringen. Und dort herrschen perfekte Bedingungen für das Bakterium, es entwickelt sich weiter und produziert Toxine. Diese Toxine schädigen unsere Nervenzellen und verursachen dadurch die für Tetanus typischen Muskelkrämpfe. Unbehandelt führen diese Krämpfe zum Tod durch Ersticken oder Herzversagen.

Bis zum Ersten Weltkrieg sind an diesen Muskelkrämpfen viele Menschen gestorben. Schon der antike griechische

Arzt Hippokrates von Kos kannte die furchtbaren Folgen einer Infektion mit dem Tetanuserreger. Allerdings wurde die Ursache, das Bakterium, erst 1883 durch den russischen Chirurgen Nestor Monastyrski und ein Jahr später, 1884, von dem deutschen Internisten Arthur Nicolaier entdeckt. Dem japanischen Bakteriologen Kitasato Shibasaburō gelang 1889 die Isolation und Anzucht des Bakteriums – in Robert Kochs Labor in Berlin, gemeinsam mit dem deutschen Mediziner und Immunologen Emil von Behring.

Ihre Annahme war, dass die Erreger von Infektionskrankheiten nicht mit desinfizierenden Chemikalien – wie bisher –, sondern durch Antitoxine zu bekämpfen seien. Also mit den Gegengiften, die der Körper selbst durch Abwehrreaktionen auf Viren und Bakterien produziert. Anfang der 1890er-Jahre war es dann so weit: Behring und seine Berliner Kollegen hatten einen Impfstoff zur passiven Immunisierung gegen Tetanus entwickelt.

1907 beginnt zum ersten Mal die Debatte um eine vorbeugende Tetanusimpfung. Der Wissenschaftliche Senat der Kaiser-Wilhelm-Akademie für das militärärztliche Bildungswesen sprach sich für eine obligatorische Tetanusimpfung bei Verwundeten aus. Das konnte aber nicht umgesetzt werden, weil es an ausreichendem Impfstoff mangelte. Zudem war die Skepsis, einen Menschen mit einem Gift zu infizieren, damit er gegen eine Krankheit immun wird, groß. Als aber immer mehr Soldaten im Ersten Weltkrieg am Wundstarrkrampf starben und die Mediziner keine wirksame Therapie gegen diese sehr häufig tödlich verlaufende Infektion des Nervensystems entwickeln konnten, setzte sich die Idee einer ersten flächendeckenden Impfung der deutschen Soldaten durch. Die Tetanusverluste in den Schützengräben der Westfront, in denen verletzte Soldaten unmittelbar mit Erde oder Tieren in Berührung gekommen waren, waren größer als die Opfer des Krieges selbst: Fast jeder vierte verwundete Soldat starb nicht an seinen Verletzungen, sondern an Wundstarrkrampf.

Deshalb schickt der preußische Generalstabsarzt Otto von Schjerning am 4. Oktober 1914 eine Empfehlung an die Frontlazarette, dass allen verletzten Soldaten das Tetanus-Antitoxin verabreicht werden soll, auch wenn es noch keine Anzeichen einer Infektion mit dem Clostridium-tetani-Bakterium gibt. Das Mittel sollen alle Männer bekommen, die grob verunreinigte Wunden haben, in deren Umgebung Erde, Pferdemist oder dergleichen sichtbar sind. Außerdem soll es bei jeder Wunde verabreicht werden, in der Tuchfetzen oder andere Fremdkörper zu vermuten sind, und bei großflächigen Wunden, insbesondere bei Artillerieverletzungen.

Die Empfehlung Otto von Schjernings hatte durchschlagenden Erfolg. Ende 1914 vermerkt der Heeressanitätsbericht: „In der Silvesternacht 1914 wurde in Bucquoy eine größere Anzahl Soldaten verwundet, von denen 30 ins Lazarett Cambrai kamen, alle sofort vorbeugend Serum erhielten und keiner an Wundstarrkrampf erkrankte." Fortan wurden verletzte Soldaten prophylaktisch gegen Tetanus geimpft, die Zahl der Opfer des Wundstarrkrampfs ging drastisch zurück. Dennoch wurden – und werden noch immer – Impfungen teilweise hart und kontrovers diskutiert. Für die einen sind Impfungen lebensverlängernde Vorsichtsmaßnahmen, für die anderen ein nicht akzeptabler Eingriff in das Recht auf körperliche Unversehrtheit.

LITERATUR:

Wolfgang U. Eckart, Christoph Gradmann: Ärztelexikon. Von der Antike bis zum 20. Jahrhundert. München 1995

Deutsche Gesellschaft für Pädiatrische Infektiologie e. V. (Hrsg.): DGPI Handbuch. Infektionen bei Kindern und Jugendlichen. Stuttgart 2006

Christopher Clark: Die Schlafwandler. Wie Europa in den ersten Weltkrieg zog. München 2015

Ronald Gerste: Die Heilung der Welt. Das Goldene Zeitalter der Medizin 1840–1914. Stuttgart 2021

QR – CODE:

DER SIEGESZUG ALEXANDER DES GROSSEN – 336 V. CHR.

WIE DER KÖNIG VON MAKEDONIEN BIS ZUM HINDUKUSCH VORDRANG

Bis vor Kurzem gab es immer wieder Streit zwischen Griechenland und Nordmazedonien um den Namen: Mazedonien. Es gibt nämlich auch noch eine Region im Norden Griechenlands, die heißt Makedonien. Früher gehörten diese beiden Gebiete zusammen und bildeten das Königreich Makedonien. Dieses historische Königreich lag auf einem Gebiet, das sich heute auf Nordgriechenland, Nordmazedonien und den Südwesten Bulgariens verteilt. Und sein wohl bekanntester Herrscher hieß Alexander der Große, der das Zeitalter des Hellenismus einleitete.

Geboren wurde Alexander 356 v. Chr. als Sohn des makedonischen Königs Philipp II. und der Königin Olympias von Epirus. Der Legende nach war er über seine Eltern mit den beiden Sagengestalten der griechischen Götterwelt Herakles und Perseus verwandt. Da diese beiden direkte Nachfahren des Göttervaters Zeus gewesen sein sollen, glaubte auch Alexander, ein Sohn des Zeus zu sein. In seiner Kindheit war Alexander meist sich selbst überlassen, da sein Vater häufig auf Kriegszügen war und den erstaunlichen Aufstieg des kleinen Makedoniens zur Hegemonialmacht im großen Griechenland einleitete. Über Alexanders Mutter berichten nur wenige Quellen, dort aber wird sie als herrschsüchtig und dämonisch beschrieben. Angeblich war sie bereit, über Leichen zu gehen, um ihren Willen zu bekommen.

Erzogen und unterrichtet wurde Alexander von dem griechischen Philosophen Aristoteles. Schon in jungen Jahren waren jene Menschen in seiner unmittelbaren Umgebung, die später seine wichtigsten Mitarbeiter und Offiziere wurden. Sein Vater Philipp unterrichtete ihn in militärischen Dingen, sodass er schon mit sechzehn Jahren seinen ersten Feldzug unternahm. Als Alexander etwa zwanzig Jahre alt war, erlebte er mit der Ermordung seines Vaters einen tiefen Einschnitt in seinem Leben. Als Täter wird Philipps Leibgardist Pausanias genannt, der angeblich aus persönlichen Motiven gehandelt hat. Allerdings wird in antiken Quellen gemutmaßt, Philipps Ehefrau Olympias oder Alexander selbst könnten Pausanias zu der Tat angestachelt haben.

336 v. Chr. übernimmt Alexander die Macht und wird König von Makedonien. Das nehmen die griechischen Städte zum Anlass, die makedonische Hegemonie abzuschütteln. Eine der Städte, die den Aufstand anführt, ist Theben. Alexander überzieht daraufhin die Stadt mit einem Rachefeldzug, der Theben dem Erdboden gleichmacht. 6000 Menschen werden dabei getötet, 30 000 gefangen genommen und als Sklaven verkauft. Die anderen griechischen Städte unterwerfen sich daraufhin aus Angst vor weiteren Rachefeldzügen Alexanders. Alexander übernimmt damit nicht nur die Führung über das griechische Festland, sondern setzt auch die Pläne seines Vaters in die Tat um, einen Feldzug gegen das riesige Perserreich zu führen.

Offiziell geht es darum, die griechischen Städte an der kleinasiatischen Westküste von der persischen Unterdrückung zu befreien. Wahrscheinlicher aber ist das Machtkalkül Alexanders, der in Persien lohnende Beute und eine Erweiterung des griechischen Einflusses erwartet.

In der Provinzhauptstadt Gordion kommt es zur ersten Heldentat Alexanders. Der Legende nach soll er dort den Gordischen Knoten, mit dem einst die Deichsel des Streitwagens eines Königs der griechischen Sagenwelt namens Gordios mit dem

Zugjoch verbunden war, mit seinem Schwert zerschlagen haben. Ein Orakel hatte darüber prophezeit, dass nur derjenige, der diesen Knoten lösen könne, die Herrschaft über Asien erringen werde. Alexander und sein Heer marschieren nach dieser Tat weiter Richtung Südosten und erreichen im Herbst 333 v. Chr. die Levante im Nahen Osten, wo heute Syrien, Israel und der Libanon liegen. Hier kommt es zur großen Schlacht mit Dareios III. bei Issos, einem Ort in Kleinasien. Dort besiegt Alexanders Heer die zahlenmäßig deutlich überlegene persische Armee, und Dareios muss panikartig fliehen.
Nach seinem Sieg zieht Alexander aber nicht etwa in Richtung Persepolis, der Hauptstadt des persischen Reichs, sondern nach Süden – nach Ägypten. Dort wird er zum Pharao gekrönt und gründet Alexandria – die bedeutendste all seiner Stadtgründungen, die noch heute eine der wichtigsten ägyptischen Städte am Mittelmeer ist. Im Mai 331 v. Chr. kehrt Alexander nach Persien zurück und überquert im September 331 v. Chr. den Tigris. Er nimmt die reiche Stadt Babylon ein und lässt sich dort zum König von Asien ausrufen. In der kleinen Stadt Opis, die ganz in der Nähe ebenfalls an den Ufern des Tigris gelegen ist, verkündet Alexander seinen Traum von der Verbrüderung der griechischen und der orientalischen Kultur, der ihn angeblich schon lange verfolgt hat. Damit beginnt die Epoche des Hellenismus, die eine bis heute erkennbare Verschmelzung der beiden Kulturen bedeutete und erst mit dem Untergang des Ptolemäerreichs 30 v. Chr. beendet wurde.
Alexander hat nun das gesamte Persische Reich eingenommen, aber auch das stillt seinen Hunger nach weiteren Eroberungen nicht. 326 v. Chr. zieht er weiter nach Indien, was ihn und seine Kämpfer vor extreme Herausforderungen stellt: Es regnet unaufhörlich, das ungewohnte Klima zermürbt die Männer und die Vielzahl unbekannter, giftiger Tiere, von denen sie unablässig gebissen werden, macht ihnen zu schaffen. Das

dürfte auch einer der Gründe sein, warum Alexanders Soldaten schließlich meutern und ihn 325 v. Chr. zur Umkehr zwingen. Auch der Rückweg ist für die Truppen beschwerlich und verlustreich. In Susa aber, im Südwesten des heutigen Iran, halten sie an und veranstalten eine fünftägige Heiratszeremonie, bei der Alexander selbst und etwa achtzig seiner führenden Gefolgsleute Ehen mit vornehmen Perserinnen eingehen, um den Frieden zwischen Persern und Griechen zu dokumentieren.
Die Rückkehr nach Griechenland erlebt Alexander nicht mehr. 323 v. Chr. findet sein Leben ein plötzliches Ende. Die Todesursache ist ebenso unbekannt wie der Ort seines Grabes. Es soll in Alexandria in Ägypten sein – nur gefunden wurde es in den letzten 2000 Jahren nicht.

LITERATUR:

Wolfgang Will: Alexander der Große. Geschichte und Legende. Darmstadt 2009

Hans-Joachim Gehrke: Alexander der Große. München 2013

Hans-Ulrich Wiemer: Alexander der Große. München 2015

Maria Regina Kaiser: Alexander der Große und die Grenzen der Welt. Hamburg 2020

QR – CODE:

DIE VERÖFFENTLICHUNG DES ERSTEN MARVEL COMICS – 1939

WIE CAPTAIN AMERICA GEGEN DIE NAZIS KÄMPFTE

Heute brechen Superheldinnen und Superhelden weltweit Rekorde. Wenn Iron Man, Wonder Woman oder Spider-Man auf der Leinwand zu sehen sind, platzen die Kinosäle aus allen Nähten, und die Frauen und Männer in Strumpfhosen sind aus der globalen Popkultur nicht mehr wegzudenken. Angefangen hat aber alles mit kleinen, bunten Heftchen, deren Macher von einem solchen Erfolg niemals geträumt hätten – bis auf einen vielleicht.

New York 1939: Der gerade siebzehnjährige Stanley Martin Lieber setzt das erste Mal einen Fuß in die Räume von Timely Publications – einem kleinen Verlag in Manhattan, der zu diesem Zeitpunkt ganz passable Geschäfte mit Comics macht. Ritter, Western, Lovestorys, alles ist dabei, denn Comics werden Ende der Dreißiger in den USA immer beliebter und gehen an den Zeitungsständen weg wie geschnittenes Brot. Stanley hat den Job von seinem Onkel zugeschustert bekommen und will im Verlag klein anfangen. Schon jetzt träumt er aber eigentlich vom ganz dicken Coup: Er will einmal eine der großen amerikanischen Erzählungen des 20. Jahrhunderts schreiben. Und um seinem Anspruch Ausdruck zu verleihen, gibt er sich einen knackigen Künstlernamen: Stan Lee.

Lee ist Sohn einer jüdischen, rumänischen Migrantenfamilie, die einige Jahre vor seiner Geburt nach New York gekommen war. Sie lebten in bescheidenen Verhältnissen, die sich nach 1933 und der großen Depression nur noch verschlechterten. Er wird also in einem armen und migrantisch geprägten Milieu groß, und das verbindet ihn mit vielen der ersten Pioniere der Comic-Szene: Jack Kirby (geboren Jacob Kurtzberg), Joe

Simon (geboren Hymie Simon), Carl Burgos (geboren Max Finkelstein) – und nicht zuletzt Jerry Siegel und Joe Shuster, die schon 1938 den ersten aller Superhelden erfinden: Auf der Titelseite von *Action Comics #1* sehen wir das erste Mal den heute unverkennbaren Mann aus Stahl in seinem blauen Anzug und dem roten Umhang: Superman.

Weil Superman ein riesiger Hit an den Zeitungsständen wird, entscheidet auch Timely Publications, auf Superhelden umzusatteln, und im Oktober 1939 erscheint *Marvel Comics #1*. Darin zu sehen sind zum Beispiel der Sub-Mariner, der König von Atlantis; die menschliche Fackel, die Feuerbälle werfen und fliegen kann. Und nur wenig später erscheint *Captain America #1* – ein Supersoldat, der mit der amerikanischen Flagge auf seinem damals übrigens noch nicht kreisrunden Schild gegen die Nazis antritt und Adolf Hitler höchstpersönlich mit einem Kinnhaken ausknockt.

Im Superhelden-Geschäft geht es auch für Stan Lee Schritt für Schritt nach oben auf der Karriereleiter, bis er vom bloßen Assistenten zum Autor aufsteigt. Oft zeigt er sich in Briefen und Gesprächen aber frustriert, dass er die Figuren nicht mit mehr Tiefe schreiben dürfe, und dass ihn die viele Auftragsarbeit ermüde. In den restriktiven und paranoiden Fünfzigerjahren der amerikanischen McCarthy-Ära wird in den USA obendrein eine hitzige Debatte ausgefochten, ob Comics und insbesondere Superhelden-Comics den Charakter der Jugend versauen würden. Und schließlich gehen auch die Verkaufszahlen in den Keller.

Stan Lee steht vor der Resignation, als er einen möglicherweise letzten Auftrag bekommt: Er soll für den Verlag ein neues Superhelden-Team kreieren. Die Konkurrenz von DC Comics hatte gerade mit einem Team um Batman, Superman und Wonder Woman für Furore gesorgt, und diesen Erfolg solle er nun bitte fürs eigene Haus wiederholen. Lee entscheidet sich aber stattdessen, mit seinem Co-Autor und Zeichner Jack Kirby etwas anderes zu versuchen. Er will Superhelden schaffen mit alltäglichen Problemen und menschlichen Makeln, die mit sich hadern und manchmal auch an ihren Herausforderungen scheitern. Das Ergebnis sind die Fantastischen Vier – und ein unerwarteter Erfolg. Die vierköpfige Superfamilie bricht alle Grenzen des Genres (inhaltlich wie finanziell), und mit dem neuen Anstrich gibt sich der Verlag auch einen neuen Namen: Marvel Comics – heute weltbekannt.

Der Erfolg verlief aber nicht ohne Rückschläge. In den Achtzigern und Neunzigern wurden Superhelden-Comics wie schon in den Fünfzigern totgesagt, die großen Verlage hatten enorme Schulden angehäuft. Aber es waren dann die Nullerjahre des 21. Jahrhunderts und vor allem Hollywood, die den Superhelden wieder zur Renaissance verholfen haben. Blockbuster wie *Spider-Man* (2002), *Iron Man* (2008) und *The Dark Knight* (auch 2008) zeigten dem Publikum die Superhelden mit neuester Tricktechnik in einem ganz anderen Licht. Aber auch die Kritik merkte, dass in diesen Geschichten doch mehr drinsteckt, als oft auf den ersten Blick angenommen. Und inzwischen fliegen Superheldinnen und Superhelden nicht nur durchs Kino, sondern durch Fernsehen, Videospiele, Mode und Feuilletons, und ihre Symbole sieht man sogar im Politischen, bei großen Demos weltweit.

Das aber nicht zur Freude aller: Nicht zuletzt Regie-Legende Martin Scorsese hat den Superhelden-Verfilmungen das künstlerische Recht abgesprochen, sich „Kino“ nennen zu dürfen. Und fast niemand würde sagen, dass Stan Lee, verstorben im Jahr 2018, eine der großen amerikanischen Erzählungen des 20. Jahrhunderts geschrieben hat. Auf der anderen Seite werden viele der Superhelden-Erfinder, allen voran Stan Lee und Jack Kirby, heute in Ausstellungen und Retrospektiven behandelt und gewürdigt. Bei aller Fantasie für Menschen aus

Gummi oder Stein, die brennen oder fliegen und ein Auto mit der Kraft ihrer Gedanken oder ihrer Oberarme anheben können, das hätten sie sich als junge und arme Künstler in New York nach der großen Depression sicher auch nicht ausmalen können.

LITERATUR:

Scott McCloud: Comics richtig lesen. Die unsichtbare Kunst. Hamburg 2001

Ulrike Gehring: Superhelden. Zur Ästhetisierung und Politisierung menschlicher Außerordentlichkeit. Marburg 2011

Grant Morrison: Superhelden. Was wir Menschen von Superman, Batman, Wonder Women & Co lernen können. Höfen 2013

Lukas Etter, Thomas Nehrlich, Joanna Nowotny (Hrsg.): Superhelden. Theorie – Geschichte – Medien. Bielefeld 2018

QR – CODE:

DIE GRÜNDUNG DER ARBEITERWOHLFAHRT – 1919

WIE FÜR DAS WOHL DER ARBEITER GESORGT WURDE

Heute sind rund 230 000 Männer und Frauen hauptamtlich bei der Arbeiterwohlfahrt beschäftigt. Die SPD-nahe Organisation unterhält Wohn- und Pflegeheime, Kindergärten, Ganztagesschulen, medizinische Einrichtungen sowie Freizeit- und Beratungseinrichtungen für Menschen in sozialen Notlagen. Damit ist sie eine der wichtigsten Stützen des deutschen Sozialstaats. Gegründet wurde die Organisation am 13. Dezember 1919 durch die SPD-Reichstagsabgeordnete Marie Juchacz. Sie reagierte damit auf die unübersehbaren Folgen des Ersten Weltkriegs, der ein Jahr zuvor zu Ende gegangen war. Zehntausende traumatisierter Soldaten kehrten in eine vollkommen veränderte Heimat zurück. Der Kaiser hatte abgedankt, eine Republik war ausgerufen worden, Sozialdemokraten stellten die stärkste Fraktion im Reichstag und den Präsidenten des neuen Staates. Infolge der vierjährigen Kriegszeit und der hohen Lasten, die der Versailler Friedensvertrag den Deutschen aufbürdete, lag die Wirtschaft am Boden. Das Land war von Arbeitslosigkeit und instabilen politischen Verhältnissen gezeichnet. In Berlin herrschte Bürgerkrieg, die Anführer des Spartakusaufstands – Rosa Luxemburg und Karl Liebknecht – wurden ermordet, die Alliierten besetzten das Rheinland, und in einigen Städten wurde eine Räterepublik nach russischem Vorbild ausgerufen.

Dennoch versuchte die Regierung der jungen Republik sozialpolitische Reformen durchzusetzen. Sie führte den Achtstundentag ein, Frauen bekamen zum ersten Mal in der deutschen Geschichte das aktive und passive Wahlrecht, und der neue Staat sicherte die Einhaltung der Grundrechte der Menschen zu. Marie Juchacz wurde 1919 in die Weimarer Nationalversammlung gewählt, die eine neue Verfassung erarbeiten sollte. Anschließend gehörte sie zwischen 1920 und 1933 ununterbrochen dem deutschen Reichstag an, wo sie sich um sozialpolitische Fragen ebenso kümmerte wie um die Stellung der Frauen in der Gesellschaft. Dabei konnte es ihr nicht entgehen, dass viele Arbeiterfamilien besonders stark unter Arbeitslosigkeit und wirtschaftlicher Not litten. Viele von ihnen hatten Väter und Brüder im Krieg verloren und standen vor schier unüberwindlichen Problemen.

In dieser Situation bat Marie Juchacz den Parteiausschuss der SPD, eine Unterorganisation gründen zu dürfen, die „Hauptausschuss für Arbeiterwohlfahrt" heißen sollte. Mit der Zustimmung zur Gründung dieser parteiinternen Untergruppe hob der Vorstand der SPD eine der größten und bedeutendsten sozialen Organisationen Deutschlands aus der Taufe, und Marie Juchacz machte sich sofort daran, ihre Idee mit Leben zu füllen. Sie organisierte für Arbeiterfamilien Hilfe bei der Bewältigung des Nachkriegsalltags. Es wurden Kinderkrippen eingerichtet und Mittagstische für Bedürftige, die sonst keine warme Mahlzeit bekommen konnten, organisiert. Sie ließ Werkstätten einrichten, in denen man Werkzeuge bekam, um sich selbst und, wenn es möglich war, anderen zu helfen.

1925 wurde die AWO – wie sie schnell genannt wurde – ein eingetragener Verein mit enger Anbindung an die SPD. Ein Jahr später konnte man die Arbeiterwohlfahrt auch am Zeitungskiosk finden mit einer eigenen Zeitschrift, die zweimal monatlich mit einer Auflage von 10 000 Exemplaren herauskam. Bei der Feier zum 10. Gründungstag wurde die Internationale Arbeiterwohlfahrt ins Leben gerufen. Sie organisierte Kinderaustauschprogramme und internationale Praktika für junge Arbeiterinnen und Arbeiter. Im September 1930 kam die NSDAP mit einer starken Fraktion in den deutschen Reichstag.

Marie Juchacz agitierte engagiert gegen sie, genauso wie sich die Arbeiterwohlfahrt gegen die Nationalsozialisten stellte. Nachdem sich die AWO nach der Machtübernahme durch die NSDAP am 30. Januar 1933 noch gegen die Gleichschaltung erfolgreich zur Wehr setzen konnte, wurde sie im selben Jahr verboten und aufgelöst. Das Vermögen und die Einrichtungen der AWO wurden konfisziert und dem NSDAP-Amt für Volkswohlfahrt zugeschlagen.

Für Marie Juchacz und viele Funktionäre der AWO war in Deutschland kein Platz mehr, sie mussten fliehen – zunächst nach Frankreich. Dort organisierten sie Hilfe für Flüchtlinge und Emigranten. Als im Sommer 1940 deutsche Truppen Frankreich überfielen und mehr als die Hälfte des Landes besetzten, floh Marie Juchacz weiter in den Süden des Landes, wo sie noch eine Zeit lang unter dem Schutz des Vichy-Regimes bleiben konnte. 1941 schließlich emigrierte sie in die USA. Auch im Exil blieb sie ihrer Aufgabe treu und organisierte Hilfe für Exilanten und Flüchtlinge, die Deutschland und Europa hatten verlassen müssen. Nach dem Ende des Krieges wurde der Hauptausschuss für Arbeiterwohlfahrt 1946 in Hannover wiedergegründet. Marie Juchacz kam erst 1949, kurz vor der Gründung der Bundesrepublik Deutschland, in ihre Heimat zurück und wurde Ehrenvorsitzende der neuen AWO.

LITERATUR:

Ursula Büttner: Weimar. Die überforderte Republik 1918–1933. Leistung und Versagen in Staat, Gesellschaft, Wirtschaft und Kultur. Stuttgart 2008

Lydia Struck: „Mir geht so vieles durch den Kopf und durchs Herz." Marie Juchacz. Briefe und Gedanken zum Neuanfang der AWO. Berlin 2014

Philipp Kufferath, Jürgen Mittag: Geschichte der Arbeiterwohlfahrt. Bonn 2019

QR – CODE:

KLEOPATRA WIRD ÄGYPTENS PHARAONIN – 51 V. CHR.

WIE DER MYTHOS UM EINE HERRSCHERIN ENTSTAND

Heute kennen wir sie als verführerisch, machthungrig und gerissen. Nach unzähligen Gedichten, Gemälden und Filmen bedient die letzte Pharaonin eigentlich nur noch weibliche Klischees zwischen Eyeliner und Eifersuchtsdrama. Dabei war Kleopatra VII. Philopator Realpolitikerin und Herrscherin eines der beeindruckendsten Reiche ihrer Zeit.
Geboren wird Kleopatra im Jahr 69 v. Chr. in der damaligen Weltstadt Alexandria, 300 000 Einwohner, gelegen an der ägyptischen Mittelmeerküste. Und ihr griechischer Beiname Philopator („vaterliebend") verrät schon viel über ihre Abstammung. Denn die letzte Pharaonin Ägyptens ist eigentlich Griechin – oder zumindest geprägt von griechischer, hellenistischer Kultur. Sie stammt aus der Familie der Ptolemäer, die bei ihrer Geburt schon bald 300 Jahre lang das Sagen haben in Ägypten. Ihr Stammvater und Namensgeber Ptolemaios I. kam allerdings mit kriegerischen Absichten in das Land am Nil, und zwar im Schlepptau von niemand anderem als Alexander dem Großen.
Ptolemaios I. ist einer der wichtigsten Generäle Alexanders. Gemeinsam schlagen sie 333 v. Chr. in der berühmten Schlacht von Issos den persischen König Dareios III. Dieser herrschte vorher über Ägypten, und mit seiner Niederlage fiel das Land nun also dem Großreich Alexanders zu. Nach Alexanders Tod stellte sich allerdings die Frage, wie das Reich weitergeführt oder ob es geteilt werden sollte. Und auch das musste blutig in den sogenannten Diadochenkriegen ausgefochten werden. Insgesamt sechs Mal bekriegten sich Alexanders engste Vertraute um die Vorherrschaft im östlichen Mittelmeerraum. Und

um es kurz zu fassen: Einer der Gewinner war Ptolemaios I., der nun als König unter dem alten ägyptischen Titel eines Pharaos über Ägypten herrschte. Die Herrschaft wurde unter den Ptolemäern an die Söhne, aber gelegentlich auch an die Töchter vererbt, die manchmal allein, manchmal als Co-Regentinnen mit ihren Brüdern herrschten.

So sollte es auch bei Kleopatra VII. Philopator der Fall sein: Ihr Vater verfügt kurz vor seinem Tod 51 v. Chr., dass sie ihm nachfolgen soll – allerdings gemeinsam mit ihrem jüngeren Bruder Ptolemaios XIII. Nicht nur das, beide sollen auch eine Geschwisterehe eingehen, nicht unüblich unter den Ptolemäern. Dabei ist der kleine Bruder erst zehn Jahre alt. Aber Kleopatra spielt nicht mit und versucht es als Alleinherrscherin. Wahrscheinlich befürchtet sie, nach altem Brauch dem jüngeren Bruder den Vorrang gestatten zu müssen. Da dieser aber eben erst zehn Jahre alt war, hätten seine Berater und Minister das Sagen gehabt. Stattdessen also inszeniert sie sich als Alleinherrscherin, lässt in Dokumenten nur ihren Namen niederschreiben, nur ihr Gesicht auf Münzen prägen und erscheint alleine ohne ihren Bruder bei Festen und Prozessionen.

Kleopatra herrscht über eines der wirtschaftlich wie kulturell reichsten Länder der Welt, hat aber keinen leichten Stand. Denn auf der einen Seite hat sie mit den Anhängern ihres Bruders zu kämpfen, auf der anderen Seite ist sie abhängig von den Römern. Das Imperium Romanum ist inzwischen das militärisch-politische Powerhouse im Mittelmeerraum, und auch Ägypten kann sich seinem Einfluss nicht länger entziehen. In Kleopatras Regentschaft fallen dann auch noch die großen römischen Bürgerkriege, und sie bekommt es mit einem historischen Feldherrn nach dem anderen zu tun: Zuerst kommt Pompeius, der Ägypten um Hilfe bittet, stattdessen aber an Ort und Stelle ermordet wird. Dann kommt der dankbare Caesar, der Ägypten in seine Ringecke holen will und zudem Kleopatra

die Chance bietet, wieder als Alleinherrscherin auf den Thron zu steigen. Beide gehen eine – politische wie auch romantische – Beziehung ein, aus der sogar ein Kind hervorgeht: Caesarion.
Nach Caesars Tod 44 v. Chr. flammt der römische Bürgerkrieg erneut auf, und dieses Mal geht Kleopatra eine – wieder politische und romantische – Beziehung ein, nun mit Marcus Antonius. Und zuletzt kommt Octavian: Erzfeind von Marcus Antonius um die römische Vorherrschaft, damit auch Erzfeind von Kleopatra, und später der erste römische Kaiser Augustus. Kaum landet Octavian 30 v. Chr. mit seinen Truppen an der ägyptischen Küste, stirbt die geschlagene Kleopatra unter ungeklärten Umständen. Die Legenden ihres Selbstmords durch Schlangengift oder den freiwilligen Sturz ihres Geliebten Marcus Antonius in die Klinge lassen wir mal unerzählt. Denn hier kommen wir zu einem ganz großen Problem der Geschichte Kleopatras: Vieles, was wir vermeintlich „wissen", stammt aus römischen Quellen der Zeit Octavians oder danach. Eine Zeit, in der Octavian zu Augustus wurde und gottgleich als erster römischer Kaiser verehrt wurde. Hier beginnt die lange Geschichte der Diffamierung Kleopatras: Einzig und allein durch Verführung, Sex und leere Versprechen habe sie die Männerwelt auf ihre Seite gezogen. Sie sei eitel, machthungrig und verschwenderisch gewesen. Und obendrein eine Ausländerin, Nicht-Römerin, die falsche Götter verehrte. Das waren auch Erzählungen, die im christlichen Mittelalter gut ankamen und die in einer von Männern dominierten Welt bis heute gut ankommen. Vieles davon finden wir jedenfalls heute noch in jedem x-beliebigen Hollywoodfilm oder Geschichtsroman wieder.
Viele der römischen Quellen sollte man also besser vergessen. Dann gibt es allerdings nur noch Indizien, die uns verraten, wer Kleopatra wirklich war. Ziemlich sicher hatte sie das handwerk-

liche Rüstzeug, eine effiziente Herrscherin zu sein: Sie hatte seit Kindheitstagen eine hellenistische Erziehung und Bildung genossen, hatte sich mit Philosophie, Architektur und Astronomie befasst; sie hatte am Königshof schon früh die Welt der Politik kennengelernt; und sie sprach neben Griechisch auch Hebräisch, Arabisch, Syrisch, Medisch, Parthisch und vor allem Ägyptisch. Sie soll die Erste aus dem Haus der Ptolemäer gewesen sein, die die Sprache der einfachen Leute auf den Feldern entlang des Nils beherrschte, während die Eliten in Alexandria nur Griechisch sprachen. Aber Kleopatra schaffte es nicht, die immer größer werdende Lücke zwischen dieser superreichen griechischen Elite und der verarmenden und häufig mit Hungersnöten kämpfenden Bevölkerung zu schließen. Sie wollte es wohl auch nicht. Denn gleichzeitig war es für sie selbstverständlich, als Pharaonin absolut zu herrschen, Konkurrenz mit Gewalt auszuschalten und sich auch als Göttin verehren zu lassen. Sie soll auch gegenüber Caesar ziemliches Unverständnis geäußert haben, dass er in Rom nur mit Zustimmung des Senats herrsche. Die Römer fürchteten deshalb ihren Einfluss und die Errichtung eines Königreichs nach hellenistisch-ptolemäischem Vorbild. Und ihre Verbindungen zu den Granden wie Caesar und Marcus Antonius lässt sich auch immer mit dem eigenen Machterhalt und der Stärkung Ägyptens und ihrer Dynastie erklären.

Unterm Strich war Kleopatra kein Kind von Traurigkeit und eine taktisch agierende, absolutistische Herrscherin. Aber sie war eben eine Herrscherin ihrer Zeit und unterschied sich in ihren Methoden nicht wesentlich von anderen Zeitgenossen – vor allem nicht von den vermeintlich großen Männern der Geschichte, mit denen sie sich teilweise direkt auseinandersetzen musste. Wenn wir heute also trotzdem noch am Klischee von Eifersucht und Eyeliner festhalten, sollten wir es besseren Wissens loslassen.

LITERATUR:

Christoph Schäfer: Kleopatra. Darmstadt 2006

Stacy Schiff: Kleopatra. Ein Leben. München 2013

Stefan Pfeiffer: Die Ptolemäer. Im Reich der Kleopatra. Stuttgart 2017

QR – CODE:

DIE ERFINDUNG DER KRIMINALTECHNISCHEN UNTERSUCHUNG – 1880

WIE ERNST GENNAT IN BERLIN MÖRDER JAGTE

Es gehört zum Geschäft der Kriminalpolizei, ihre Ermittlungen möglichst ohne öffentliche Begutachtung durchzuführen. Erst wenn ein Fall geklärt ist oder die Mithilfe der Bevölkerung notwendig erscheint, zeigen sich Ermittler in der Öffentlichkeit. In den 1920er-Jahren war das anders, da revolutionierte ein Mann die Berliner Polizei und war sich seiner öffentlichen Bedeutung durchaus bewusst: Ernst Gennat.

Geboren wird er am 1. Januar 1880 in Berlin-Plötzensee. Allein der Geburtsort und der Beruf seines Vaters August lassen ahnen, welchen Weg der junge Ernst Gennat eines Tages gehen würde. Vater August arbeitet als Oberinspektor im „Neuen Strafgefängnis" Plötzensee, ist jeden Tag mit der sozialen Misere vieler Gefangener konfrontiert und erzählt davon zu Hause in der Personalwohnung, die sich im Gefängnis befindet. Ernst Gennat macht das Abitur, studiert acht Semester Jura an der Berliner Friedrich-Wilhelms-Universität, bevor er im Sommer 1905 die Universität verlässt und in die Berliner Kriminalpolizei eintritt.

Ernst Gennat macht relativ schnell Kariere in der Berliner Polizei, legt die Kommissarsprüfung ebenfalls im Sommer 1905 ab und wird am 1. August zum Kriminalkommissar ernannt. Zu dieser Zeit gibt es keine Mordkommission, sondern nur Bereitschaftsdienste, die bei Tötungsdelikten Tag und Nacht zur Verfügung stehen. Gennat plädiert für die Einrichtung einer Kommission für Tötungsdelikte, in der sich Spezialisten um diese Schwerkriminalität kümmern sollen. Am 1. Januar 1926 ist es so weit. Der zum Kriminalrat beförderte Ernst Gennat übernimmt die Leitung der von ihm initiierten Mordkommission, darf sich

seine Mitarbeiter aussuchen und genießt vom ersten Tag an hohes Ansehen bei der Polizei und der Berliner Bevölkerung.
Er übt offene Kritik, wenn es notwendig ist, übernimmt Vorschläge von untergebenen Beamten und nimmt dafür auch Nachteile für den Verlauf seiner Karriere in Kauf. Aber seinem Ansehen schadet das nicht. Die Arbeit der Berliner Mordkommission findet auch im Ausland große Beachtung und Anerkennung. Diese Anerkennung basiert vor allem auf einer erstaunlichen Aufklärungsquote. 1931 konnte seine Mordkommission knapp 95 Prozent aller 114 Tötungsdelikte aufklären. Insgesamt soll ihm während seiner 33 Dienstjahre die Aufklärung von 298 Morden gelungen sein.
Möglich werden diese Erfolge durch Gennats akribische Vorgehensweise. Er ordnet an, dass am Tatort die Spuren des Verbrechens gesichert werden müssen. Polizisten dürfen nicht mehr – wie es vorher üblich war – den Tatort „aufräumen" und die Leichen pietätvoll betten. Er führt eine zentrale Datei ein, durch welche die Mordfälle in Berlin und anderswo miteinander verglichen werden können. Zum ersten Mal taucht der Begriff des Serienmörders auf, als sich herausstellt, dass mehrere Morde nach demselben Muster durchgeführt worden waren. Die zur Aufklärung eines Mordes notwendigen Utensilien führt er in einem eigens für ihn konstruierten „Mordauto" immer mit sich: Scheinwerfer, Taschenlampen, Äxte und Spaten sowie Gummihandschuhe, Pipetten oder Fläschchen zur Aufbewahrung von Flüssigkeiten.
Ernst Gennat hat eine Vorliebe für Kuchen, was sein Körpergewicht auf stattliche 130 Kilo hochgehen lässt. Sein Auto muss auf der Beifahrerseite verstärkt werden, ansonsten wäre es fahruntüchtig gewesen. Das „Mordauto" ist eine Attraktion im Berliner Straßenverkehr, es ist ein rollendes Büro mit einem ausklappbaren Schreibtisch und einer Art Campingausrüstung für Ermittlungen im Freien. Ebenso wie das „Mordauto" ist sein

Büro eine besondere Sehenswürdigkeit. Es ist wie ein Wohnzimmer mit Plüschsofa und -sesseln eingerichtet, ein sorgsam präparierter Frauenkopf, der einst aus der Spree gezogen worden ist, blickt die Besucher unverhohlen an. Gennats Mitarbeiter haben den Kopf zum Zigarettenspender umfunktioniert. Der ständig rauchende Gennat hat überdies sein Büro in eine mit Fotografien von Ermordeten ausstaffierte vergilbte Bude verwandelt, die von Regina Stürikow als Mischung aus „Wohnzimmer und Gruselkabinett“ beschrieben worden ist.

Ernst Gennat ist nicht nur ein erfolgreicher Ermittler, sondern in der Weimarer Republik auch ein Medienstar. Seine Mordermittlungen finden Niederschlag in der Berliner Presse, er gilt als Prominenz und gehört zur Hautevolee der pulsierenden Stadt an der Spree. Seine Arbeit und sein Können waren Vorlagen für Romane, Verfilmungen und Fernsehspiele. Berühmte Autoren, die in seinem Wirken Stoff für ein Buch oder einen Film sahen, gaben sich die Klinke seiner Bürotür in die Hand: Heinrich Mann, Charlie Chaplin oder Edgar Wallace. Auf Ernst Gennat geht die erste öffentliche Fernsehfahndung nach einem Taximörder zurück und schließlich steht er Pate für den ersten deutschen Fernsehkommissar in Fritz Langs Film *M*.

Er war der erste Mordermittler, der sich in die Gedankenwelt der Täter hineinversetzen konnte, was ihn zum Profiling und zur Erstellung eines Täterprofils befähigte. Er wies seine Mitarbeiter an, systematisch Spuren zu sichern und zu archivieren und sie nach naturwissenschaftlichen Methoden zu untersuchen, was als Beginn der „kriminaltechnischen Untersuchung“ gilt. Seine Kolleginnen – von denen die ersten unter seiner Amtszeit bei der Berliner Polizei eingestellt wurden – und Kollegen nannten ihn wegen seiner imposanten Körperfülle ebenso ehrfurchtsvoll wie augenzwinkernd „Buddha“. Ernst Gennat ist 1939 in Berlin verstorben.

LITERATUR:

Hsi-Huey Liang: Die Berliner Polizei in der Weimarer Republik. Berlin, New York 1977

Regina Stürickow: Der Kommissar vom Alexanderplatz. Berlin 2000

Nathalie Boegel: Berlin – Hauptstadt des Verbrechens. Die dunkle Seite der Goldenen Zwanziger. München 2018

QR – CODE:

DIE ATOMBOMBENABWÜRFE ÜBER HIROSHIMA UND NAGASAKI – 1945

WIE ZWEI BOMBEN EINEN KRIEG BEENDETEN UND DIE WELT ERSCHRECKTEN

Jedes Jahr am 6. August um 8.15 Uhr wird in Hiroshima die Friedensglocke geläutet. Dazu gibt es eine kleine Gedenkzeremonie, in der an die Opfer des Abwurfs von „Little Boy“ erinnert wird. Außerdem ruft der Bürgermeister zur Abschaffung von Atomwaffen auf. Die Menschen in Hiroshima wissen, wovon sie sprechen und wofür sie eintreten, denn „Little Boy“ war eine der beiden US-amerikanischen Atombomben, die 1945 Japan trafen. Die andere hieß „Fat Man“ und wurde drei Tage später über Nagasaki abgeworfen. Am 2. September 1945 kapitulierte Japan, der Zweite Weltkrieg war damit auch im pazifischen Raum beendet. Mit den Folgen dieser beiden Atombombenabwürfe muss die Welt bis heute leben.

Neben dem Kampfgeschehen in Europa gab es im Zweiten Weltkrieg noch einen weiteren Kriegsschauplatz: den Pazifik. Im November 1936 schlossen das Deutsche Reich und Japan den Antikominternpakt. Darin vereinbarten beide Seiten, die Kommunistische Internationale gemeinsam zu bekämpfen. Mit der Komintern hatte der sowjetische Machthaber Stalin ein Instrument in der Hand, die kommunistischen Parteien aller Länder in einer gemeinsamen Organisation zu steuern und – falls notwendig – in einem Krieg für die Sowjetunion einzusetzen.

Dieses Bündnis zu stören oder gar zu sprengen, war Absicht und Ziel des Antikominternpaktes, dem später das faschistische Italien sowie die mit Deutschland kooperierenden oder besetzten Länder Rumänien, Bulgarien, Finnland, Kroatien, Dänemark, die Slowakei und Nanjing-China beitraten.

Die USA waren in den ersten beiden Kriegsjahren neutral, unterstützten aber China mit diplomatischen Mitteln. Da China und Japan seit dem Sommer 1937 Krieg führten, löste die amerikanische Unterstützung für den chinesischen Kriegsgegner in der japanischen Regierung die Überlegung aus, gegen die USA militärische Aktionen zu starten. Am 7. Dezember 1941 kam es zu einem Überraschungsangriff auf den Hafen von Pearl Harbour auf Hawaii, bei dem ein Großteil der US-Pazifikflotte zerstört wurde. Einen Tag nach diesem für die United States Navy verheerenden Angriff erklärten die USA Japan den Krieg. Daraufhin folgte die Kriegserklärung der Verbündeten Japans, Deutschland und Italien, an die USA. Auch wenn es auf den ersten Blick nicht so schien, aber dieser 8. Dezember 1941 war einer der Wendepunkte des Zweiten Weltkriegs, denn die amerikanische Wirtschaftskraft brachte den Alliierten bald danach ein entscheidendes Übergewicht.
Schon vorher waren in den USA die Forschungsarbeiten an einer Atombombe gestartet. Seit 1939 liefen die Arbeiten in einem streng geheimen „Manhattan-Projekt“. Benannt nach dem Stadtteil in New York, wo das Büro des Projekts untergebracht war, sollten Wissenschaftler an der Herstellung einer Atombombe forschen. Amerikanische Geheimdienste gingen davon aus, dass Deutschland bereits große Fortschritte in seinem Uranprojekt gemacht habe. Auch deutsche Forscher versuchten die Kernkraft militärisch nutzbar zu machen. Aber die Amerikaner waren schneller und vor allem erfolgreicher: Am 16. Juli 1945 fand der erste erfolgreiche Test im Süden von New Mexico statt und er war erfolgreich. Deshalb befahl der US-Präsident Harry Truman, die Bombe einsatzbereit zu machen.
Am 6. August 1945 startet der US-amerikanische Pilot Robert Lewis um 2.45 Uhr auf der Pazifikinsel Tinian seinen B-29-Bomber Enola Gay. Sein Ziel: Hiroshima, die japanische Hafenstadt im Südwesten der Insel Honshu. An Bord seiner Maschine ist

„Little Boy", eine drei Meter lange und vier Tonnen schwere Uranbombe. Um 8.14 Uhr klinkt der Bombenschütze der Enola Gay die Bombe knapp zehn Kilometer über der Stadt aus. Kurz darauf detoniert sie 570 Meter über der Stadt. Die Sprengkraft von 13 000 Tonnen TNT fällt auf die Bewohner Hiroshimas. Etwa neunzig Prozent der Häuser werden sofort zerstört. Zwischen 90 000 und 120 000 Menschen der schätzungsweise 300 000 Einwohner werden sofort getötet oder erliegen kurz danach ihren Verletzungen. Weil sich im Zentrum der Detonation für den Bruchteil einer Sekunde eine Hitze von 6000 Grad Celsius entwickelt hat, zerfallen die Menschen teilweise zu Staub, der Asphalt auf den Straßen platzt auf. Die Stadt gleicht einer Trümmerwüste.
Trotz dieser Katastrophe kapituliert Japan weiterhin nicht. Das liegt wohl auch daran, dass der Regierung in Tokio gar nicht klar ist, was in Hiroshima passiert ist. Alle Telefonverbindungen sind unterbrochen. Erst Stunden später melden Militärstützpunkte in Hiroshimas Umgebung eine gewaltige Explosion mit unbekannter Ursache. Es wird davon ausgegangen, dass ein großes Munitionslager explodiert sei.
Als auch eine weitere Kapitulationsaufforderung der Amerikaner keinen Erfolg bringt, entscheidet die US-Regierung, eine zweite Atombombe einzusetzen. Ziel ist Kokura, eine alte Festungsstadt mit viel Rüstungsindustrie. Am 9. August 1945 soll hier die zweite Bombe detonieren. „Fat Man" ist eine Plutoniumbombe mit einer Sprengkraft von 22 000 Tonnen TNT. Sie wird von der Besatzung der Bockscar aber nicht über Kokura abgeworfen, weil die Sicht zu schlecht ist, sondern über dem etwas mehr als 100 Kilometer entfernten Ausweichziel Nagasaki. Zwischen 60 000 und 80 000 Menschen sterben.
Am 15. August 1945 hält Kaiser Hirohito eine Rede. Über den Hörfunk gibt er die Kapitulation Japans bekannt. Für viele Japaner ist es das erste Mal, dass sie die Stimme ihres Kaisers hö-

ren, als er sagt: „Der Feind hat jüngst eine unmenschliche Waffe eingesetzt und unserem unschuldigen Volk schlimme Wunden zugefügt. Die Verwüstung hat unberechenbare Dimensionen erreicht. Den Krieg unter diesen Umständen fortzusetzen, würde nicht nur zur völligen Vernichtung unserer Nation führen, sondern zur Zerstörung der menschlichen Zivilisation ... Deshalb haben wir angeordnet, die gemeinsame Erklärung der Mächte anzunehmen." Der Zweite Weltkrieg ist beendet, auch im Pazifik. 1946 verabschiedete Japan seine neue Verfassung, in der sich das Land verpflichtet, nie mehr Krieg zu führen. Die Hunderttausenden Überlebenden haben bis heute mit den Folgen der Angriffe zu kämpfen. Ob die Strahlung auch Einfluss auf nachkommende Generationen hat, wird unter anderem von der US-amerikanisch-japanischen Radiation Effects Research Foundation untersucht. Bisher wurden dafür von dem Forschungsinstitut keine stichhaltigen Anhaltspunkte gefunden.

LITERATUR:

Florian Coulmas: Hiroshima. Geschichte und Nachgeschichte. München 2010

Klaus Scherer: Nagasaki. Der Mythos der entscheidenden Bombe. Berlin 2015

Kerry Drewery: Der letzte Papierkranich. Eine Geschichte aus Hiroshima. Hamburg 2020

Laurent-Frédéric Bollée Alcante: Die Bombe. 75 Jahre Hiroshima. Die Entwicklung der Atombombe. Hamburg 2020

QR – CODE:

DIE ERMORDUNG VON MALCOLM X – 1965

WIE DER SCHWARZE BÜRGERRECHTLER DURCH 21 SCHÜSSE HINGERICHTET WURDE

Anfang der 1960er-Jahre haben zwei Männer die afroamerikanische Bürgerrechtsbewegung angeführt: Martin Luther King auf der einen Seite und Malcolm X auf der anderen. King war der „Gute", er war strenggläubiger Christ, kam aus gutem Hause und trat für Gewaltverzicht ein. Der als Malcolm Little geborene Malcolm X dagegen war der „Bad Boy": aus armen Verhältnissen kommend, zeitweise drogenabhängig, kleinkriminell, verurteilt. Im Gefängnis hatte er eine Gruppe schwarzer Nationalisten kennengelernt und war zum Islam konvertiert. Und er war gegen Gewaltverzicht: „By any means necessary" wurde sein Motto: „Was auch immer nötig sei, um sich selbst zu verteidigen", so sollten Afroamerikaner verfahren. Aber Malcolm X war auch ein Mensch, der sich immer und immer wieder wandelte, der neue Eindrücke, neue Erfahrungen in seine Überzeugungen aufnahm und der sich nicht zu schade war, zuzugeben, wenn er sich mal hat blenden lassen.
Geboren wurde er am 19. Mai 1925 in Omaha, Nebraska. Seine sechs Geschwister und er wuchsen in einem politisch engagierten Haushalt auf. Sein Vater Earl war Baptistenprediger – wie der Vater von Martin Luther King. Vater Earl und seine Frau Louise setzten sich bei der Universal Negro Improvement Association (UNIA) für die Rechte von Schwarzen ein. 1931 wurde Earl von einer Straßenbahn überfahren. Er starb an seinen Verletzungen – ob es Mord oder ein Unfall war, ist bis heute nicht geklärt. Danach lebte die Familie in Armut. Malcoms Mutter konnte den Tod ihres Mannes nicht verwinden, erlitt einige Jahre später einen Nervenzusammenbruch und wurde in eine psychiatrische Anstalt eingewiesen. Malcom Little wuchs an-

schließend bei einer Pflegefamilie auf und machte den High-school-Abschluss.
Eigentlich wollte er studieren. Aber die Rassendiskriminierung in den USA verweigerte ihm den Hochschulzugang. Als Schwarzer war er Bürger zweiter Klasse und von vielen Rechten ausgeschlossen, die Weißen gewährt wurden. Er zog zu seiner Schwester nach Boston, wo er ins kriminelle Milieu geriet. 1946 wurde er unter anderem wegen Drogenhandels und Einbrüchen zu zehn Jahren Haft verurteilt. Die Zeit im Gefängnis nutzte er, um sich weiterzubilden, unter anderem in Rhetorik, Geschichte und Philosophie. In dieser Zeit lernte er auch die Nation of Islam kennen, der er sich 1948 anschloss. Gleichzeitig konvertierte er zum Islam. Die Nation of Islam war eine religiöse Gemeinschaft, die die Überlegenheit der Schwarzen propagierte. Anstatt einen typischen islamischen Namen anzunehmen, tauschte er – wie alle Mitglieder der Nation of Islam – seinen Nachnamen gegen ein X. So wurde aus Malcolm Little „Malcom X“. Das X stand als Symbol für den wahren afrikanischen Familiennamen, den viele Afrikaner, nachdem sie Sklaven geworden waren, nicht mehr tragen durften.
Nach einer vorzeitigen Haftentlassung zog er 1952 nach Detroit und wurde dort zu einem engen Vertrauten von Elijah Muhammad, dem Anführer der Nation of Islam. Die Historikerin Britta Waldschmidt-Nelson sieht in diesem Werdegang den Grund dafür, dass King und X so unterschiedliche Ansätze in der schwarzen Bürgerrechtsbewegung hatten. Anders als Martin Luther King glaubte Malcom X nicht daran, dass eine friedliche Integration der schwarzen Bevölkerung in die amerikanische Gesellschaft möglich sei. Die Nation of Islam propagierte stattdessen, dass die Schwarzen sich von den weißen Amerikanern separieren sollten. Das war nach Auffassung der Nation of Islam nur möglich durch die massenhafte Auswanderung nach Afrika oder durch die Gründung eines eigenen

schwarzen Staates in Amerika. Malcom X ließ keinen Zweifel daran, dass 400 Jahre Herrschaft der Weißen gezeigt hätten, dass sie zu keinerlei Kompromissen bereit seien.
Je größer die Nation of Islam wurde, desto schlechter wurde das Verhältnis zwischen Elijah Muhammad und Malcom X. Muhammad und seine Familie wurden immer reicher, Vorwürfe über Korruption, Bereicherung und außereheliche Affären wurden lauter. Während Malcolm X sich innerlich von seinem einstigen Vorbild abwendete, missfiel Muhammad, dass Malcolms Person in der Öffentlichkeit immer stärker in den Vordergrund rückte. 1964 kam es schließlich zum endgültigen Bruch, Malcom X wurde aus der Nation of Islam ausgeschlossen. Der gründete kurz danach die Organisation Afro-Amerikanischer Einheit und bemühte sich um eine Annäherung an die Bürgerrechtsbewegung um Martin Luther King.
Am 21. Februar 1965 hält Malcom X eine Rede im New Yorker Audubon Theatre. In den Wochen zuvor hatte es immer wieder Morddrohungen gegen ihn gegeben, deshalb steht er unter Polizeischutz. Als zwei Zuhörer sich zu streiten beginnen, wollen seine Bodyguards schlichten, sie gehen ins Publikum und lassen Malcolm X allein auf der Bühne zurück. In diesem Moment schießen drei Männer auf ihn, einer mit einer abgesägten Schrotflinte. Er erleidet 21 Schusswunden in Brust, Schultern, Arme, Beine und Gesicht. Einige seiner Anhänger bringen ihn noch ins gegenüber liegende Presbyterian Medical Center, aber es ist zu spät: Kugeln haben sein Herz und seine Aorta zerstört.
Zwei der Schützen können fliehen, auch die Störenfriede entkommen unerkannt. Nur einer von ihnen kann nach einem kurzen Schusswechsel festgenommen werden: Talmadge Hayer oder bürgerlich: Thomas Hagan. Der ist Mitglied der Nation of Islam, und schnell verdichten sich die Hinweise, dass Elijah Muhammad als Auftraggeber hinter dem Mord steckt.

Die Hintergründe werden allerdings nie aufgeklärt, weil Hagan bis zum heutigen Tage schweigt. Deshalb ist der Täter nicht ermittelt worden und deshalb gibt es keinen offiziell Schuldigen für den Mord an Malcolm X.

LITERATUR:

Malcom X, Alex Haley: The Autobiography of Malcolm X. New York 1987

Britta Waldschmidt-Nelson: Malcolm X. Der schwarze Revolutionär. München 2015

Farid Hafez: Mein Name ist Malcolm X. Das Leben eines Revolutionärs. Islamabad 2015

QR – CODE:

DIE JUGENDUNRUHEN VON ZÜRICH – 1980

WIE „ZÜRI" WEGEN EINES AUTONOMEN JUGENDZENTRUMS BRANNTE

Heute demonstrieren viele Schüler und Studenten für eine bessere Klimapolitik oder für eine transparentere Europäische Union. Das gehört zum Alltag in Deutschland. Manche regen sich darüber auf, andere unterstützen die Ziele, für die demonstriert wird, solange die Proteste friedlich verlaufen. In der ansonsten eher für Beschaulichkeit bekannten Schweiz ist 1980 allerdings ein Jugendprotest derart aus dem Ruder gelaufen, dass er bis heute in Erinnerung geblieben ist.

Es ist der 30. Mai 1980. Dieser Tag sollte Zürich und die Schweiz nachhaltig verändern. Der Reggae-Sänger Bob Marley hat sich angesagt und Fans aus der gesamten Schweiz nach Zürich gelockt. Das Konzert ist ausverkauft, das Publikum begeistert und viele Besucher haben Haschisch konsumiert. Am Ende strömen sie zu den Ausgängen und treffen vor dem Opernhaus auf eine große Menge Demonstranten, die vehement ein autonomes Jugendzentrum (AJZ) fordern. Seit Monaten steht diese Forderung im Raum, aber der Stadtrat verweigert seine Zustimmung. Die Krawalle des 30. Mai 1980 sind nicht die ersten, die wegen der Einrichtung eines Jugendzentrums in Zürich stattfinden.

Bereits 1968 hatten Jugendliche gefordert, die leerstehenden Gebäude des Warenhauses Globus zu einem AJZ umzubauen. Aber die Stadt entschied sich für eine lukrative Weitervermietung des Objekts. Den mit brutaler Polizeigewalt niedergeschlagenen Protesten gingen zwei Ereignisse voraus, die auf eine erhöhte Gewaltbereitschaft sowohl bei den Jugendlichen als auch bei der Polizei schließen ließen. Am 14. April 1967 gastierten die Rolling Stones in Zürich, und am 31. Mai 1968 stattete Jimi Hendrix Zürich seinen Besuch ab. Beide Konzerte endeten mit Krawallen und einem massiven Einschreiten der Polizei, besonders am 31. Mai 1968 ließen die Demonstranten ihrem Zorn über die Entscheidung des Stadtrates gegenüber der Polizei freien Lauf. Etwa 2000 Demonstranten standen der Polizei gegenüber, die nach kurzer Zeit mit Wasserwerfern und Gummiknüppeln vorging, nachdem einige von ihnen mit Steinen beworfen worden waren. Am Ende waren mehr als vierzig Personen verletzt, knapp 170 wurden festgenommen. In der Untersuchungshaft soll es zu gewalttätigen Übergriffen der Polizisten gekommen sein.

An diese Ereignisse erinnert das Geschehen am 30. Mai 1980 in Zürich. Wieder geht es um die nicht erfüllte Forderung der Jugendlichen nach einem AJZ, wieder hat ein Konzert viele Menschen in die Stadt gelockt, und wieder geht die Polizei mit drastischen Mitteln gegen die Demonstranten vor. Nun aber ist die Stimmung besonders aufgeladen, weil der Stadtrat für die Modernisierung der Oper sechzig Millionen Franken locker gemacht hat. Für die Jugendlichen ist das eine ungerechte Verteilung der Kulturausgaben, die immer nur in die traditionelle Kultur investiert und Neuerungen von finanzieller Unterstützung ausschließt. Dieses Missverhältnis soll nun beendet werden. Da Hausbesetzungen und friedliche Demonstrationen bisher nichts gebracht haben, schlägt die Wut an diesem Abend in Gewalt um.

Die Demonstranten bauen Barrikaden in der Züricher Innenstadt direkt vor der Oper, kurz darauf beginnen einige davon zu brennen und verwandeln den Opernplatz in eine gespenstische Szenerie. Dann gehen einige Autos in den Flammen auf, die ersten Steine fliegen in Richtung der zahlreich erschienenen Polizisten. Die Beamten werden massiv angegriffen

und wehren sich mit Wasserwerfern, Tränengas und Gummigeschossen. Sie treiben Demonstranten in einer wilden Jagd durch die Straßen der Züricher Altstadt. Die Proteste weiten sich zu einer regelrechten Straßenschlacht aus, die die ganze Nacht andauert und kurz vor Mitternacht einen makabren Höhepunkt erreicht. Eine junge Frau übergießt sich mit Benzin, zündet sich selbst an und stirbt wenig später an ihren Verbrennungen. Die Unruhen ebben auch in den nächsten Tagen nicht ab. Immer wieder kommt es in der Stadt zu Ausschreitungen und Polizeieinsätzen. Es gibt Verletzte auf beiden Seiten, der Sachschaden beträgt mehrere Millionen Franken.
Einen Monat später gibt der Stadtrat nach. Er stellt den Jugendlichen ein baufälliges Haus in der Nähe des Hauptbahnhofs zur Verfügung, das in Eigenregie aus- und umgebaut werden darf. Die Jugendlichen engagieren sich und renovieren das Haus nach ihren Vorstellungen. Aber bald werden die bunten Partys mit lauter Musik, schrägen Gestalten und starkem Drogenkonsum zum Streitpunkt mit Polizei und Anwohnern. In der Bevölkerung haben die Jugendlichen keinen Rückhalt mehr, nach einer Razzia wird das AJZ drei Monate nach der Eröffnung wieder geschlossen. Die Reaktionen lassen nicht lange auf sich warten. Wochenlang gibt es Demonstrationen mit Straßenschlachten, Verhaftungen und endlosen Diskussionen mit den Züricher Bürgern und der Stadtverwaltung. Am Ende gibt es einen Kompromiss. Im Oktober 1980 wird das Kulturzentrum Rote Fabrik ins Leben gerufen, das bis heute existiert. Es ist allerdings kein autonomes Jugendzentrum, wie es ursprünglich gefordert worden war, sondern ein von der Stadt subventioniertes Kulturzentrum, das freie Theatergruppen ebenso beherbergt wie eine Schule für Kunst und Design oder eine Filiale von „Dock 18“ – dem Institut für Medienkulturen der Welt.

LITERATUR:

Christoph Braendle, Reto Hänny, Alain Marendaz: Zür(e)ich brennt. Zürich 2010

Volker Reinhardt: Die Geschichte der Schweiz. Von den Anfängen bis heute. München 2011

Peter K. Bichsel, Silvan Lerch (Hrsg.): Autonomie auf A4. Wie die Zürcher Jugendbewegung Zeichen setzte. Flugblätter 1979–82. Zürich 2017

Demian Lienhard: Ich bin die, vor der mich meine Mutter gewarnt hat. Frankfurt am Main 2019

QR – CODE:

DER AMERIKANISCHE SEZESSIONS-KRIEG – 1865

WIE DIE SKLAVEREI EIN LAND TEILTE

Heute kennen wir auf der ganzen Welt den Satz: „Black Lives Matter“. Ihren Anfang hatte die Bewegung nach dem Mord am schwarzen US-Amerikaner George Floyd – ermordet von einem weißen Polizisten. Danach wurde viel versucht und unternommen, aber trotzdem sitzt der Hass tief. Woher er stammt, können wir jedes Mal sehen, wenn irgendwo in den USA eine Konföderierten-Flagge ausgerollt wird.

Washington D. C., 1. Januar 1863: „Ich, Abraham Lincoln, Präsident der Vereinigten Staaten, erkläre hiermit alle Menschen, die als Sklaven gehalten werden, für frei!“ Lincoln startet mit einem Paukenschlag ins neue Jahr. In seiner berühmten „Emanzipationsproklamation“, schon einige Monate zuvor erstmals verlesen und hier ausschnittsweise zitiert, erklärt er nicht nur alle Sklaven der Südstaaten für frei – nein, er lädt sie auch noch ein, zu den Waffen zu greifen und auf der Seite der Nordstaaten in den Krieg zu ziehen. In den amerikanischen Sezessionskrieg, in dem die USA an der Sklaverei zu zerbrechen drohen.

Sklaverei gab es in den USA von Anfang an, seit ihrer Unabhängigkeitserklärung 1776. In der ersten gemeinsamen Verfassung wurde dann geregelt, dass die Sklaverei nur dort, wo es sie schon zuvor gab, rechtlich geschützt blieb. Das betraf vor allem den agrarisch geprägten Süden, wo Sklavinnen und Sklaven die riesigen Plantagen mit Zuckerrohr, Tabak und Baumwolle bewirtschaften mussten. Die Staaten im Norden argumentierten aber schon lange, dass die Sklaverei und die Brutalität, mit der sie durchgesetzt wurde, gegen die Prinzipien Amerikas und gegen grundlegende Bürger- und Freiheitsrechte verstießen. Immer, wenn neue Bundesstaaten dazukamen, zum Beispiel 1820 Missouri und Maine oder 1850 Kalifornien, flammte dieser Streit neu auf, aber jedes Mal wurden politische Kompromisse und eine neue Balance gefunden. In den 1850ern wurde aber langsam klar: Im Süden würde nur noch ein Bundesstaat mit Sklaverei dazukommen können, während im Norden schon drei Staaten ohne Sklaverei in der Warteschlange standen.

Die Südstaaten argumentierten, sollte es zu einer Abschaffung der Sklaverei kommen, würden Bundesgesetze gegen das Recht der Einzelstaaten verstoßen – was ihnen wiederum das Recht zur Sezession gäbe, also zur Abspaltung. Politisch betrachtet kann man sagen, dass die USA bis dahin eine ganz entscheidende Frage nicht geklärt hatten: Sind sie ein loser Staatenbund, aus dem man auch wieder aussteigen kann, oder ein fester Bundesstaat?

Das Problem wird sehr deutlich bei den Präsidentschaftswahlen 1860, die Abraham Lincoln gewinnt. Er ist zu diesem Zeitpunkt – wie die Mehrheit der Amerikaner – zwar kein bekennender Abolitionist, also Fürsprecher der Abschaffung der Sklaverei, aber er pocht auf die Einhaltung der Verfassung und auf den Zusammenhalt der Union. Nachdem er die Wahl gewinnt, geht alles ganz schnell: Die sechs wichtigsten und größten Südstaaten erklären sich als Konföderierte Staaten für unabhängig und starten im April 1861 den Angriff auf ein Militärfort, um alle Bundestruppen aus ihrem Gebiet zu vertreiben. Folgt man den Quellen der damaligen Zeit, scheint niemand so recht gewusst zu haben, was auf das Land zukommt – nämlich ein brutaler, verlustreicher und industriell geführter Krieg, der das Land schwer traumatisiert. Es ist ein „totaler Krieg“, denn es wird an vielen Stellen auch vor der Bevölkerung und zivilen Strukturen kein Halt gemacht. „Wir kämpfen nicht nur gegen Armeen, sondern auch gegen ein feindseliges Volk“, schreibt der Nordstaaten-General William T. Sherman. „Wir müssen die

Alten und die Jungen, die Armen wie die Reichen, die harte Hand des Krieges genauso spüren lassen wie ihre Armeen."
1863, als Lincoln alle Sklaven für frei erklärt, schließen sich etwa 200 000 von ihnen dem Norden an, der langsam die Oberhand gewinnt. Der Süden hat nicht einmal halb so viele Einwohner wie der Norden, die Hälfte der Bevölkerung sind Sklaven. Industriell und rüstungstechnisch kann der Süden ebenfalls nicht mithalten. Robert E. Lee, Oberbefehlshaber der Konföderierten-Truppen, verliert im Frühjahr 1865 eine letzte entscheidende Schlacht und erklärt am 9. April die Kapitulation. Auch wenn es den nächsten Wochen noch weitere Gefechte gibt, gilt diese Kapitulation als Ende des Bürgerkriegs. Lincoln selbst sollte davon gerade noch erfahren, aber nie sehen, wie die Geschichte ausging: Am 14. April wird er Opfer eines Attentats und stirbt einen Tag später in Washington D. C. Insgesamt sterben im Sezessionskrieg mehr Amerikaner als in jedem anderen Krieg, an dem die USA je teilgenommen haben. 560 000 Menschen kommen ums Leben.

Die USA waren nun ein neues Land mit alten Problemen: Politisch war festgezurrt worden, dass die USA ein Bundesstaat sind und zusammenbleiben. Zusammen, aber immer noch gespalten, denn die Südstaaten empfanden ihre Niederlage als ungerecht, und bis heute heißt es im Süden, man hätte „for the cause" gekämpft, also „um die Sache". Und alle Schwarzen in den USA waren mit einem Mal frei, aber mussten weiter unter staatlicher Diskriminierung und Rassismus leiden. Manche Historiker sagen sogar, dass der Rassismus in der breiten Bevölkerung der USA erst nach Abschaffung der Sklaverei richtig Fuß gefasst habe. Denn nun habe man eine Erklärung benötigt, warum auch der einfache weiße Arbeiter immer noch über dem schwarzen stand.

Und mit weißem Überlegenheitsdenken, „White Supremacy", haben die USA bis heute zu kämpfen. Jedem schwarzen Präsidenten oder jeder schwarzen Vize-Präsidentin steht ein George Floyd entgegen, der von einem Polizisten mit dem Knie im Nacken erdrosselt wurde. Oder eine Breanna Taylor, die mitten in der Nacht von Beamten in Zivil in ihrer eigenen Wohnung erschossen wurde. Ihre Schicksale machten den Satz „Black Lives Matter" weltbekannt.

LITERATUR:

Ronald D. Gerste: Abraham Lincoln. Begründer des modernen Amerika. Regensburg 2008

Michael Hochgeschwender: Der Amerikanische Bürgerkrieg. München 2010

Manfred Berg: Geschichte der USA. München 2013

QR – CODE:

ADAM SMITH UND „DER WOHLSTAND DER NATIONEN“ – 1790

WIE DIE FREIE MARKTWIRTSCHAFT AUFGESCHRIEBEN WURDE

Heute kommt keiner mehr auf die Idee, alles im Alleingang zu machen. Egal ob ein Auto, ein Haus oder ein Smartphone, alles wird in Arbeitsteilung zusammengesetzt, jede noch so kleine Aufgabe liegt in Händen der jeweiligen Fachleute. Für uns heute selbstverständlich, im 18. Jahrhundert aber eine von vielen neuen Ideen, mit denen ein schottischer Philosoph die Welt verändern sollte.

Kirkcaldy, Schottland 1723: In dem überschaubaren, aber geschäftigen Hafenstädtchen bringt Margaret Smith einen kleinen Jungen zur Welt. Sie nennt ihn Adam, nach seinem Vater, der zwei Monate zuvor verstorben war. Allerdings wird Adam Smith bei seiner alleinerziehenden Mutter in guten Verhältnissen groß, er besucht eine ausgezeichnete Schule und wächst heran mit dem Blick auf den großen, von aller Welt angesteuerten Hafen von Edinburgh, der direkt gegenüber von Kirkcaldy liegt. Es ist das Zeitalter der Industrialisierung, und was ihn schon immer beeindruckt, ist die Arbeit, die an den Docks und in den Fabriken verrichtet wird. Natürlich anstrengend, heftig und manchmal grobschlächtig, aber immer effizient, kraftvoll und produktiv.

Was ihn weniger beeindruckt, ist, was aus dieser Arbeit gemacht wird. Die vorherrschende Wirtschaftslehre seiner Zeit ist der Merkantilismus. Das hier ist natürlich kein Standardwerk für VWL, aber wir versuchen es in groben Zügen: Die Monarchen steuern von oben eine Volkswirtschaft, die vor allem darauf aus ist, Überschüsse zu erzielen, um stehende Heere,

Flotten, Krieg und einen immer größer werdenden Staatsapparat zu finanzieren. Ach ja, das ein oder andere Schloss muss davon auch noch gebaut werden – Versailles lässt grüßen. Klassische Werkzeuge für eine solche Wirtschaft sind Import- und Exportbeschränkungen, Schutzzölle, Produktionsvorgaben und Preisdiktate. „Einen Landwirt daran zu hindern, seine Erzeugnisse jederzeit auf den günstigsten Markt zu bringen“, kommentiert Smith, „heißt augenscheinlich außerdem, das allgemeingültige Gesetz der Gerechtigkeit einer Idee der Staatsraison zu opfern.“ Smith entwickelt die Gegentheorie des freien Marktes und veröffentlicht 1776 sein Mammutwerk *Der Wohlstand der Nationen*.

Dass Smith mit Blick auf eine Volkswirtschaft den Begriff „Gerechtigkeit“ verwendet, lässt tief blicken: Nach seiner schulischen Ausbildung studierte er später in Glasgow und Oxford und wurde schließlich Professor für Logik. Heute würde an seiner Bürotür Lehrstuhl für Philosophie und Erkenntnistheorie stehen. Später nahm er dann eine Professur für Moralphilosophie an. Also: Adam Smith war kein gelernter Ökonom, sondern er hatte seine Vorstellungen einer funktionierenden und, ja, gerechten Volkswirtschaft der Philosophie entnommen. Und er baute sie unter anderem auf seinem ersten großen Werk *Die Theorie der ethischen Gefühle* auf.

Zuallererst steht da die Arbeitsteilung, wie er sie schon als Kind in Edinburgh beobachtet hatte. Sein berühmtes Beispiel: die Stecknadel. Nur ein Arbeiter allein braucht für eine einzige Stecknadel eine Ewigkeit. Den Draht zuschneiden, ihn begradigen, ihn spitzen, den Nadelkopf machen und aufstecken. Wer die Arbeit aber teile, komme viel schneller zum Erfolg. Diese Arbeit sei das „Maß aller Dinge“, und nicht Gold, Silber oder andere Rohstoffe, die die Monarchen mit der Unterstützung korrupter Handelskompanien anzuhäufen versuchten. Diese Arbeit – frei entfaltet – werde zu einer Mehrung der Produktivität und der Produkte führen, damit zu fallenden Preisen und zu mehr Kaufkraft für die Bevölkerung. Unterm Strich: mehr Wohlstand für alle. Damit ging er nicht nur auf Kollisionskurs mit dem herrschenden Absolutismus, sondern legte nebenbei auch den Grundstein moderner Ökonomie, denn heute bemessen wir jede Wirtschaftskraft anhand von Produktivität und den Erzeugnissen von Arbeit.

Smith war aber nie der Ansicht, der freie Markt werde alles im Alleingang regeln. Nein, er brauche Kontrolle, Regulation und Gesetze, zum Beispiel gegen Preisabsprachen, Kartelle und Lohndumping – wie wir heute sagen würden. Keine Gesellschaft könne wirklich blühen, wenn es einzelnen Mitgliedern schlecht gehe. Und wir Menschen bräuchten Bildung: „Ein Knabe von sechs oder sieben Jahren kann in Birmingham seine drei oder sechs Pence am Tag verdienen. Und die Eltern sehen es als ihren Vorteil an, diesen Balg zur Arbeit zu schicken. So wird ihre Ausbildung vernachlässigt." Dieses Bildungsideal entlarvt Smith eben auch als Kind der Aufklärung und er war in der damaligen „Szene" gut vernetzt. Voltaire lernte er auf einer seiner Reisen über den Kontinent kennen. Und mit seinem schottischen Philosophenkollegen David Hume verband ihn eine enge Freundschaft. Manchmal steht Smith auch unter Verdacht, er hätte nur zusammengeschrieben, was zu seiner Zeit an großen Ideen auf dem Markt war. Aber genau das ist in Augen vieler Smith-Biografen seine historische Leistung. Er hat die Gefühls- und vor allem Ideenwelt vieler seiner Zeitgenossen – vieler großer Denker von David Hume und Voltaire bis Frances Hutcheson oder Bernard Mandeville – wissenschaftlich zusammengeführt und in seinem Werk *Der Wohlstand der Nationen* in Buchstaben gegossen.

Worin sich aber viele Smith-Kenner heute einig sind, ist, dass er wohl auch ein unbelehrbarer Optimist war. Seine ganze Wirtschaftstheorie beruht am Ende auf der Moral. Zum Beispiel auf seinem „unparteiischen Beobachter“, einer stillen Instanz, dem Engelchen auf unserer Schulter, das eingreife, wenn wir uns ungerecht oder unfair verhalten würden. Dabei würde Smith einerseits ziemlich sicher staunen, wenn er unser Leben heute mit dem Leben der Arbeiter an den schottischen Docks damals vergleichen würde. Und der Einfluss der „Commercial Society“, wie er das damals nannte, würde ihm auch nicht in den Kram passen. Schon im 18. Jahrhundert schimpfte er über Händler, Konzerne und Gesellschaften, die sich vom Wert der Arbeit entkoppelt hätten; die nicht mehr das Risiko ihrer eigenen Unternehmungen tragen würden; die zum Eigenwohl und gegen die Gesellschaft „konspirierten“. Wer will, kann ihn hier als Propheten diverser Wirtschaftskrisen sehen. Und wer glaubt, dass wir heute in einer freien Marktwirtschaft à la Adam Smith leben, sollte sich noch mal die knapp 1000 Seiten zum *Wohlstand der Nationen* reinziehen.

LITERATUR:

Michael S. Aßländer: Adam Smith zur Einführung. Hamburg 2007

Adam Smith: Untersuchung über das Wesen und die Ursachen des Volkswohlstandes. Frankfurt am Main 2009

Gerhard Streminger: Adam Smith. Wohlstand und Moral. Eine Biographie. München 2017

QR – CODE:

DAS ENDE DES DRITTEN GOLFKRIEGS – 2010

WIE AMERIKANISCHE TRUPPEN NACH SIEBEN JAHREN DEN IRAK VERLIESSEN

Der 11. September 2001 ist ein Tag, den niemand vergessen wird. Innerhalb weniger Minuten stürzten zwei entführte, voll besetzte Passagierflugzeuge in die Doppeltürme des New Yorker World Trade Centers. Zehntausende gehen dort täglich ein und aus, es ist das Welthandelszentrum direkt neben der legendären Börse, der Wall Street. Gleichzeitig nimmt eine dritte gekaperte Maschine Kurs auf das US-amerikanische Verteidigungsministerium Pentagon in Washington. Ein viertes Flugzeug stürzt auf einem Feld bei Shanksville, Pennsylvania, ab und brennt aus. Die Anschläge des 11. September gelten als terroristischer Massenmord, sie brachten mehr als 3000 Menschen den Tod.

Die Reaktion der US-Administration von Präsident George W. Bush ließ nicht lange auf sich warten. In einer Rede vor dem US-Kongress machte er Osama bin Laden und die islamistische Terrororganisation al-Qaida für die Anschläge verantwortlich und erklärte einen „unbegrenzten Krieg gegen den Terror", wobei er dem Irak nicht nur eine Beteiligung am weltweiten Terror unterstellte, sondern auch den Besitz von Massenvernichtungswaffen. Anfang Februar 2003 kam es zu einer denkwürdigen Sitzung des Weltsicherheitsrats in New York. Unter deutscher Präsidentschaft leitete Außenminister Joschka Fischer die Sitzung, bei der US-Außenminister Colin Powell den Beweis erbringen sollte, dass der irakische Diktator Saddam Hussein im Besitz von Massenvernichtungswaffen ist. Bagdad verfüge über mindestens 100 Tonnen Giftgas, es erprobe

Raketen mit einer Reichweite von mehr als 1200 Kilometern und sei in der Lage, diese von mobilen Abschusseinrichtungen abzufeuern. Aber so sehr sich Colin Powell auch bemühte, die Veranstaltung wurde zu einer Farce. Satellitenaufnahmen, abgehörte Telefongespräche und unscharfe Fotos waren nicht dazu angetan, die anwesenden Außenminister zu überzeugen. Die USA standen mit der Absicht, einen Dritten Golfkrieg gegen den Irak und das Regime von Saddam Hussein zu starten, allein da. Im Frühjahr 2003 bildete US-Präsident George W. Bush mit dem britischen Premierminister Tony Blair und einigen anderen Staaten die „Koalition der Willigen". Sie starteten am 20. März 2003 den Krieg am Golf mit einem nächtlichen Bombardement Bagdads. Der als „Operation Iraqi Freedom" bezeichnete Krieg dauerte bis zum 1. Mai 2003. Die Koalition war mit etwa 300 000 Soldaten in den Irak einmarschiert, hatte dabei mehr als 4800 Tote und knapp 33 000 Verletzte zu beklagen.
Dem Ende der Kampfhandlungen schloss sich die Besetzung des Irak an. Mit der UN-Resolution 1483 wurde die Rolle der Vereinten Nationen geregelt, die vor allem auf die Einhaltung der Richtlinien des Völkerrechts zu achten hatte. In den folgenden Jahren suchten Inspektoren der Internationalen Organisationen nach den vermuteten Massenvernichtungswaffen des Irak, mussten schließlich aber ohne Ergebnis aufgeben. Am 13. Dezember 2003 ging die Meldung von der Festnahme Saddam Husseins um die Welt. Ein Mann, der sich in Höhlen und Kellerlöchern versteckt hat, verdreckt und unrasiert, wird der Welt als meist gesuchter Verbrecher zur Schau gestellt. Seine Verbrechen sind unbestritten, aber weder seine Regierung noch Saddam Hussein selbst waren in die Terroranschläge des 11. September 2001 verwickelt gewesen, und die Experten hatten keine Massenvernichtungswaffen in seinem Land gefunden. Dennoch wurde er am 5. November 2006 von einem amerikanischen Militärgericht wegen Kriegsverbrechen und

Verbrechen gegen die Menschlichkeit zum Tode verurteilt und knapp zwei Monate später am Galgen exekutiert.
Die US-Truppen blieben im Land und wollten den Transformationsprozess von einem Einparteienstaat in eine Demokratie begleiten. Mehr als 100 000 amerikanische Soldaten blieben im Land, sie sollten für Ruhe und Ordnung sorgen, gerieten aber mehr und mehr in Konflikte mit der irakischen Bevölkerung und den aus Afghanistan operierenden Terrorgruppen von al-Qaida. Immer wieder gab es Berichte, nach denen amerikanische Soldaten Kriegsverbrechen begehen oder irakische Gefangene in entwürdigender Weise behandeln. Trauriger Höhepunkt dieser Vorwürfe war der Abu-Ghuraib-Folterskandal, der zwischen Mai 2004 und März 2006 öffentlich wurde. Die irakischen Insassen dieses Gefängnisses sind danach vom Wachpersonal vergewaltigt, misshandelt und gefoltert worden. Die Fotos, die von Bewachern und Tätern aufgenommen wurden, zeigte u. a. ein Folteropfer, der an beiden Händen und am Penis mit Elektrodrähten verkabelt war. Ihm wurde angedroht, durch Strom getötet zu werden, falls er von der Kiste falle.
Im August 2010 macht der neue US-Präsident Barack Obama sein Wahlkampfversprechen wahr und zieht die amerikanischen Truppen aus dem Irak ab. „Die Operation Iraqi Freedom ist vorbei“, verkündet er dem amerikanischen Volk und fügt hinzu, dass „die Irakis nun selbst für ihre Sicherheit verantwortlich sind“. Genau genommen stimmt das nicht, denn es bleiben etwa 50 000 Soldaten im Land, um den Aufbau des irakischen Militärs und der Polizei zu unterstützen.
Die USA waren nach dem Ende der Kampfhandlungen 2003 im Irak geblieben, um einen Regimewechsel zu ermöglichen. Aus einem diktatorisch geführten Land sollte ein Staat mit demokratischen und parlamentarischen Institutionen werden. Diese Absicht ist nicht Realität geworden. Als Präsident Obama den Abzug der Truppen befiehlt – neun Jahre nachdem sie im Irak

einmarschiert sind –, ist das Land genauso unsicher wie zuvor. Mehr noch: Am Ende der militärischen Anwesenheit der US-Truppen ist der Irak fast ein „gescheiterter Staat“, der in die Konflikte des Mittleren Ostens gezogen wird: 2014 besetzen Kämpfer der Terrororganisation IS (Islamischer Staat) die Stadt Mossul, der Vormarsch des IS im Nordwesten des Irak treibt mehr als drei Millionen Menschen in die Flucht. Der Kampf dauerte bis zum Sommer 2017, als mithilfe einer internationalen Allianz die Rückeroberung Mossuls gelang. Zu dieser latenten Bedrohung von außen machen sich ethnische und religiöse Konflikte bemerkbar, die unter der Herrschaft Saddam Husseins gewaltsam unterdrückt waren, nun aber die innenpolitische Lage des Irak destabilisieren.

LITERATUR:

Hans Leyendecker: Die Lügen des Weißen Hauses. Reinbek 2004

Philip Gourevitch, Errol Morris: Die Geschichte von Abu Ghraib. München 2009

Stephan Bierling: Geschichte des Irakkriegs. Der Sturz Saddams und Amerikas Albtraum im Mittleren Osten. München 2010

Tyma Kraitt (Hrsg.): Irak. Ein Staat zerfällt. Hintergründe, Analysen, Berichte. Wien 2015

Guido Steinberg: Kalifat des Schreckens. IS und die Bedrohung durch den islamistischen Terror. München 2015

QR – CODE:

DER ANSCHLAG AUF DAS MÜNCHNER OKTOBERFEST – 1980

WIE EIN RECHTSEXTREMISTISCHER TERRORANSCHLAG DREIZEHN MENSCHEN TÖTETE

Es ist ja selten, dass Ermittlungen nach einer Tat mit einem Ergebnis abgeschlossen werden, es dann aber 35 Jahre später neue Ermittlungen gibt, weil neue Erkenntnisse diese notwendig machen. So geschehen bei den Ermittlungen zum Attentat auf dem Oktoberfest am 26. September 1980. Damals standen Täter und Motiv schnell fest: Angeblich handelte der Täter allein und aus persönlichen Gründen. So das Urteil der Ermittler von vor vierzig Jahren. Die Wiederaufnahme der Ermittlungen ließ 2020 die Staatsanwaltschaft zu einem anderen Schluss kommen: Der Täter war ein rechtsradikaler Gesinnungstäter, der auf die Bundestagswahl Einfluss nehmen wollte, die wenige Tage nach dem Anschlag stattgefunden hat.

Dieser 26. September 1980 ist ein schöner Spätsommertag in München. Tausende sind den Tag über auf dem Oktoberfest, gegen 22 Uhr leert sich der Festplatz allmählich. Viele verlassen das Gelände durch den Hauptausgang an der Nordseite der Theresienwiese. Um 22.19 Uhr lässt eine Detonation die Menschen erschrecken, es bricht Panik aus, Verletzte und Tote liegen auf dem Boden. In einem Mülleimer ist eine Bombe explodiert: Fünf Männer und zwei Kinder sind sofort tot, sechs Schwerverletzte – drei Männer, zwei Frauen und ein Kind – sterben noch auf dem Weg ins Krankenhaus oder kurz danach. 221 Personen erleiden Verletzungen, 68 von ihnen schwer.

Trotzdem wird das Oktoberfest am nächsten Tag fortgesetzt. Bis 11 Uhr hat die Stadtverwaltung alle Anschlagsspuren beseitigen lassen. Man will Normalität signalisieren, schließlich sind

es nur noch wenige Tage bis zur Bundestagswahl am 5. Oktober 1980. Kanzlerkandidaten sind der regierende Bundeskanzler Helmut Schmidt von der SPD, der mit der Parole „Sicherheit für Deutschland“ auf Stimmenfang geht. Sein Gegenkandidat ist der bayerische Ministerpräsident und CSU-Vorsitzende Franz Josef Strauß. Strauß ist es auch, der schnell nach dem Attentat einen Schuldigen benennt: Ohne Kenntnis von Tätern oder Tatmotiv geht er davon aus, dass es ein linksextremer Täter aus dem Umfeld der RAF gewesen sein muss. Strauß erhofft sich dadurch Unterstützung jener, die der SPD-Parole nicht trauen und nun einen scheinbaren Beleg für ihr Misstrauen erhalten.
Aber es kommt anders. Noch am Tatabend bildet das Landeskriminalamt die Sonderkommission „Theresienwiese“ mit fünfzig Mitgliedern, die bis zum Morgen Spuren am Tatort gesichert, Lage und Zustand der Toten fotografiert und Zeugen befragt haben. Dabei finden sie auch einen Personalausweis, der einer schwer verstümmelten Leiche zugeordnet werden kann: Ein 21-Jähriger Geologiestudent aus Donaueschingen namens Gundolf Köhler. Aus seinen Verletzungen schlussfolgern die Ermittler, dass er die Bombe mit beiden Händen nach vorn gebeugt gehalten hat, als die Explosion sein Gesicht und seine Kleidung verbrannte und ihm beide Arme abriss.
Unmittelbar nach der Tat berichten zahlreiche Zeitungen darüber, dass die polizeilichen Ermittlungen die Zugehörigkeit Köhlers zum rechtsextremistischen Spektrum ergeben habe. Der Journalist und Autor Ulrich Chaussy recherchiert jahrelang über das Attentat auf das Münchner Oktoberfest und findet u.a. heraus, dass Gundolf Köhler früher der Wiking-Jugend angehört hatte, die als neonazistische Jugendorganisation 1994 verboten wurde. Außerdem hatte er mehrfach Kontakte zur Wehrsportgruppe Hoffmann.
Die Wehrsportgruppe Hoffmann war 1973 durch den Rechtsextremisten Karl-Heinz Hoffmann gegründet worden. Sie war

paramilitärisch und nach dem Führerprinzip aufgebaut. Hoffmann wollte das westdeutsche Sozialsystem ersetzen durch eine „nach dem Leistungs- und Selektionsprinzip ausgerichtete Führerstruktur". Die Gruppe wurde am 30. Januar 1980 als verfassungsfeindliche Vereinigung verboten.

Diese Ermittlungsergebnisse, die kurz nach dem Attentat erzielt werden konnten, verschwanden nach den Recherchen von Ulrich Chaussy in den weiteren Ermittlungen vollkommen. Als das Verfahren zwei Jahre später eingestellt wurde, hieß es offiziell: Gundolf Köhler war ein Einzeltäter, der aus persönlichen Motiven, vor allem wegen privater Beziehungsprobleme und seiner misslungenen Ausbildung, die Tat begangen habe. Immer wieder gab es seitdem Hinweise auf Mittäter, Hintermänner und Organisationen, die einen solchen Anschlag vorbereitet haben könnten. Es gab zum Beispiel Zeugenaussagen, die Köhler im Gespräch mit einem weiteren Mann und einer Frau gesehen haben wollen. Aber keiner der Hinweise führte zur Wiederaufnahme der Ermittlungen. Immerhin: Die zuletzt wieder aufgenommenen Ermittlungen werden von Generalbundesanwalt Peter Frank am 7. Juli 2020 eingestellt mit der Erkenntnis, dass Gundolf Köhler nicht etwa aus persönlicher Frustration gehandelt habe. Gundolf Köhler – so der Generalbundesanwalt – habe aus „rechtsextremistischer Motivation heraus gehandelt", wollte die „Bundestagswahl 1980 beeinflussen und strebte einen Führerstaat nach Vorbild des Nationalsozialismus" an.

Die Beeinflussung der Bundestagswahl ist ihm übrigens nicht gelungen. Helmut Schmidt und seine Koalition aus SPD und FDP gewannen die Wahl, während die Union knapp vier Prozentpunkte verlor. Bis heute ist der Anschlag auf das Oktoberfest der schwerste Terrorakt in der Geschichte der Bundesrepublik.

LITERATUR:

Andrea Röpke, Andreas Speit: Blut und Ehre. Geschichte und Gegenwart rechter Gewalt in Deutschland. Berlin 2013

Stefan Aust: Heimatschutz. Der Staat und die Mordserie des NSU. München 2014

Klaus Pflieger: Gegen den Terror. Erinnerungen eines Staatsanwalts. Stuttgart 2016

Ulrich Chaussy: Das Oktoberfest-Attentat und der Doppelmord von Erlangen. Wie Rechtsterrorismus und Antisemitismus seit 1980 verdrängt werden. Berlin 2020

QR – CODE:

DIE DEUTSCHE WIEDERVEREINIGUNG – 1990

WIE DEUTSCHLAND WIEDER EINS WURDE

Heute leben wir in einer föderalen Bundesrepublik und ordnen unsere Geschäfte jeden Tag in einer freien und sozialen Marktwirtschaft. Und seit 1990, seit der deutschen Wiedervereinigung, tun wir das zwischen Aachen und Görlitz oder zwischen Freiburg und Greifswald alle gemeinsam. Dass wir heute nach diesen Regeln spielen, war aber nie ausgemachte Sache.

2. Oktober 1990: Einen Tag vor der Wiedervereinigung ist ganz schön was los in Berlin. Im Westen der Stadt werden die drei Stadtkommandanten verabschiedet, die hier für die Alliierten den Oberbefehl hatten. Einer von ihnen, der britische Generalmajor Robert Corbett, sagt bei der Veranstaltung: „Die Tragödie ist jetzt vorbei" – und zwar in feinstem Deutsch. Er spielt damit auf Winston Churchill an und seinen berühmten Satz, die Trennung Deutschlands sei eine Tragödie. Ex-Kanzler Willy Brandt fängt im Publikum leise an zu weinen.

In Ost-Berlin kommt fast zeitgleich zum letzten Mal die Volkskammer zusammen, das Parlament der Deutschen Demokratischen Republik. Diese Volkskammer hatte erst am 23. August 1990 den Weg zur Wiedervereinigung frei gemacht. Und zwar mit dem Beschluss, sich und auch die DDR als Staat aufzulösen und mit den sogenannten Neuen Bundesländern dem anderen deutschen Staat im Westen, der Bundesrepublik Deutschland, beizutreten. Sabine Bergmann-Pohl, die Vorsitzende der Volkskammer und auf dem Papier das letzte Staatsoberhaupt der DDR, sagt in ihrer Rede: „Mit der Einheit in unseren Köpfen und Herzen stehen wir jedoch noch am Anfang unseres Vereinigungsprozesses. Viel Geduld und Einfühlungsvermögen auf beiden Seiten werden notwendig sein, damit keine Seite

Schaden nimmt." Um null Uhr und eine Sekunde des nächsten Tages ist die DDR dann Geschichte, Deutschland ist wiedervereint, und in Berlin und ganz Deutschland wird gefeiert.

Dabei war es in den Monaten zuvor eher hektisch und hitzig zur Sache gegangen. Nachdem die Mauer am 9. November 1989 gefallen war, war zwar klar, dass Deutschland wiedervereinigt gehörte. Aber wie bloß? Für eine solche Situation war eigentlich der Artikel 146 gedacht. In diesem Artikel 146 des Grundgesetzes der Bundesrepublik Deutschland stand: „Dieses Grundgesetz, das nach Vollendung der Einheit und Freiheit Deutschlands für das gesamte deutsche Volk gilt, verliert seine Gültigkeit an dem Tage, an dem eine Verfassung in Kraft tritt, die von dem deutschen Volke in freier Entscheidung beschlossen worden ist." Artikel 146 stellte also etwas in Aussicht, was wir bis heute nicht haben: eine gemeinsame deutsche Verfassung – über die am Ende auch alle Deutschen gemeinsam hätten abstimmen können.

Aber wie hätte diese Verfassung aussehen sollen? Hätte man versuchen sollen, den sozialistisch-marxistischen Entwurf der DDR mit der marktwirtschaftlichen, repräsentativen Demokratie der BRD zusammenzuführen? Hätte man bei null anfangen müssen? Und wer hätte eine solche Verfassung entwerfen sollen? Während die Befürworter des Artikels 146 argumentierten, dass sich der Umweg lohne, um eine Einheit auf Augenhöhe zu gestalten, widersprachen die Gegner, dass für ein solches Prozedere schlichtweg keine Zeit sei. Die Gelegenheit sei jetzt! Rückwirkend ist oft von einem „historischen Zeitfenster" die Rede: Nach dem Mauerfall hatte die Weltpolitik eine gewisse Dynamik entwickelt, in der alles für die Wiedervereinigung sprach. In der Sowjetunion war Michail Gorbatschow der Mann an der Spitze, der einer deutschen Wiedervereinigung nicht im Weg stehen wollte. Anfang 1990 musste er erst mal einen Putschversuch im eigenen Land überstehen. Wochenlang war nicht klar, wie der interne Machtkampf in Moskau ausgehen wird. Die US-amerikanische Administration von Präsident George H. W. Bush unterstützte die Wiedervereinigungspläne der Deutschen und konnte obendrein auch noch die Skepsis der Briten und Franzosen besänftigen. Grundlage dieses Einverständnisses war der Zwei-plus-Vier-Vertrag, den die beiden deutschen Staaten mit den vier alliierten Siegermächten des Zweiten Weltkriegs Anfang September 1990 schlossen. Gleichzeitig war damit geregelt, wie ein wiedervereintes Deutschland in den Rest der Welt integriert werden sollte – zum Beispiel als Teil der NATO. Nach diesem Vertrag ging das „historische Zeitfenster" allmählich wieder zu, denn nun konzentrierte sich die internationale Politik auf die Vorgänge im Mittleren Osten, wo im August 1990 Kuwait vom Nachbarn Irak überfallen und besetzt worden war.

Außenpolitisch standen die Vorzeichen für eine Wiedervereinigung also bestens, doch unmittelbar nach dem Mauerfall hatte ein Großteil der Deutschen daran noch gar nicht gedacht. Spätestens bei den ersten freien Wahlen der DDR zeigten die Bürgerinnen und Bürger aber eindeutig, wohin die Reise gehen sollte: Bei einer Wahlbeteiligung von über 95 Prozent stimmte ein überwältigender Anteil der Leute für Parteien, die die Wiedervereinigung wollten. Und mit über vierzig Prozent schnitt ein Wahlbündnis unter der Führung der CDU mit Abstand am besten ab. Die CDU wollte das Zeitfenster nutzen, die Wiedervereinigung beschleunigen und so etwas wie eine Abkürzung einschlagen: den Beitritt nach Artikel 23 des Grundgesetzes. In ihm wird festgehalten, in welchem Bereich das Grundgesetz überhaupt seine Geltung hat. Und ansonsten steht da bloß noch: „In anderen Teilen Deutschlands ist es nach deren Beitritt in Kraft zu setzen." Das war das Schlupfloch für eine schnelle Wiedervereinigung, denn so musste die DDR der BRD nur beitreten – eine neue, gemeinsame Verfassung nach

Artikel 146 war damit vom Tisch. Und diesen beschleunigten Beitritt besiegelte die Volkskammer am 23. August 1990 – mit 294 von 363 möglichen Ja-Stimmen.

Die 69 Nein-Stimmen oder Enthaltungen zeigen uns aber bis heute, dass ein anderer Weg zwar nicht in das oft beschworene „historische Zeitfenster" gepasst hätte, aber nichtsdestotrotz zumindest denkbar war. Insgesamt überwog aber laut Historiker Andreas Rödder damals die Vorstellung, diese zusammengebrochene und ruinierte DDR endgültig begraben und sich nicht auf halber Strecke treffen zu wollen: „Die Wiedervereinigung wurde ganz in der Vorstellung gestaltet, dass der Westen gewonnen hat, und dass jetzt alles so werden müsse, wie es im Westen ist. Und dann wird alles gut! Diese Hoffnung war die Illusion oder sogar der globale Irrtum von 1990." Denn sicher ist zwischen Ost und West heute noch längst nicht „alles gut". Dennoch ist das geeinte Deutschland vor allem für die jüngere Generation schon wieder zur Selbstverständlichkeit geworden.

LITERATUR:

Michail Gorbatschow: Wie es war. Die deutsche Wiedervereinigung. Berlin 1999

Andreas Rödder: Geschichte der deutschen Wiedervereinigung. München 2011

Ilko-Sascha Kowalczuk: Die Übernahme. Wie Ostdeutschland Teil der Bundesrepublik wurde. München 2019

QR – CODE:

DAS ERSTE SKLAVENSCHIFF VON AFRIKA NACH HAITI – 1510

WIE DIE SKLAVEREI NACH AMERIKA EXPORTIERT WURDE

Den Handel mit Menschen gibt es seit der Antike. Meist waren es Kriegsgefangene, die vom Sieger verkauft wurden oder im eigenen Heimatland den neuen Machthabern dienen mussten. Aus dem fünften vorchristlichen Jahrhundert wissen wir von Frauen und Kindern aus den im Peloponnesischen Krieg eroberten Städten, die geraubt und versklavt wurden. Ihre Väter und Männer überlebten die Überfälle nicht. Dieser Sklavenhandel ist aber nicht vergleichbar mit dem transatlantischen Sklavenhandel, den die Europäer in der Frühen Neuzeit aufgebaut hatten. Wie in einem Dreieck wurden Sklaven und Waren verschifft: Menschen aus Afrika in die südamerikanischen Kolonien, der dort angebaute Rohrzucker nach Nordamerika und der damit produzierte Rum nach Europa und Afrika.

Begonnen hat dieser transatlantische Sklavenhandel aber lange bevor es die ersten englischen Siedlungen in Nordamerika gab. 1510 segelt ein Schiff von der afrikanischen Küste nach Hispaniola in der Karibik, heute: Haiti und Dominikanische Republik. An Bord: Goldstaub, Perlen, Elfenbein und fünfzig Männer, dicht an dicht unter Deck, nackt, an Hals, Hand- und Fußgelenken aneinandergekettet. Viele von ihnen sind schon geschwächt – afrikanische Menschenhändler haben sie gejagt, geschnappt und Hunderte von Kilometern zur Küste marschieren lassen, um sie dann den Europäern zu verkaufen. Die verschiffen sie jetzt in die neue spanische Kolonie, die Christoph Kolumbus 1492 entdeckt und La Isla Española genannt hatte.

In der Kolonie werden dringend Arbeitskräfte gebraucht. Denn überall, wo die Spanier hinkommen, sterben die Eingeborenen an eingeschleppten europäischen Krankheiten wie Masern, Pocken und Typhus, an den unmenschlichen Arbeitsbedingungen in der Zwangsarbeit oder der Verfolgung von Flüchtigen. Der spanische Theologe, Dominikaner und Schriftsteller Bartolomé de Las Casas schätzt die Zahl der Indios, die 1494 auf Hispaniola lebten, auf gut drei Millionen. Andere Schätzungen gehen von bis zu acht Millionen indigenen Einwohnern aus. 1508 sind es nach Las Casas' Schätzungen aber nur noch etwa 60 000 Indios, die überlebt haben. Deshalb werden neue Arbeitskräfte in Form von schwarzen Sklaven „importiert". Zentrum dieses Handels ist Santo Domingo. Die Spanier hatten die Stadt schon wenige Jahre nach der Entdeckung durch Christoph Kolumbus auf Hispaniola errichtet. Bald war Santo Domingo das Zentrum der spanischen Kolonisation Süd- und Mittelamerikas und meldete den höchsten Bedarf an Arbeitskräften an.
Die Sklaven wurden nach Angaben des Lateinamerikahistorikers Ulrich Mücke anfänglich vor allem deshalb für alles gebraucht, weil nur wenige Spanier in der Karibik geblieben waren. Von der Crew seiner Entdeckungsreise hatte Kolumbus lediglich vierzig Mann zurückgelassen. Deshalb war der Bedarf an Arbeitskräften enorm hoch, und die menschenverachtende Form der Sklaverei schien den Kolonialherren einen Ausweg aus dem Dilemma zu ermöglichen. Sklaven wurden vornehmlich für die Suche nach Gold und später in den Goldminen eingesetzt. Als Anfang des 16. Jahrhunderts Zuckerrohr von den Kanarischen Inseln nach Haiti exportiert wird, müssen Sklaven auf Feldern arbeiten – erst auf Zuckerrohr-, später auf Tabakplantagen.
Auch im mittelalterlichen Europa gab es Sklaverei, wenngleich das nicht so genannt wurde. Freie Bauern, Halbfreie und

Unfreie hatten einen unterschiedlichen sozialen Status. Freie Bauern und halbfreie durften heiraten und ihr eigenes Land besitzen, waren aber zu jährlichen Abgaben verpflichtet oder mussten auf dem Gut ihres Herrn Frondienste leisten. Sie waren also frei, ihr Leben zu führen, aber nicht frei bei der Wahl ihrer Arbeit und der Abgaben. Die Unfreien oder die Leibeigenen waren meist Kriegsgefangene, die sklavenähnliche Dienste auf den Gütern ihrer Herren leisten mussten.

Die spanische Kolonie auf Hispaniola blieb übrigens nicht die einzige. Anfang des 17. Jahrhunderts siedelten sich einige ehemalige französische Seeräuber als Pflanzer an der menschenleeren Nordküste an. Sie baten Frankreich, sie gegen die Spanier zu unterstützen. Daraufhin sandte Ludwig XIV. einen Gouverneur nach Hispaniola, der im westlichen Teil der Insel eine französische Kolonie namens Saint Domingue gründete. Der Westen und der übrige Teil der Insel entwickelten sich sehr unterschiedlich. Im spanischen Teil gingen im 18. Jahrhundert die Goldfunde zur Neige. Da es nichts mehr zu schürfen und zu verdienen gab, verließen die meisten Spanier das Land und ließen nichts weiter als ihre Sklaven zurück. Die Franzosen hingegen blieben in Saint Domingue, da sie auf Zuckerrohr- und Tabakplantagen gesetzt hatten. Ihre Kolonie florierte dank des Imports von sehr vielen Sklaven, die unter menschenunwürdigen Bedingungen für die europäischen Kolonialherren schuften mussten.

1804 wurden beide Landesteile unabhängig – der französische Teil wurde zur Dominikanischen Republik, der spanische zu Haiti. Die Unterschiede zwischen den beiden Teilen Hispaniolas sind bis heute geblieben. Während die Dominikanische Republik seit Jahren das stärkste Wirtschaftswachstum in der Karibik hat und 2016 ein Pro-Kopf-Bruttoinlandsprodukt wie China vorweisen konnte, gehört Haiti zu den ärmsten Ländern der Welt.

LITERATUR:

Hans Christoph Buch: Haiti. Nachruf auf einen gescheiterten Staat. Berlin 2010

Martin Schneider: Die Geschichte der Sklaverei. Von den Anfängen bis zur Gegenwart. Wiesbaden 2015

Christian Geulen: Geschichte des Rassismus. München 2021

Jochen Meissner, Ulrich Mücke, Klaus Weber: Schwarzes Amerika. Eine Geschichte der Sklaverei. München 2021

QR – CODE:

DIE ARABELLION – 2011

WIE DER ARABISCHE FRÜHLING KAM UND VERGING

Heute herrschen in Libyen, Syrien und Jemen Bürgerkriege, in Ägypten regiert eine Militärdiktatur. Und in all diesen Ländern sind in den letzten Jahren unzählige Menschen verschwunden, gefoltert oder getötet worden. Dabei versprach das Jahr 2011, dass vieles besser werden könnte. Dort, wo alles seinen Anfang nahm, ist es vielleicht sogar gelungen.

17. September 2010, Sidi Bouzid, Tunesien: So wie jeden Morgen zieht Mohammed seinen Karren durch die kleine Stadt in der tunesischen Provinz. Er hat Obst und Gemüse dabei, Waren im Wert von etwa 200 US-Dollar, und verkauft sie auf der Straße. So verdient Mohammed Bouazizi, 26 Jahre alt, sein Einkommen – das aber nicht nur für ihn reichen muss, sondern mit dem er auch noch seine Familie unterstützt. Ein paar Stunden nach Sonnenaufgang kommt die Polizei auf Mohammed zu. Sie wollen seine Arbeitserlaubnis sehen, schikanieren ihn, beschlagnahmen seine Waren. Mohammed will sich wehren, sich beschweren, will mit den örtlichen Behörden sprechen – aber niemand hört ihm zu. In völliger Verzweiflung stellt er sich mitten auf eine Straße, übergießt sich mit Benzin und zündet sich selbst an. „Mohammed brannte wie ein Streichholz. Alles stand in Flammen, sein Gesicht, seine Haut, sein ganzer Körper", erzählt ein Augenzeuge und Bekannter von Mohammed. Er kämpft monatelang um sein Leben, aber am 4. Januar 2011 stirbt Mohammed Bouazizi an seinen Verbrennungen.

Als er noch am Leben war, schwer verwundet und von Kopf bis Fuß in Verbände eingewickelt, bekam er im Krankenhaus eines Tages prominenten Besuch: Zine El Abidine Ben Ali. Ben Ali regierte Tunesien als Präsident und Militärmachthaber seit 1987. Zuvor war er General und Chef des militärischen Geheimdienstes gewesen und hatte in diesen Ämtern ein gutes Verhältnis zu den USA und der CIA aufgebaut. Er hatte sich zwar an die Macht geputscht, war aber dennoch – zumindest in seinen ersten Amtsjahren – sehr populär: Er führte eine Art Sozialversicherung ein, bekämpfte die Armut, den Islamismus und setzte sich für Bildungsreformen ein. Über die Jahre wurde seine Herrschaft aber immer brutaler, Wahlen wurden gefälscht, ein Personenkult um ihn geschaffen – und das Land wurde immer korrupter. Leidtragende waren junge Menschen wie Mohammed Bouazizi, die zwar gut ausgebildet waren, aber keine Jobs fanden. Und die oft nicht genügend Kleingeld hatten, um die örtliche Polizei oder Behörden zu bestechen.

Nach Mohammeds Selbstverbrennung rollt eine Welle von Protesten durch Tunesien. Und sie zieht weiter über die Grenzen des Landes hinaus, über ganz Nordafrika bis in den mittleren Osten: Von Tunesien über Libyen nach Ägypten, weiter in den Jemen, nach Syrien und sogar bis in den Irak. Da wir es hier mit arabischen oder arabisch-geprägten Ländern zu tun haben, war für die Bewegung schnell ein Name gefunden: Arabischer Frühling oder die Arabellion. Die wohl beeindruckendsten Szenen spielten sich 2011 auf dem Tahrir-Platz in Kairo ab. Am 25. Januar gingen das erste Mal Zehntausende auf die Straßen, um gegen das Regime zu protestieren – ausgerechnet einem Feiertag, der eigentlich der Polizei gewidmet ist. Am 28. Januar – dem „Freitag des Zorns", wie die Leute ihn nannten – kamen dann schon Hunderttausende aus allen Richtungen auf den Tahrir-Platz, das Hauptquartier der Regierungspartei wurde in Brand gesetzt, aber die Polizei schlug brutal zurück.

Staaten wie Ägypten, Tunesien oder Libyen sind natürlich völlig verschieden, aber im Jahr 2011 gab es gewisse Parallelen, weshalb der Arabische Frühling von einem Land aufs andere übergriff. Alle hatten mit Korruption zu kämpfen, in allen war die Jugendarbeitslosigkeit besonders hoch, und alle wurden schon seit Jahrzehnten von Alleinherrschern geführt. Was für Tunesien Ben Ali, war Husni Mubarak für Ägypten: ebenfalls ein ehemaliger General, der seit 1981 autokratisch und brutal regierte. Und der Dienstälteste der Diktatoren war Muammar al-Gaddafi, der in Libyen schon seit 1969 alle Hebel in der Hand hielt, der sich in schillerndsten Uniformen und Gewändern als Dauerrevolutionär der Weltöffentlichkeit verkaufte, der seine Kinder auf die feinsten Schulen und Universitäten der Welt schickte und dem Kriegsverbrechen und Verbrechen gegen die Menschlichkeit vorgeworfen wurden. Am Ende der Proteste bzw. der Revolution in Libyen wurde seine Leiche durch die Straßen seiner Heimatstadt Sirte geschleift.

Auch Mubarak und Ben Ali konnten sich nicht halten. Während Ben Ali nach Saudi-Arabien floh und dort Schutz fand, wurde Mubarak festgenommen und vor Gericht gestellt. Aber natürlich gab es auch Despoten, die den Arabischen Frühling überdauert haben. Der wohl berühmteste: Bashar al-Assad. Assad hat in Syrien einen blutigen Bürgerkrieg mit seiner eigenen Bevölkerung ausgetragen und sitzt heute wieder sicherer im Sattel als noch 2011. In einen solchen blutigen Bürgerkrieg ist auch nach wie vor Libyen verstrickt, wo sich bis heute kein politisches System etabliert hat, das die Machtfrage nach Gaddafi hätte lösen können. Und in Ägypten gab es einige Machtwechsel und bürgerkriegsähnliche Konflikte, bis schließlich wieder das Militär übernommen hat. Heute wird Ägypten nämlich autokratisch von Ex-General und Präsident Abdel Fattah el-Sisi regiert.

Beinahe unzählbar sind die Menschenleben, die diese Konflikte seit 2011 gefordert haben. Aber vielleicht gibt es einen Hoffnungsschimmer oder zumindest ein Land, für das sich der Arabische Frühling schon jetzt gelohnt hat. Tunesien hat zwar immer noch das Problem der hohen (Jugend-)Arbeitslosigkeit. Aber seit dem Sturz von Ben Ali hat das Land schon mehrfach freie Wahlen abgehalten, deren Ergebnisse von allen Parteien akzeptiert wurden und nach denen es immer gelungen ist, stabile Regierungen zu bilden – auch unter schwierigen Bedingungen. Es wurde seit 2011 nicht mehr zu den Waffen gegriffen. Und Korrespondenten berichten von einer jungen Zivilgesellschaft, die für mehr Frauenrechte, für Medien- und Meinungsfreiheit und gegen Korruption kämpft – dort, wo mit der Selbstverbrennung von Mohammed Bouazizi alles angefangen hat.

LITERATUR:

Lina Ben Mhenni: Vernetzt Euch! Berlin 2011

Tahar Ben Jelloun: Arabischer Frühling. Berlin 2011

Anne-Béatrice Clasmann: Der arabische (Alb-)Traum. Aufstand ohne Ziel. Wien 2016

Jörg Armbruster: Die Erben der Revolution. Was bleibt vom Arabischen Frühling? Hamburg 2021

QR – CODE:

DER ERSTE FRIEDENSNOBELPREIS FÜR EINE FRAU – 1905

WIE BERTHA VON SUTTNER FÜR IHREN ROMAN „DIE WAFFEN NIEDER“ GEEHRT WURDE

Wer einen Friedensnobelpreis überreicht bekommt, ist eine weltweit geachtete Person. Jeder weiß, dieser Mensch hat Außergewöhnliches geleistet, und wenn es einer aus dem eigenen Volk ist, dann sind manche geradezu stolz. So war es beispielsweise bei Bundeskanzler Willy Brandt, der für seine Ostpolitik 1971 mit dem Friedensnobelpreis ausgezeichnet wurde. Ähnlich werden es viele Menschen 1905 empfunden haben, als die österreichische Schriftstellerin Bertha von Suttner als erste Frau den Friedensnobelpreis bekommt. Als sie ihn am 18. April 1906 in Empfang nimmt, wird sie vor allem für ihren Roman *Die Waffen nieder!* geehrt.

Bertha von Suttner wird am 9. Juni 1843 in Prag als Gräfin Kinsky von Wchinitz und Tettau in eine Adelsfamilie hineingeboren. Ihr Vater war 75-jährig schon vor ihrer Geburt verstorben, sie wächst mit ihrem sechs Jahre älteren Bruder bei der Mutter auf, bekommt eine standesgemäße Ausbildung, lernt mehrere Sprachen, beschäftigt sich mit Musik und ist viel unterwegs.

Wegen der Spielsucht ihrer Mutter verarmt die Familie, und Bertha von Kinsky muss sich eine Arbeit suchen. 1873 nimmt sie eine Stelle als Gouvernante bei dem Industriellen Karl Freiherr von Suttner in Wien an und unterrichtet die vier Töchter der Familie in Musik und Sprachen. In dieser Zeit verliebt sie sich in den sieben Jahre jüngeren Arthur Gundaccar von Suttner, den jüngsten Sohn der Suttners. Die Familie missbilligt allerdings die Verbindung und entlässt Bertha von Kinsky. Daraufhin bewirbt sie sich auf eine Stelle in Paris als Sekretärin und

Hausdame des Industriellen Alfred Nobel, dem Erfinder des Dynamits. Sie ist nur eine Woche Nobels Sekretärin, aber die reicht aus, damit sich der zehn Jahre ältere Alfred Nobel in sie verliebt – so beschreibt es jedenfalls der Historiker Guido Grünewald. Aber das nur einseitig empfundene Glück währt nicht lange, denn Alfred Nobel muss nach Skandinavien reisen, und von Kinsky kehrt zurück nach Wien.
Dort heiratet sie am 12. Juni 1876 heimlich in einer Wiener Vorstadtkirche Arthur von Suttner, aber ihre freundschaftliche Verbindung zu Nobel reißt zeitlebens nicht ab. Da Arthur von Suttner von seiner Familie enterbt wird, ziehen die beiden Frischvermählten für mehr als acht Jahre nach Georgien in den Kaukasus. Beide verdienen ihr Geld mit Gelegenheitsjobs, vor allem unterrichten sie Musik und Sprachen und arbeiten als Schriftsteller. Bertha von Suttner hat außerdem ein freiberufliches Engagement als Journalistin für österreichische Zeitungen.
1877 beginnt der Russisch-Türkische Krieg. Arthur von Suttner schreibt viele Berichte für deutsche Wochenblätter, und auch Bertha beschäftigt sich intensiv mit den Zuständen im Krieg. Angesichts der Schlachten in Bulgarien und auf dem Balkan beginnt sie über die Rolle nachzudenken, die Kriege in menschlichen Gesellschaften spielen. Sie wird dabei zur Pazifistin. Etwa zur gleichen Zeit lernt sie einen der Mitbegründer der International Arbitration and Peace Association kennen. Der Verband, der 1880 zum ersten Mal ein Treffen organisierte, hatte das Ziel, Schlichtung und Frieden anstelle von bewaffneten Konflikten und Gewalt zu fördern – Suttner ist sofort begeistert. Sie unterstützt die Friedensliga, schreibt Essays und hält Vorträge. Im Herbst 1889 veröffentlicht sie den Antikriegsroman *Die Waffen nieder!* – er wird zum Bestseller. Sie beschreibt darin die Schrecken des Krieges aus Sicht einer Ehefrau und verfasst dabei einen Aufschrei gegen den Krieg:

„Wenn einer nach verlorener Schlacht mit zerschmetterten Gliedern auf dem Felde liegen bleibt (...) und da ungefunden durch vier oder fünf Tage und Nächte an Durst, Hunger, unter unsäglichen Schmerzen, lebendig verfaulend, zugrunde geht – dabei wissend, dass durch seinen Tod dem besagten Vaterlande nichts geholfen, seinen Lieben aber Verzweiflung gebracht worden – ich möchte wissen, ob er die ganze Zeit über mit jenem Rufe (für das Vaterland) gern stirbt."
Von nun an ist Suttners Name mit der pazifistischen Bewegung verbunden. Am 3. September 1891 ruft sie zur Gründung der Österreichischen Gesellschaft der Friedensfreunde auf und wird deren erste Präsidentin. Neben vielen Freunden und Bekannten unterstützt auch Alfred Nobel ihr pazifistisches Engagement. Gleichzeitig aber verdient er sein Geld weiter mit lukrativen Waffengeschäften. Als 1888 sein Bruder Ludwig stirbt, sorgt ein Versehen dafür, dass Alfred Nobel seine Meinung grundsätzlich ändert. Der Nachruf auf den verstorbenen Ludwig Nobel wird versehentlich unter Alfreds Namen mit dem Passus veröffentlicht, er habe seinen Reichtum damit verdient, dass er eine Möglichkeit gefunden habe, „mehr Menschen schneller als je zuvor zu töten".
Sofort ändert Alfred Nobel sein Testament und legt fest, dass mit seinem Vermögen eine Stiftung gegründet werden soll. Gleichzeitig ruft er einen nach seinem Namen genannten Preis in fünf Kategorien aus. Geehrt werden sollen, „die im vergangenen Jahr der Menschheit den größten Nutzen erbracht haben". Neben Medizin, Chemie, Physik und Literatur ist die fünfte Kategorie „Frieden". Diesen Preis soll jemand bekommen, „der am meisten oder am besten auf die Verbrüderung der Völker und die Abschaffung oder Verminderung stehender Heere sowie das Abhalten oder die Förderung von Friedenskongressen hingewirkt hat."

Am 7. Januar 1893 verfasst Alfred Nobel einen Brief an Bertha von Suttner und gesteht, dass der Friedensnobelpreis auf ihre Anregung zurückgeht. Am 10. Dezember 1896 stirbt Nobel, fünf Jahre später werden die ersten Preise vergeben.

Bertha von Suttners Name wird fortan jedes Jahr gehandelt, aber es dauert noch vier Jahre, bis sie tatsächlich als Preisträgerin benannt wird. Die Einladung zur Preisverleihung am 10. Dezember 1905 schlägt sie aus, weil sie lieber Vorträge in Stuttgart und Karlsruhe hält. Erst am 18. April 1906 nimmt sie den Preis entgegen.

LITERATUR:

Bertha von Suttner: Die Waffen nieder! Altenmünster 2012

Brigitte Hamann: Bertha von Suttner. Kämpferin für den Frieden. München 2015

Emil Bobi: Der Friedensnobelpreis. Ein Abriss. Wals 2015

Richard Hennig: Alfred Nobel. Der Erfinder des Dynamits und Gründer der Nobelstiftung. Hamburg 2014

QR – CODE:

DAS BOSMAN-URTEIL – 1995

WIE PROFIFUSSBALLER ZU MILLIONÄREN WURDEN

Heute verdienen Profifußballer wie Thomas Müller oder Robert Lewandowski Abertausende von Euro – wohlgemerkt pro Tag. Spitzenverdiener wie Lionel Messi kommen auf über neunzig Millionen Euro pro Jahr. Ihre Gehälter sind lange ungebremst in die Höhe geschnellt, aber erst nachdem einer von ihnen vor Gericht gezogen war.

Lüttich im Sommer 1990: Jean-Marc Bosman muss ziemlich verzweifelt gewesen sein. Bosman ist Profifußballer, mit 26 Jahren auf dem Höhepunkt seiner Karriere, und trotzdem droht ihm das Karriereende. Er steht in seiner Heimat Belgien beim Erstligisten RFC Lüttich unter Vertrag und verdient umgerechnet ca. 3500 Euro pro Monat. Dieser Vertrag läuft im Sommer 1990 aus, der Verein bietet ihm einen neuen Vertrag an – aber nur noch für 880 Euro im Monat. Deshalb hat Bosman schon mit einem Wechsel rüber nach Frankreich geliebäugelt, ins nicht weit entfernte Dunkerque. Aber sein Verein macht ihm einen Strich durch die Rechnung! Der RFC Lüttich verlangt eine Ablösesumme von 800 000 US-Dollar, die der Verein aus Dunkerque nie im Leben bereit ist zu zahlen. Jetzt hat Bosman nur noch zwei Optionen: Entweder zu geringeren Bezügen in Lüttich verlängern oder das Karriereende.

Im Jahr 1990 gibt es nämlich noch sehr klare Regeln, wie die Sache im Profifußball zu laufen hat: Selbst wenn der Vertrag eines Spielers ausläuft, darf sein Klub eine Ablösesumme fordern. Ist niemand bereit, diese Ablösesumme zu zahlen, kann der Spieler nur beim alten Verein bleiben. „Weil sich zwei Klubs wegen Geldgeschichten nicht einigen konnten, konnte ich nicht gehen, aber auch nicht bleiben. Ich war also blockiert!“, sagte Bosman in einem späteren Interview. „Da habe ich entschieden, dass es reicht. Nur weil eine Summe bezahlt werden musste, konnte die Karriere eines Spielers zerstört werden. Ich habe das nicht akzeptiert." Also zieht er vor Gericht. Was folgt, ist ein langer und beschwerlicher Weg für Jean-Marc Bosman. Es geht durch alle Instanzen, und als Profifußballer kriegt er in der Zwischenzeit kaum noch einen Fuß auf den Boden. Aber am 15. Dezember 1995 – nach fünf Jahren – entscheidet das oberste zuständige Gericht, der Europäische Gerichtshof in Luxemburg, dass Bosman recht hat.

Bosman profitiert dabei unverhofft von den historischen Ereignissen seiner Zeit, denn Anfang der Neunzigerjahre, nach der Wende und dem Fall der Berliner Mauer, schreitet die europäische Integration im Sauseschritt voran. Und seit dem Vertrag von Maastricht und der Gründung der europäischen Union galt für Arbeitnehmer in allen Mitgliedsstaaten die Freizügigkeit und vor allem die freie Wahl des Arbeitsplatzes. Gegen genau diese Freizügigkeit würden die damals im Profifußball geltenden Regeln aber verstoßen, urteilten die Richter in Luxemburg. Ab sofort galt für jeden Spieler das Gleiche wie für jeden anderen Arbeitnehmer in Europa auch: Wenn sein Vertrag ausläuft, darf er sich frei einen neuen Verein, sprich einen neuen Arbeitgeber suchen – ohne Ablösesumme.

„Ich halte diese Entscheidung für eine mittlere Katastrophe", sagte damals Gerhard Mayer-Vorfelder, später Präsident des Deutschen Fußballverbands, „was zu ungeheuren Überschuldungen der Vereine führen wird." Mayer-Vorfelder ist mit der Meinung nicht allein, ein Großteil der deutschen Fußballvereine und -manager geht auf die Barrikaden. „Bosman hat dazu geführt, dass viel zu viele Spieler viel zu viel Geld garantiert bekommen", meint Uli Hoeneß, Präsident des FC Bayern München. „Sie bekommen das Geld, ohne unbedingt Leistung bringen zu müssen, und das ist eine gefährliche Sache."

Die Theorie dahinter: Nach dem Urteil lag die Macht im Geschäft nicht mehr bei den Vereinen, sondern bei den Spielern und ihren Beratern. Die konnten nun, wenn ihre Verträge auslaufen und ein konkurrierender Verein ein höheres Gehalt bietet, beide Vereine bei ihren Gehaltsverhandlungen gegeneinander ausspielen. Und ganz nebenbei waren nun auch Verhandlungen mit Klubs aus ganz Europa möglich, denn der EuGH kippte eine zweite, damals gängige Regel: Bis zum Bosman-Urteil war es in vielen europäischen Fußballligen verboten, mehr als zwei oder drei ausländische Spieler zu verpflichten. Auch das widersprach der Idee der Freizügigkeit und wurde kassiert. Der FC Bayern München und Borussia Dortmund mussten also bei Spielern, Verträgen und Gehältern jetzt nicht mehr nur mit Eintracht Frankfurt oder Mönchengladbach konkurrieren, sondern zunehmend auch mit Real Madrid, Inter Mailand oder Manchester United.

Die große Frage ist heute im Profifußball, wie sich all diese Millionen und Abermillionen an Spielergehältern noch realisieren lassen. Zwar wird der Markt für Fußball immer größer und die europäischen Spitzenklubs versuchen schon lange, das Publikum weltweit von Nordamerika bis Südostasien zu erreichen. Mit Übertragungsrechten und Trikotverkäufen werden immer höhere Summen erzielt. Gleichzeitig hat aber die Corona-Pandemie sehr deutlich gemacht, wie wackelig das ganze Konstrukt ist. Gehen Spiel- und Ticketeinnahmen nach unten, gehen die Vereine in die Knie. Verpassen Spitzenklubs wie Borussia Dortmund oder Juventus Turin den lukrativsten aller Wettbewerbe, die Champions League, beginnt der große Ausverkauf, und Notfallversicherungen müssen gezogen werden. Und um sich von solchen Unwägbarkeiten zu befreien, plante die europäische Klubelite eine „Super League", in der sie gegen horrende Übertragungsrechte nur noch untereinander antreten wollten. Der Aufschrei der Fans und vieler kleinerer

Klubs im Frühjahr 2021 war unüberhörbar, das Projekt liegt vorerst auf Eis.

Dass der Profifußball diese Dimensionen erreicht hat, hat nicht allein mit dem Bosman-Urteil zu tun. Aber es spielte eine entscheidende Rolle. Jean-Marc Bosman selbst sagte damals kurz nach dem Urteil: „Natürlich hätte ich lieber die Karriere wie Franz Beckenbauer oder Pele gemacht. Aber mein Name ist genauso bekannt wie der von Beckenbauer oder Pele. Ich habe nicht nur gespielt. Ich vergleiche meine Karriere mit einem Kampf für die Gerechtigkeit aller sozialer Klassen. Und es hat sich gelohnt."

Für ihn selbst hat es sich definitiv nicht gelohnt. Bosman spielte nie wieder Profifußball, hatte Suchtprobleme und ein turbulentes Leben und lebt heute von Sozialhilfe in Belgien. Er habe einen hohen Preis bezahlt, sagte er in einem jüngeren Interview. Und die Folgen des Urteils, das alle unter seinem Namen kennen, gäben ihm heute noch zu denken. Wenn es nach ihm ginge, würde er eine Obergrenze für Spielergehälter einführen.

LITERATUR:

Ronald Reng: Spieltage. Die andere Geschichte der Bundesliga. München 2013

Stefan Gmünder, Klaus Zeyringer: Das wunde Leder. Wie Kommerz und Korruption den Fußball kaputt machen. Berlin 2018

Andreas Buck, Johannes Ehrmann: Turbo. Mein Wettlauf mit dem Fußballgeschäft. Stuttgart 2020

QR – CODE:

DIE GEBURT VON JESUS VON NAZARETH – „0“

WIE EIN ARBEITERKIND EINE WELTRELIGION PRÄGTE

Heute kommt an seinem Geburtstag der Weihnachtsmann, er hängt in praktisch jeder Kirche der Welt am Kreuz und Menschen schreien seinen Namen in Verzweiflung wie Ekstase: Jesus Christus, Sohn Gottes, geboren in einer Krippe in Bethlehem. Aber dann gibt es da ja noch Jesus von Nazareth.

Irgendwo zwischen Galiläa und Judäa, irgendwann zwischen den Jahren 4 v. Chr. und 7 wird in die Familie des Josef ein kleiner Junge namens Jesus geboren. Er ist eines von sieben Kindern (vier Brüder, zwei Schwestern), seine Mutter heißt Maria, die Familie lebt im kleinen Dorf Nazareth und sein Vater arbeitet als Bauhandwerker, nicht als Zimmermann, wie es oft heißt. Und damit ist schon fast alles gesagt, was man über den jungen Jesus weiß. Dabei ist über ihn im Vergleich zu anderen Menschen seiner Zeit enorm viel festgehalten und niedergeschrieben worden, nicht zuletzt in den vier Evangelien, die heute einen wesentlichen Teil des Neuen Testaments der Bibel bilden.

Aber die Probleme beginnen eigentlich schon bei Geburtsort und -jahr: Einmal heißt es, Jesus sei zu Zeiten der Herrschaft von König Herodes dem Großen geboren. Das müsste dann vor dem Jahr 4 v. Chr. gewesen sein, denn in diesem Jahr stirbt Herodes. Gleichzeitig soll er im Jahr der Volkszählung durch den römischen Statthalter Quirinius geboren sein. Diese war im Jahr 6 oder 7 nach Christus. Hier stimmt was nicht. Sicher ist wohl nur: Im Jahre 0 wurde er nicht geboren. Und von wegen Volkszählung: Wegen eben dieser seien Josef und Maria nach Bethlehem gezogen, wo Jesus laut Evangelien geboren sein soll, genauso wie einst der große israelische König David. Bethlehem ist allerdings 150 Kilometer zu Fuß von Nazareth

entfernt, wo Jesus übereinstimmenden Berichten nach aufgewachsen ist. Stolze Strecke für eine Hochschwangere. Ist Jesus also vielleicht doch einfach im damals unbedeutenden Nazareth zur Welt gekommen?
Damit wären wir bei einem Problem der Evangelien, denn natürlich sind sie auch Schriften, die sich an das damals blutjunge Christentum und die Gläubigen wenden. Sie sind also nicht frei vom Verdacht, Jesu Geburtsort woanders hin verfrachtet zu haben, um ihm eine größere Bedeutung zu geben. Gleichzeitig könne man mit den Evangelien sehr gut arbeiten, findet Jesus-Biograf Markus Spieker, denn sie seien schon in zweiter oder dritter Generation nach Jesu Tod entstanden. Sie sind sicher „keine PR-Werke der Machthaber", denn die Christen standen damals unter brutaler Verfolgung. Die Überlieferungen über das Leben des Jesus von Nazareth stünden im Vergleich sogar besser da als vergleichbare Schriften über Caesar oder Augustus, die erst hundert Jahre später von römischen Gelehrten aufgeschrieben worden sind.
Eine Geschichte, die in allen Evangelien auftaucht, und die deshalb vielleicht besondere Beachtung verdient, ist die der Tempelreinigung: Jesus steigt in Jerusalem auf den hochheiligen Tempelberg und stößt dort oben die Tische der Geldwechsler und Viehhändler um. „Macht meines Vaters Haus nicht zum Kaufhaus!", soll er dabei geschrien haben. Die Geschichte ist deshalb interessant, weil sie uns etwas über den historischen Jesus verraten kann: Er ging auf Konfrontationskurs mit den damals Mächtigen. Auf dem Tempelberg hatte die Familie des Hohepriesters das Sagen. Und bei den Viehgeschäften, beim Verkauf von Opfertieren für die rituellen Feste und bei der Geldwechselei verdiente diese mafiöse Clique ordentlich mit. Den frommen Gläubigen dieser Zeit, nicht allein Jesus, war das ein Dorn im Auge. Genauso wie die Abhängigkeit des Hohepriesters von Rom.

Denn das tatsächliche Sagen an der Levante hatten zu der Zeit die Römer. 63 v. Chr. war der römische Feldherr Pompeius mit seiner Flotte an der Mittelmeerküste Palästinas gelandet und hatte den zu dieser Zeit selbstständigen jüdischen Staat der Hasmonäer zerschlagen. Anschließend gehörte das Land als Teil der Provinz Syria den Römern. Diese betrieben in den Jahrzehnten danach eine komplizierte und sich immer wieder verändernde Machtpolitik in Palästina. Im Grunde aber überließen sie die Gebiete Judäa, Galiläa und Samaria einem von Rom eingesetzten jüdischen Klientelkönig, und die religiöse Souveränität wurde den Hohepriestern überlassen – auch wenn zum Beispiel an einem der Tore des Tempelbergs ein großer goldener römischer Adler angebracht war.
Stellte Jesus also die Autorität der Hohepriester infrage, stellte er auf Umwegen auch die Autorität Roms infrage. Ohnehin war er inzwischen als Prediger im ganzen Land bekannt – mit seiner revolutionären Botschaft von Nächstenliebe und Gleichheit, die er wohl tatsächlich so predigte. Er war zu seiner Zeit sicher nicht der einzige Wanderprediger, der in Judäa und Galiläa unterwegs war, aber offensichtlich auch kein „08/15 Messias", wie Markus Spieker sagt. Denn er war bei den Leuten überaus beliebt, seine Botschaft verfing, weil unter römischer oder jüdischer Stellvertreterherrschaft sehr viele Menschen schlechte Chancen auf sozialen Aufstieg und ein gerechtes Leben hatten. Jesus selbst kam schließlich aus einer solchen Familie. Und er nahm für sich selbstbewusst in Anspruch, die Lehre Gottes zu verbreiten und die Wahrheit zu sprechen. Auch das war eine Provokation in Richtung des römischen Kaisers, um den ein gottgleicher Personenkult betrieben wurde.
Und in diese Reihe stellt sich dann auch der letzte Fakt, den wir über Jesus zur Hand haben: Er ist am Kreuz gestorben. Diese Kreuzigung verrät viel, denn im alten Rom wurde nicht jeder Straftäter aus Jux und Tollerei ans Kreuz genagelt. Nein,

diese Strafe war für politische Aufrührer und Volksverhetzer vorbehalten. Diese „strafrechtliche Beurteilung“ Jesu durch die Römer verrät viel über sein tatsächliches Wirken zu seiner Zeit. Damit endet die Geschichte des historischen Jesus. Denn spätestens mit seiner Auferstehung haben wir es nicht mehr mit Jesus von Nazareth, sondern mit Jesus Christus zu tun, dem Sohn Gottes. Als solchen hat sich Jesus selbst übrigens laut Evangelien nie bezeichnet.

LITERATUR:

Reza Aslan: Zelot. Jesus von Nazaret und seine Zeit. Reinbek 2015

Margot Käßmann: Im Zweifel glauben. Freiburg 2018

Markus Spieker: Jesus. Eine Weltgeschichte. Basel 2020

Jochen Sautermeister, Andreas Odenthal: Ohnmacht. Macht. Missbrauch. Theologische Analysen eines systemischen Problems. Freiburg 2021

QR – CODE:

DIE VARUSSCHLACHT – 9

WIE WIR HEUTE „DIE GERMANEN" SEHEN

Heute tragen Germanen Undercut, Tattoos und Schafsfellwesten – zumindest im Fernsehen. Historienschinken wie Netflix' *Barbaren* erwecken unsere vermeintlichen Vorfahren wieder zum Leben, wobei viel Geschichte dem dunklen, deutschen Wald zum Opfer fällt.

Das heutige Ostwestfalen im Jahr 9: Die Legionen des römischen Feldherrn Varus werden Tag für Tag weiter aufgerieben. Die Germanen verwickeln sie von Sonnenaufgang bis Sonnenuntergang immer wieder in Scharmützel, immer mehr römische Soldaten werden diesen Wald nie wieder verlassen. Nach drei oder vier Tagen sind alle drei römischen Legionen, die auszogen, die Germanen zu bestrafen, geschlagen und vernichtet. Inklusive ihres Feldherrn Varus, der sich noch auf dem Schlachtfeld das Leben nimmt. Für das Römische Reich ist diese Niederlage gegen die Germanen eine bis dahin ungekannte Schmach.

Eigentlich ist es aber großer Quatsch, hier von „den" Germanen zu sprechen. Sinnvoller wäre es, sie beim jeweiligen Namen zu nennen: Cherusker, Chatten oder Brukterer. Denn unter Germanen versteht man verschiedene Völker, die zu römischer Zeit von Skandinavien im Norden bis runter zur Donau und Moldau im Süden siedelten – fast unzählbare Stämme mit verschiedensten Gesellschaften, Riten und nur noch lose verwandten Sprachen. In der Geschichtsschreibung tauchen sie eigentlich erst auf, nachdem Rom Gallien erobert hatte, also etwa im letzten Jahrhundert v. Chr. Denn plötzlich waren das Römische Reich und einige germanische Stämme Nachbarn, die natürliche Grenze bildete der Rhein. Alles Land östlich des Rheins nannten die Römer Germania magna. Von friedlicher

Koexistenz konnte aber keine Rede sein: Immer wieder kam es zu Kämpfen und Kriegen zwischen Rom und den ostrheinischen Stämmen. Ab 7 n. Chr. wird die Sache deshalb an einen erfahrenen Statthalter übergeben, der schon in anderen Teilen des Reiches für Ruhe und Ordnung gesorgt hatte: Publius Quinctilius Varus. Er will unter den Stämmen römisches Steuerrecht und die Tributpflicht einführen. Das provoziert den Widerstand einiger Germanen und tritt die ganze Geschichte um Arminius aka „Hermann der Cherusker“ los, die schon besten Stoff für Renaissance-Erzählungen lieferte und genauso heute als Vorlage für Netflix-Serien dient.

Die ganze Geschichte des Arminius, römischer Ritter und Cherusker-Fürst, der je nach Interpretation als Kind entführt oder aber von seinen Eltern freiwillig nach Rom geschickt wurde und zurückkehrte, um die Germanenstämme zu vereinen, interessiert uns jetzt weniger. Vielmehr geht es um unsere Bilder und Vorstellungen von ihm und den Germanen: Die Axt unterm Kopfkissen, die Kriegsbemalung im Gesicht, der Undercut und die Fellwesten – so finden wir die Germanen heute wieder, in Fernsehserien, Filmen, Comics und Videospielen. Dabei sollten wir uns schon mal fragen, woher diese Bilder kommen, denn eigentlich wissen wir sehr wenig über die Germanen. Wir wissen eben zunächst, dass sie sehr verschieden waren, dass sie verstreut in verschiedenen Stämmen lebten und oftmals auch Krieg untereinander führten. Deshalb ist es im Fall der Varusschlacht auch eine Legende, dass hier erstmals die Germanen vereint gekämpft hätten – noch schlimmer, wie es die spätere nationalistische Dichtung wollte, dass hier erstmals die „Deutschen“ vereint gekämpft hätten. Denn eigentlich waren es nur einige wenige Stämme, die Arminius zum Teil unter Zwang zusammenbrachte. Und sogar innerhalb der Stämme gab es verschiedene Vorstellungen davon, wie man sich zum Beispiel mit den Römern zu arrangieren

habe – ein Punkt, den die Netflix-Serie *Barbaren* tatsächlich gut herausarbeitet.
Was aus Sicht mehrerer Archäologen und Historiker ebenfalls gut gelungen ist, sind die Behausungen und Kleider der Germanen. Sie wohnten oftmals, wie in der Serie gezeigt, in hölzernen Langhäusern mit Reetdächern. Und sie trugen lange gerade Hosen, einen Kittel und einen Rechteck-Mantel über den Schultern, dazu Schuhe und Gürtel. Auch wenn die Serie absichtlich etwas untertreibe, meint Archäologe und Set-Berater Philipp Roskoschinski. Um die Germanen als unterlegen zur großen Zivilisation der Römer darzustellen, hätte man sie weniger bunt und prächtig gekleidet, als es die historische Garderobe der Germanen hergegeben hätte. Spätestens aber wenn es an die Schlachtenszenen geht, überschlägt sich die Fantasie: Dann kommen Lederschienen und Tierfelle zum Vorschein, die Bärte werden geflochten und die Haare rasiert, die Oberkörper tätowiert und die Gesichter bemalt, und auf dem Schädel der obligatorische gehörnte Helm. Nichts davon lässt sich durch archäologische Funde belegen. Stattdessen werden hier fröhlich Germanen, Wikinger, nordische Mythologie, römische Geschichtsschreibung, Wagner-Festspiele und *Game of Thrones* zusammengequirlt.
Und dann gibt es da noch den ewigen düsteren und vernebelten Wald, in dem die Germanen hausen und den Römern auflauern. Sehr sicher aber haben die meisten Germanen nicht im Wald gewohnt, sondern betrieben Ackerbau und Viehzucht auf großen Feldern und Weiden und hatten sich in Dörfern oder zumindest kleineren Hofgemeinschaften zusammengetan. Den ewigen Wald der Germanen kann man natürlich für bloßes Klischee halten, aber der Archäologe Karl Banghard sieht zum Beispiel mehr darin: „Der germanische Waldmensch im Gegensatz zum Juden, der eher ein Wüstenmensch war, und der Slawe ist dann eben der Steppenmensch. Das ist eine Selbst-

ermächtigung. Man sagt einfach: ‚Ich bin hier Ureinwohner, ich habe Rechte, dafür muss ich nix tun, und andere haben diese Rechte nicht.'"
Banghard leitet ein Freilichtmuseum im Teutoburger Wald, schon immer ein Hotspot für Rechtsextreme, wie er sagt, und regelmäßig fänden regelrechte Neonazi-Touren durch Ostwestfalen statt. „Fast alle Kernüberzeugungen der extremen Rechten lassen sich über Germanen abbilden. Denn in eine Epoche, über die ich nicht viel weiß, kann ich natürlich viel reinprojizieren." Und Serien wie *Barbaren* seien zwar nicht bewusst und explizit rechts, aber man würde es sich leicht machen und alte Mythen wieder aufwärmen. Und die wären immerhin „anschlussfähig" für die extreme Rechte. Zumindest bediene der Stoff eine „Sehnsucht nach der Archaik", sagt Archäologe Matthias Wemhoff. Je komplexer die Welt werde, desto mehr suche man Mythen, in denen noch alles einfach sei und alle Rollen definiert. Aber sich den Germanen „verbunden" zu fühlen, sei „einfach nur kurios". Nebenbei genau wie die Vorstellung, dass sie unsere Vorfahren seien, denn die Germanen verteilten sich damals über ganz Europa und waren sehr heterogen, so wie die Deutschen heute auch sehr heterogen sind. Wir sollten also auch vermeintlich harmlose Serien wie *Barbaren* auf den Prüfstand stellen, denn die Faszination für die Zeit der Germanen ist ungebrochen – weltweit. Die Serie wurde nicht nur hier in Deutschland hoch und runter geschaut, sondern sie hat es in insgesamt 91 Ländern zu den meist geschauten Serien des Streaminganbieters geschafft.

LITERATUR:

Reinhard Wolters: Die Schlacht im Teutoburger Wald. Arminius, Varus und das römische Germanien. München 2008

Karl Banghard: Nazis im Wolfspelz. Germanen und der rechte Rand. Wuppertal 2016

Matthias Wemhoff: Germanen. Eine archäologische Bestandsaufnahme. Darmstadt 2020

QR – CODE:

DIE GRÜNDUNG DES ZWEITEN DEUTSCHEN KAISERREICHS – 1871

WIE IM SCHLOSS VON VERSAILLES DER DEUTSCHE KAISER PROKLAMIERT WURDE

In Europa gibt es in Schweden, Dänemark, Norwegen, Großbritannien, Spanien, Holland und Belgien Monarchen. Sie sind an eine Verfassung gebunden, haben so gut wie keine politische Macht, genießen aber bei den Menschen in ihren Ländern großes Ansehen. Das Wohlergehen der königlichen Familien hat höchste Priorität, und wenn einer von ihnen aus der Reihe tanzt, dann ist das ein gefundenes Fressen für die Blätter der Klatschpresse. In Deutschland musste der letzte Monarch – Kaiser Wilhelm II. – nach der Niederlage im Ersten Weltkrieg im November 1918 das Land verlassen. Mit ihm endete die deutsche Monarchie.

Begonnen hat sie an einem bitterkalten Tag im unbeheizten Spiegelsaal der Palastanlage in Versailles. Es ist der 18. Januar 1871, als sich viele, teilweise hochbetagte Fürsten, Herzöge und Könige in jenem Saal treffen, um einen der ihren zum neuen deutschen Kaiser zu proklamieren. Die Gründung eines zweiten deutschen Kaiserreichs nach Karl dem Großen ist in den letzten Jahren Ziel der Politik des preußischen Ministerpräsidenten Otto von Bismarck gewesen. 1862 hatte ihn der preußische König Wilhelm I. ernannt, zwischen beiden entwickelte sich ein politisches Vertrauensverhältnis, das Bismarck weitgehend freie Hand ließ. Der preußische Ministerpräsident löste zunächst einen langwierigen Konflikt mit dem Parlament über eine Heeresreform dadurch auf, dass er eine Lücke in der preußischen Verfassung ausmachte. Diese von ihm festgestellte „Lücke“ bestand darin, dass es keine gesetzliche

Regelung für einen derartigen Streit zwischen Monarch und Parlament gibt, weswegen es eben keine verfassungskonforme Lösung geben könne. Der König könne also regieren, ohne an Parlamentsbeschlüsse gebunden zu sein. Nach dieser rigiden Durchsetzung königlicher Interessen im „Preußischen Verfassungskonflikt" zugunsten Wilhelm I. wandte sich die preußische Politik einem Konflikt mit Österreich zu, der schon lange schwelte.

Preußen und Österreich waren seit dem Ende der deutschen Revolution 1849 in einem Konflikt um die Vorherrschaft über die vielen, teilweise kleinen deutschen Länder verhakt. Der beim Wiener Kongress 1815 gegründete Deutschen Bund stand unter dem Vorsitz Österreichs, was von Preußen argwöhnisch beobachtet wurde. 1863 versuchte Österreich durch eine Reform des Deutschen Bundes weiteren Einfluss zu gewinnen, scheiterte damit aber auf dem Frankfurter Fürstentag. Preußen war der Versammlung ferngeblieben, und die anwesenden Landesfürsten wagten es nicht, eine derart tiefgreifende Veränderung allein vorzunehmen. Die preußisch-österreichische Rivalität war nun offen zutage getreten, wurde aber durch einen Konflikt um die beiden Herzogtümer Schleswig und Holstein zunächst noch überdeckt. Während Schleswig als Lehen zu Dänemark gehörte, war Holstein Mitglied des Deutschen Bundes, aber beide Territorien unterstanden in Personalunion dem dänischen König.

Als der deutsch-dänische Prinz Friedrich VIII. von Schleswig-Holstein 1863 Erbansprüche auf beide Herzogtümer geltend machte, erfuhr er die Unterstützung der deutschen Nationalbewegung, die vehement die Eingliederung von Schleswig und Holstein in den Deutschen Bund forderte. Nach einigen erfolglosen diplomatischen Vermittlungsbemühungen führte dieser Konflikt 1864 zum deutsch-dänischen Krieg, der mit dem Wiener Friedensvertrag am 30. Oktober 1864 und dem Verzicht

Dänemarks auf die beiden Herzogtümer endete. Damit war der erste der sogenannten deutschen „Einigungskriege“ beendet. Der Konflikt Preußens mit Österreich aber bestand weiter, zumal Preußen sich bemühte, seine über den Deutschen Zollverein bestehenden guten Beziehungen zu den norddeutschen Staaten zu intensivieren. In den nächsten Monaten zeichnete sich ab, dass Österreich eine preußische Machterweiterung in Deutschland nicht ohne Weiteres zulassen würde.

In Preußen erlangte Otto von Bismarck die Zustimmung der liberalen und der nationalen Bewegung zur Gründung eines kleindeutschen Staates. Mitte Juni 1866 nutzte er einen erneuten Konflikt über die Zukunft Schleswig und Holsteins, um aus dem Deutschen Bund auszutreten und ihn für aufgelöst zu erklären. Seit dem Wiener Friedensvertrag von 1864 standen die beiden Herzogtümer unter gemeinsamer preußisch-österreichischer Verwaltung. Im Sommer 1866 kam es zum Streit über die gemeinsame Verwaltung, der zum „deutschen Krieg“ zwischen Preußen und Österreich führte. Preußen wurde unterstützt von nord- und ostdeutschen Fürstentümern, Österreich konnte auf die süddeutschen Staaten und das Königreich Hannover zählen. Nach der Schlacht von Königgrätz war der Krieg am 3. Juli 1866 mit einem preußischen Sieg beendet. Preußen löste den Deutschen Bund endgültig auf und gründete stattdessen am 16. April 1867 den Norddeutschen Bund, zu dessen Präsident der preußische König Wilhelm I. gewählt wurde.

Dem eigentlichen Ziel der Gründung eines gesamtdeutschen Nationalstaates steht nun noch Frankreich entgegen. Der französische Kaiser Napoleon III. hat die Ereignisse östlich des Rheins besorgt verfolgt. Angesichts des preußischen Machtgewinns in Deutschland und wegen eines Staatsstreichs im Nachbarland Spanien fühlt er sich an den Rand gedrängt. Nach langen innenpolitischen Querelen wird 1868 Königin Isabella II. von Spanien gestürzt. Bei der Suche nach einem geeigneten Nachfolger auf dem spanischen Thron kommt Leopold von Hohenzollern-Sigmaringen ins Spiel, ein Verwandter des preußischen Königs. Sollte Leopold tatsächlich zum spanischen König gekrönt werden, würde das bei Napoleon III. Panikattacken auslösen, weil er sich von den Hohenzollern in Preußen und Spanien „umzingelt" fühlt. Für diesen Fall erklärt Napoleon III. Preußen vorsorglich den Krieg.

Obwohl Leopold seine Ambitionen zurückstellt und auf seine Kandidatur verzichtet, ist Napoleon III. besorgt und fordert einen immerwährenden Verzicht der Hohenzollern auf den spanischen Thron. Da der preußische König diese Garantie nicht geben möchte, kommt es im Sommer 1870 zum deutsch-französischen Krieg. Nach einigen kleineren Schlachten im August findet am 1. September 1870 die Schlacht von Sedan statt. Die Niederlage Frankreichs hat vielfältige Konsequenzen: In Frankreich wird die dritte Republik ausgerufen; Napoleon III. muss ins britische Exil, und in Deutschland ist der Weg frei zur Gründung des zweiten Kaiserreichs. Am 18. Januar 1871 – genau 170 Jahre nach der Gründung Preußens – geht Preußen im neuen deutschen Kaiserreich auf und aus dem preußischen König wird der deutsche Kaiser. Eigentlich aber handelt es sich um eine „Verpreußung" Deutschlands, denn fortan bestimmt das „alte" Preußen das „neue" Deutschland.

LITERATUR:

Hans-Christof Kraus: Bismarck. Größe – Grenzen – Leistungen. Stuttgart 2015

Christoph Jahr: Blut und Eisen. Wie Preußen Deutschland erzwang. 1864–1871. München 2020

Robert-Tarek Fischer: Wilhelm I. Vom preußischen König zum ersten deutschen Kaiser. Köln 2020

Christoph Nonn: 12 Tage und ein halbes Jahrhundert. Eine Geschichte des deutschen Kaiserreichs 1871–1918. München 2020

QR – CODE:

DIE EHRENERKLÄRUNG FÜR SOLDATEN VON WEHRMACHT UND WAFFEN-SS – 1951

WIE KRIEGSVERBRECHEN ENTSCHULDIGT WURDEN

Heute genießt die Bundeswehr in Deutschland einen sehr guten Ruf. Natürlich diskutieren wir heftig über ihre Einsätze im Ausland, aber wenn die Bundeswehr weltweit Hilfe leistet oder zum Beispiel in Zeiten von Pandemie mit anpackt, erfährt sie viel Dankbarkeit. Umso größer ist der Widerspruch, wenn sich deutsche Elitesoldaten als Rechtsextreme entpuppen. Oder wenn wir sogar eine Geschichte des Rechtsextremismus in der Bundeswehr entdecken.

23. Januar 1951: „Der deutsche Soldat hat für seine Heimat tapfer gekämpft" – nur ein Satz, der aber eine Menge verändern sollte. Dieser Satz stammt von Dwight D. Eisenhower, dem späteren US-Präsidenten, der im Jahr 1951 aber noch Oberbefehlshaber der NATO-Streitkräfte ist. Und dieser Satz ist Teil einer größeren Erklärung, der sogenannten „Ehrenerklärung für die Soldaten der Wehrmacht und der Waffen-SS". Eisenhower revidiert damit seine vorherige Meinung, dass die Wehrmacht „identisch" mit Hitler und seiner Gewaltherrschaft gewesen sei. Stattdessen sagt er jetzt: „Ich für meinen Teil glaube nicht, dass der deutsche Soldat als solcher seine Ehre verloren hat." Weil sich Angehörige der Waffen-SS als „reguläre" Soldaten betrachteten, öffnet Eisenhower ihnen und den ehemaligen Wehrmachtssoldaten damit den Weg in die neue Bundeswehr der Bundesrepublik Deutschland.

Erster Bundeskanzler der damals jungen BRD ist bekanntermaßen Konrad Adenauer, und der steht vor allem für eins: eine Integration in den Westen. Enge wirtschaftliche Beziehungen zu den westlichen europäischen Nachbarn und ein gutes politisches Verhältnis zu den USA, so stellt es sich Adenauer vor.

Und auf längere Sicht gehöre dazu auch, sich dem westlichen Militärbündnis der NATO anzuschließen. Diese Pläne allerdings schmiedet Adenauer größtenteils im Geheimen, denn sowohl in der deutschen Bevölkerung als auch unter den europäischen Nachbarn ist die Idee einer deutschen Wiederbewaffnung und einer deutschen Armee nicht wirklich salonfähig. Adenauer installiert also eine Dienststelle, die diese Pläne unter Ausschluss der Öffentlichkeit und auch der engsten politischen Verbündeten vorantreiben soll. Diese Dienststelle geht dann auf fünfzehn ehemalige Wehrmachtsoffiziere zu und lädt sie im Oktober 1950 in das abgelegene Kloster Himmerod in der Eifel ein.

Die Offiziere sollen streng vertraulich Pläne zur Wiederbewaffnung schmieden. Das Treffen wird unter dem Decknamen „Zusammenziehung der Versicherungsvertreter" verschleiert. Als Ergebnis präsentieren die ehemaligen Wehrmachtsoffiziere die sogenannte Himmeroder Denkschrift. Unter der Überschrift „Militärpolitische Grundlagen und Voraussetzungen" formulieren sie im ersten Abschnitt sehr konkrete Forderungen an die Westmächte und die Regierung Adenauer: Die Diffamierung der Wehrmacht und der Waffen-SS sei einzustellen; die als Kriegsverbrecher verurteilten Soldaten seien freizusprechen und schwebende Verfahren einzustellen. Und es sei eine Ehrenerklärung für den deutschen Soldaten, egal ob Wehrmacht oder Waffen-SS, abzugeben.

Den Forderungen dieser Himmeroder Denkschrift kommt Dwight D. Eisenhower nur wenige Monate später nach. Seine Motivation ist offensichtlich: Der amerikanische Präsident verfolgt ebenfalls die deutsche Westintegration, den deutschen Beitritt in die NATO und den Aufbau westdeutscher Streitkräfte als Schutzschild gegen den Kommunismus. Denn die Front des immer heißer werdenden Kalten Krieges verlief entlang der Grenze zwischen Bundesrepublik und DDR mitten durch Deutschland. Bundeskanzler Konrad Adenauer wiederum

hatte beobachtet, dass die DDR mit ihrer „kasernierten Volkspolizei“ schon so etwas wie den Vorläufer einer Armee aufgestellt hatte. Der westdeutsche Regierungschef wollte schnellstens nachziehen. Die Gründung des Bundesgrenzschutzes im März 1951 war ein erster Schritt. Aber für eine Armee brauchte man Soldaten. Und fast alle im kampfesfähigen Alter hatten schon in der Wehrmacht gedient. Knapp zwei Jahre nach der Erklärung von Eisenhower war es so weit: Adenauer trat vor den deutschen Bundestag, um auch noch einmal selbst eine Ehrenerklärung für die Wehrmachtssoldaten auszusprechen:
„Ich möchte heute vor diesem Hohen Hause im Namen der Bundesregierung erklären, dass wir alle Waffenträger unseres Volkes, die im Namen der hohen soldatischen Überlieferung ehrenhaft zu Lande, auf dem Wasser und in der Luft gekämpft haben, anerkennen. (…) Der Prozentsatz derjenigen, die wirklich schuldig sind, ist so außerordentlich gering, und so außerordentlich klein, dass damit der Ehre der früheren deutschen Wehrmacht kein Abbruch geschieht.“
Damit untermauerte Adenauer das Narrativ der „sauberen Wehrmacht“. Schon 1946 im Nürnberger Kriegsverbrecherprozess war zwar das Oberkommando angeklagt worden, die Wehrmacht selbst wurde aber nicht als „verbrecherische Organisation“ eingestuft. Und nun waren dieser „sauberen Wehrmacht“ Tür und Tor geöffnet, beim Aufbau der neuen Bundeswehr eine gewichtige Rolle zu spielen. Aber obendrein galt die Ehrenerklärung auch für alle Angehörigen der Waffen-SS. Sie war ein nationalsozialistischer Militärverband, der bis 1940 unmittelbar Heinrich Himmler, dem Reichsführer SS, und dann der Wehrmacht unterstand. Angehörige der Waffen-SS haben ganz unmittelbar grauenhafte Kriegsverbrechen begangen und die Totenkopfverbände der SS stellten die Wachmannschaften der Vernichtungslager und waren so für den Holocaust verantwortlich.

Im Gegensatz zur Wehrmacht war die SS beim Nürnberger Prozess 1946 als „verbrecherische Organisation" eingestuft worden. Jedes einzelne SS-Mitglied war also ein verurteilter Kriegsverbrecher – und wurde nun mit den Erklärungen von Dwight D. Eisenhower und Konrad Adenauer ehrenhaft reingewaschen. Die neue Bundeswehr formierte sich dann 1955 und bestand zum größten Teil aus ehemaligen Wehrmachtssoldaten, 4000 ehemalige Mitglieder der Waffen-SS bewarben sich, etwa 650 wurden in die Bundeswehr übernommen. Und nicht zuletzt machten auch die fünfzehn Granden Karriere, die in Himmerod zusammengekommen waren. Einer von ihnen war erster Generalinspekteur, also ranghöchster Soldat der Bundeswehr, zwei andere schafften es später sogar bis ins Oberkommando der NATO. Ihre Denkschrift aus dem Kloster in Himmerod wurde gleichzeitig bis 1977 geheim gehalten.

Noch länger wurde und wird aber über den Mythos der „sauberen Wehrmacht" diskutiert. Bis heute sehen wir in Dokus oder Spielfilmen den jungen Wehrmachtsoldaten, der für sein Land kämpft und Befehlen folgt. In Familien bleibt die Erzählung am Leben, dass Opa eingezogen wurde und kämpfen musste. Gleichzeitig zeigen die Arbeiten vieler Historikerinnen und Historiker, dass nicht nur die Waffen-SS, sondern eben auch die Wehrmacht an Massakern und der Massenvernichtung in Osteuropa beteiligt war. Und wir mussten uns vor allem in jüngerer Vergangenheit fragen, wie viel Gedankengut die Abertausenden Wehrmachtsoldaten mit in die Bundeswehr getragen haben. Das geht los bei Kasernen, die ihren Namen alten „Weltkriegshelden" verdanken, und weiter zu Soldaten des Kommando Spezialkräfte, einer Bundeswehr-Eliteeinheit, die sich als rechtsextrem entpuppen. Seit 2019 beschäftigt sich das Parlamentarische Kontrollgremium des Deutschen Bundestags mit der „Aufklärung möglicher rechtsextremistischer Netzwerke mit Bezügen zur Bundeswehr". Ein Jahr

später heißt es im Abschlussbericht, „dass Rechtsextremisten in Sicherheitsbehörden und Bundeswehr oft in intensiven Verbindungen zueinander stünden. (...) Viele Teilnehmer an einschlägigen Chat-Foren hätten eine ausgeprägte Waffenaffinität, verfügten über Spezialwissen aus ihrer beruflichen Erfahrung und hätten dienstlich auch Zugang zu Waffen.“
Trotzdem genießen die Soldatinnen und Soldaten in Deutschland einen guten Ruf, bei einer Umfrage des Zentrums für Militärgeschichte und Sozialwissenschaften der Bundeswehr sagten 76 Prozent der Befragten, sie hätten eine positive Einstellung zum Bund. Eine Zahl, die selbst nach den jüngsten Ereignissen nur einen kleinen Knick zu verzeichnen hatte.

LITERATUR:

Detlev Bald: Die Bundeswehr. Eine kritische Geschichte. 1955–2005. Beck, München 2005

Annette Weinke: Die Nürnberger Prozesse. München 2006

Martin Cüppers: Wegbereiter der Shoah. Die Waffen-SS, der Kommandostab Reichsführer-SS und die Judenvernichtung 1939–1945. Darmstadt 2005.

Hannes Heer, Christian Streit: Vernichtungskrieg im Osten. Judenmord, Kriegsgefangene und Hungerpolitik. Hamburg 2020

QR – CODE:

DER STREIT DER HISTORIKER – 1986

WIE DIE VERGANGENHEIT DIE GEGENWART EINHOLTE

„Vergangenheit, die nicht vergehen will …", so lautete der Titel eines Gastbeitrags des Historikers Ernst Nolte, der am 6. Juni 1986 in der *Frankfurter Allgemeinen Zeitung* erschien und den Text einer Rede beinhaltete, die „geschrieben, aber nicht gehalten werden konnte". Nolte glaubte schon lange Zeit, dass es in der Bundesrepublik ein Frage- und Denkverbot gebe im Zusammenhang mit Diskussionen über den Holocaust und das Verhältnis zwischen Faschismus auf der einen und Bolschewismus auf der anderen Seite.

Der von Ernst Nolte veröffentlichte Aufsatz löste die „letzte große intellektuelle Auseinandersetzung in der alten Bundesrepublik" aus, wie es später der Freiburger Historiker Ulrich Herbert formulierte. Was – so fragte Nolte – waren die historischen Ursachen des nationalsozialistischen Genozids an den europäischen Juden? Dazu legte er in seinem FAZ-Artikel einige Thesen vor, die er für „zulässig, ja unvermeidbar" hielt: „Vollbrachten die Nationalsozialisten (…) eine ‚asiatische' Tat vielleicht nur deshalb, weil sie sich und ihresgleichen als potentielle oder wirkliche Opfer einer ‚asiatischen' Tat betrachteten? War nicht der ‚Archipel GULag' ursprünglicher als Auschwitz? War nicht der ‚Klassenmord' der Bolschewiki das logische und faktische Prius des ‚Rassenmords' der Nationalsozialisten?"

Die „asiatische" Tat war nach Noltes Überzeugung der Völkermord an den Armeniern während des Ersten Weltkriegs, der sich – wenn seine These stimmte – an den Deutschen nun möglicherweise wiederholen könnte. Dieses Mal würde der Völkermord von der bolschewistischen Sowjetunion am deutschen Volk begangen. Die Führung der Sowjetunion habe seit Jahren die Weltrevolution propagiert und mehrfach bewiesen, dass sie mit Feinden und missliebigen Personen nicht gerade zimperlich umgeht. Beides stimmt: Die Weltrevolutionspropaganda wurde aus Moskau verbreitet und die Nachrichten über das brutale Vorgehen Stalins gegen Bauern, Ärzte, Armeeoffiziere oder Intellektuelle rissen nicht ab.

Das sowjetische System der Straflager – kurz GuLag – basierte auf den Internierungs- und Konzentrationslagern, die es schon in der russischen Zarenzeit gab. In den Wirren des russischen Bürgerkriegs aktivierte Lenin im Sommer 1918 dieses Lagersystem im Kampf gegen „Kulaken, Popen und Soldaten der Weißen Armee". Die Kulaken waren landbesitzende Bauern, und die Weiße Armee war eine von den alliierten Siegern des Ersten Weltkriegs unterstützte Truppe, die gegen Lenins Bolschewisten kämpfte. Insofern also existierten die sowjetischen GuLags tatsächlich vor den Konzentrations- und Vernichtungslagern des NS-Staates. Daraus folgerte Nolte ein „faktisches Prius", also eine Zeitachse, auf der die GuLags vor den NS-Lagern stehen und deshalb einen „kausalen Nexus" hergeben, also einen „ursächlichen Zusammenhang".

Das war die Kriegserklärung an einen großen Teil der deutschen Historiker. Gemeinsam mit dem Philosophen Jürgen Habermas wiesen sie den Versuch Noltes zurück, die Shoah in einen antibolschewistischen Angstreflex umzudeuten und damit zu relativieren. Antisemitismus, argumentierten Noltes Gegner, sei prägender Bestandteil des einzigen NSDAP-Parteiprogramms gewesen, das am 24. Februar 1920 beschlossen und danach nie wieder verändert wurde. In den Punkten 4 bis 8 des Programms werde jener rassistisch „begründete" Antisemitismus definiert, der erst zum Verlust der deutschen Staatsbürgerschaft und dann zur Verdrängung der Juden aus der deutschen Gesellschaft führen sollte. 1920 sei von einem bolschewistischen „Klassenmord" und anderen Gräueltaten noch nichts bekannt gewesen. Die Shoah sei eine singuläre

Tat und keine Reaktion auf Stalins „Klassenmorde“ gewesen. Mithin sei der „Rassenmord“ des NS-Regimes auch keine sozusagen spiegelbildlich konstruierte Gegenreaktion, um der eigenen Vernichtung durch den Gegner zuvorzukommen. Die Shoah sei kein „Akt der putativen Notwehr“ gewesen, bei der ein Täter irrtümlich davon ausgeht, dass die für eine Notwehr erforderlichen Voraussetzungen vorliegen, also ein strafrechtlich bekannter Erlaubnisirrtum gegeben ist.

Die Debatte um Noltes Thesen verursachte eine tiefgreifende und oftmals hitzige Debatte. Konservative Historiker wurden von jüngeren Kollegen kritisiert, die Gesellschaftsgeschichte außer Acht zu lassen. Denn genau dort, reklamierten sie, fände man die Ursachen für den rasanten Aufstieg der NSDAP inklusive ihres Anführers Adolf Hitler. Rechtsextreme Autoren witterten Morgenluft und publizierten reihenweise Revisionsliteratur, wie etwa der britische Holocaustleugner David Irving, der noch im September 2009 in einem Interview mit der spanischen Zeitung *El Mundo* behauptete, der Begriff des Holocaust sei ein jüdischer Werbeslogan aus den Siebzigerjahren, der mit den Propagandamitteln eines Joseph Goebbels verbreitet worden sei. Derartige Denkweisen kamen in den Achtzigerjahren aber nicht von ungefähr.

Im Oktober 1982 war Helmut Kohl mit einem konstruktiven Misstrauensvotum Bundeskanzler geworden. Kohl versprach eine „geistig-moralische Wende“ einzuleiten und wandte sich damit gegen jene linksliberale Gesellschaftsstruktur, die während der sozialliberalen Ära in der Bundesrepublik zum Mainstream geworden war. Unter dem Deckmantel dieser „geistig-moralischen Wende“ versuchten Denker der „neuen Rechten“ nun, die „Hoheit über die Definitionen“ zurückzuerobern. Und der neue Bundeskanzler leistete dabei – bewusst oder unbewusst – Unterstützung. 1984 besuchte Helmut Kohl Israel und prägte bei der Gelegenheit den Begriff der „Gnade der späten

Geburt". Damit wollte er zum Ausdruck bringen, dass er der erste Repräsentant der Bundesrepublik war, der zu spät geboren wurde, um Täter während der NS-Zeit gewesen sein zu können. Dieser Gedanke sorgte nicht nur in Israel für Kopfschütteln. Die Kritik am Kanzler verschärfte sich, als ein Jahr später anlässlich des 40. Jahrestags des Kriegsendes US-Präsident Ronald Reagan und Helmut Kohl den Soldatenfriedhof in Bitburg besuchten. Dort lagen neben Soldaten beider Weltkriege auch Angehörige der Waffen-SS. Die beiden Staatsmänner ehrten im Mai 1985 ohne Unterschied alle Soldaten durch Kranzniederlegungen und entfachten damit eine Kontroverse, die in dem Satz des damaligen Regierungssprechers Peter Boenisch gipfelte, eine „Entnazifizierung der Friedhöfe" sei unmöglich. Jürgen Habermas warf dem Kanzler die „Entsorgung der Vergangenheit" vor, und der Politikwissenschaftler Claus Leggewie vermutete, dass Kohl Deutschland aus der „Demuts- und Büßerpose" herausholen wollte, in der sich das Land seit dem Kniefall Willy Brandts am Ehrenmal für die Toten des Warschauer Ghettos angeblich befand.
Wegen dieser Debatten empfanden viele Deutsche die Rede des damaligen Bundespräsidenten Richard von Weizsäcker am 8. Mai 1985 als einen wohltuenden Versuch, die Gräben zuzuschütten. Der 8. Mai, so der Bundespräsident, war der „Tag der Befreiung vom menschenverachtenden System der nationalsozialistischen Gewaltherrschaft". Aber er fügte auch das Leid der Heimatvertriebenen hinzu und erwähnte die „Verbitterung über die vollständige Niederlage des eigenen Vaterlandes". Das war die Brücke, die in den folgenden Jahren zu einer Versachlichung der Diskussion führte. Es setzte sich die Erkenntnis der Einmaligkeit des Holocaust ebenso durch wie die Tatsache, dass der Zweite Weltkrieg von Deutschland ausging und dass das Ende am 8. Mai 1945 untrennbar mit dem Anfang am 30. Januar 1933 verbunden ist.

LITERATUR:

Klaus Große Kracht: Die zankende Zunft. Historische Kontroversen in Deutschland nach 1945. Göttingen 2005

Volker Kronenberg (Hrsg.): Zeitgeschichte, Wissenschaft und Politik. Der „Historikerstreit" – 20 Jahre danach. Wiesbaden 2008

Andreas Heuer: Geschichtsbewusstsein. Entstehung und Auflösung zentraler Annahmen westlichen Geschichtsdenkens. Schwalbach 2011

QR – CODE:

DER FRIEDEN VON LUNÉVILLE – 1801

WIE DIE BEIDEN CHRISTLICHEN KONFESSIONEN „STAATSLEISTUNGEN" BEANSPRUCHEN

2019 haben die beiden christlichen Konfessionen 569 Millionen Euro an Staatsleistungen von den Bundesländern erhalten – mit Ausnahme der Stadtstaaten Bremen und Hamburg. Das waren nicht etwa Gelder aus der Kirchensteuer, sondern zusätzliche Zahlungen, zu denen die Bundesrepublik Deutschland nach Art. 140 des Grundgesetzes verpflichtet ist. Mit diesem Artikel wird der Art. 173 der Verfassung der Weimarer Republik übernommen: „Bis zum Erlass eines Reichsgesetzes (...) bleiben die bisherigen auf Gesetz, Vertrag oder besonderen Rechtstiteln beruhenden Staatsleistungen an die Religionsgesellschaften bestehen."

Was also bedeutet es, wenn der Staat zu Geldzahlungen wegen „Gesetz, Vertrag oder besonderen Rechtstiteln" verpflichtet ist? In diesem Fall müssen wir zurück an den Beginn des 19. Jahrhunderts. In Europa herrscht Aufruhr, die Französische Revolution hat die europäischen Monarchien erschüttert, der Ruf nach „Freiheit, Gleichheit, Brüderlichkeit" verändert den Kontinent. Aber die europäischen Königshäuser geben nicht klein bei, schmieden Allianzen und ziehen in mehreren Koalitionskriegen gegen Frankreich. Doch die französische Armee kann alle Angriffe abwehren, und Frankreich wird unter dem Kommando Napoleons zur stärksten Macht in Europa. Nach dem zweiten dieser insgesamt sechs Koalitionskriege wird am 9. Februar 1801 in der lothringischen Stadt Lunéville Frieden zwischen Frankreich und dem Kaiser des Heiligen Römischen Reichs Franz II. geschlossen.

Mit diesem Friedensschluss erreicht Frankreich sein vorrangiges Kriegsziel: Der Rhein wird vom römisch-deutschen

Kaiser Franz II. als französische Ostgrenze akzeptiert. Gleichzeitig werden die deutschen Fürsten, die Besitzungen in dem nun zu Frankreich gehörenden ehemaligen Teil des Heiligen Römischen Reichs haben, enteignet. Knapp 65 000 km^2 Land wechseln den Besitzer und 3,5 Millionen Menschen leben nun nicht mehr in Deutschland, sondern in Frankreich. Für viele Menschen ist das kein Problem, da sie jetzt in den Genuss der Errungenschaften der Französischen Revolution kommen und ihre zum Teil absolutistisch herrschenden Fürsten los sind. Denen wird im Übrigen eine Entschädigung zugesagt, über die man 1803 verhandelt.

Die Verhandlungen werden am 25. Februar 1803 im Alten Rathaus von Regensburg mit einem abschließenden Reichsdeputationshauptschluss beendet. Mit diesem „grundlegenden Beschluss“ wird die Entschädigung jener deutschen Fürsten geregelt, die zwei Jahre zuvor beim Frieden von Lunéville enteignet worden sind. Sie bekommen als Ersatz Gebiete im Rechtsrheinischen, die nunmehr den beiden christlichen Kirchen entschädigungslos genommen werden. Durch diese Säkularisation werden auf 45 000 km^2 Land Hochstifte, Abteien und kirchliche Ländereien den neuen Besitzern übergeben, fünf Millionen Menschen bekommen einen neuen Landesherrn.

Neben dieser Säkularisation findet auch eine Mediatisierung statt, durch die kleinere weltliche Herrschaften und Territorien größeren Ländern zugeschlagen werden. Von 51 ehemaligen Reichsständen bleiben nur noch Lübeck, Hamburg, Bremen, Frankfurt am Main, Nürnberg und Augsburg übrig. Mit dieser Einverleibung kleinerer Territorien durch große Länder reduziert sich der geopolitische Flickenteppich, der das Heilige Römische Reich über Jahrhunderte geprägt hat. Säkularisation und Mediatisierung sind einschneidende und langfristige Veränderungen der deutschen und europäischen Landkarte

und bewirken einen Rückgang des kirchlichen Einflusses auf die staatlichen Entscheidungen.
Aber für diesen Verlust an Macht und Einfluss sollen die beiden christlichen Kirchen von denjenigen entschädigt werden, die ihre Ländereien bekommen haben: Preußen gewinnt 12000 km², Bayern erhält 14000 km², Baden und Württemberg jeweils rund 2000 km². Lediglich das Ausmaß dieser „Staatsleistungen" ist noch nicht festgelegt worden. Das bleibt Folgekonferenzen vorbehalten. Nachdem dort eine Einigung erzielt worden ist, beginnen die Länder mit den Zahlungen an die katholische und die evangelische Kirche. Daran ändert weder die Gründung des Kaiserreichs 1871 noch der Erste Weltkrieg etwas.
Erst die Verfassung der Weimarer Republik eröffnet mit dem Art. 138 die Möglichkeit, die Staatsleistungen zu beenden, zu minimieren oder mit einer Schlussrate auslaufen zu lassen: „Die auf Gesetz, Vertrag oder besonderen Rechtstiteln beruhenden Staatsleistungen an die Religionsgesellschaften werden durch die Landesgesetzgebung abgelöst. Die Grundsätze hierfür stellt das Reich auf." Diese Regelung wird aber in der Weimarer Republik nicht realisiert. Als 1933 das NS-Regime an die Macht gelangt, werden die Zahlungen ohne weitere Erklärungen eingestellt.
Bei der Abfassung des Grundgesetzes der Bundesrepublik Deutschland wird 1949 im Art. 140 jener Passus der Weimarer Verfassung übernommen, der regelt, dass die Staatsleistungen durch die Gesetzgebung jener Länder beendet oder neu gefasst werden kann, die Staatsleistungen aus „Gesetz, Vertrag oder besonderen Rechtstiteln" zu leisten haben. Da aber beide Kirchen darauf drängen, diese Staatsleistungen weiterhin zu erhalten, hat bisher keine Regierung die seit 1803 geltende Regelung angetastet. Deshalb überweisen die Bundesländer Jahr für Jahr dreistellige Millionenbeträge an die beiden christlichen Kirchen.

LITERATUR:

Winfried Müller: Ein bayerischer Sonderweg? Die Säkularisation im links- und rechtsrheinischen Deutschland. In: Die Säkularisation in Bayern 1803. München 2003

Harm Klueting (Hrsg.): 200 Jahre Reichsdeputationshauptschluss. Säkularisation, Mediatisierung und Modernisierung zwischen Altem Reich und neuer Staatlichkeit. Münster 2005

Günter Müchler: Napoleon. Revolutionär auf dem Kaiserthron. Darmstadt 2019

QR – CODE:

DER KAPP-PUTSCH – 1920

WIE DIE POLIZEI ZUM STAATSFEIND WURDE

Heute führt die Spur des NSU 2.0 zu hessischen Polizeicomputern. Es fliegen rechtsextreme Chatgruppen von Beamten in NRW oder Berlin auf. Und bei allem Vertrauen zur deutschen Polizei lässt das Bundesinnenministerium den Extremismus in den Behörden untersuchen. Wenn wir uns fragen, wie diese rechten Netzwerke so lange unentdeckt bleiben konnten, fällt oft das Wort „Korpsgeist" – ein Wort mit Geschichte.

„Wie viel nun eigentlich von dem großen Trümmerhaufen, der früher Deutschland hieß, noch übriggeblieben ist? Viel scheint es nicht zu sein ...", schreibt Detlof von Oertzen 1918 in sein Tagebuch. Nach vier Jahren Krieg ist der Soldat und Offizier der Reichswehr nach Deutschland zurückgekehrt. Die Trümmer, die er sieht, sind allerdings keine Trümmer zerstörter Häuser, Brücken oder Fabriken, denn die Deutschen haben die Zerstörungen des Ersten Weltkriegs nach Belgien und Frankreich getragen, Deutschland ist beinahe völlig verschont geblieben. Nein, in Trümmern liegt die Gesellschaftsordnung, die er kannte: Der Kaiser musste abdanken, die Demokraten übernehmen, der Adel wird abgeschafft und die neue Weimarer Republik unterschreibt den Versailler Vertrag, der das deutsche Heer auf ein Viertel seiner vorherigen Größe zusammenschrumpfen lässt: „Diese namenlose Schmach und Schande, die uns tagtäglich unsere äußeren Feinde mit einer unglaublichen Brutalität antun", schreibt er weiter.

Genau solche Gedanken tragen neben Detlof von Oertzen Tausende deutscher Soldaten in sich, als sie geschlagen aus dem Ersten Weltkrieg zurückkommen und zu großen Teilen aus der Armee entlassen werden. Von Oertzen verfolgt mit Interesse, wie sich viele von ihnen den sogenannten Freikorps anschließen, von der Regierung ins Leben gerufene Söldnerheere, die ab 1919 sogar polizeiliche Aufgaben übernehmen. Eines der größten Freikorps kommt gleich im Januar 1919 in Berlin zum Einsatz, als es darum geht, den kommunistischen Spartakusaufstand niederzuknüppeln. Sie schlagen unter Führung des ehemaligen Offiziers Waldemar Pabst brutal zu, am Ende der dreitägigen Straßenschlachten in Berlin werden die Anführer des Aufstands, Rosa Luxemburg und Karl Liebknecht, exekutiert. Genauso blutig schlagen die Freikorps die Münchener Räterepublik nieder oder auch jeden anderen Versuch einer kommunistischen Revolution innerhalb Deutschlands. Zwischenzeitlich gibt es schätzungsweise 365 solcher Freikorps in der Weimarer Republik, bei ihren Einsätzen allein im Frühjahr 1919 sterben etwa 5000 Menschen. Aber die Freikorps sind aus Sicht der Regierung ein erstes notwendiges Übel, um die Revolution von links zu verhindern. Eine Zukunft sollen sie in Weimar allerdings nicht haben. Nach und nach sollen die Freikorps in eine neue „vorläufige Reichswehr" überführt werden. Das setzt parallel zwei Entwicklungen in Gang.

Der eben erwähnte Waldemar Pabst lässt seine Kontakte zur Reichsregierung spielen, um die Gründung der sogenannten Sicherheitspolizei zu bewirken, die als kasernierte und paramilitärische Polizeistaffel Unruhen im Innern niederschlagen könnte. Und hierfür wären natürlich ehemalige Soldaten genauso wie die Mitglieder der Freikorps bestens geeignet. Die Regierung folgt dem Vorschlag, und bis 1920 wird die „SiPo", wie die Leute damals sagen, in allen deutschen Bundesländern installiert – denn die Polizei war damals wie heute Ländersache. Gleichzeitig war klar, dass nicht für alle früheren Soldaten Platz sein wird, auch nicht in SiPo und vorläufiger Reichswehr zusammen. Und spätestens nach Inkrafttreten des Versailler Vertrags im Januar 1920 müssen alle Freikorps aufgelöst werden. Dagegen formiert sich Widerstand.

„Höre hier, dass in Berlin anscheinend ein Militärputsch gegen die jetzige Regierung im Gange ist", schreibt Detlof von Oertzen in sein Tagebuch. „Die Nachrichten überstürzen sich. Kapp hat sich zum Reichskanzler ausgerufen." Wolfgang Kapp stand politisch an der Spitze des nach ihm benannten Putschversuchs. Aber Waffen und Soldaten lieferte das etwa 1500 Mann starke Freikorps Brigade Ehrhardt. Die Männer hatten auf ihre Helme weiße Hakenkreuze gemalt. Als sie am 23. März 1919 in Berlin einmarschieren, schauen Polizei und Regierungstruppen einfach weg, während bewaffnete Arbeiter und Kommunisten den Kampf aufnehmen. Doch der Putsch scheitert nicht in den Straßenkämpfen, sondern durch den größten Generalstreik der deutschen Geschichte. Das ganze Land macht mit und legt Eisenbahnverkehr, Straßenbahnen, Busse, Post, Telefonvermittlung, Fabriken und Behörden lahm. In Berlin gibt es nicht mal mehr Wasser, Gas und Strom. Die Putschisten in Berlin fliehen, und der Putsch scheitert – aber nicht ohne Folgen. „In ganz Deutschland sollen große Truppenverschiebungen im Gange sein", schreibt von Oertzen. „Man fürchtet wieder ernstlich Putsche. Ob von rechts oder links, weiß ich nicht." Tausende Menschen kommen bei Kämpfen zwischen Arbeitern, Freikorps und Polizei ums Leben. Und besonders die erwähnte Sicherheitspolizei nimmt eine immer prominentere Rolle ein. Den gescheiterten Kapp-Putsch unterstützt sie mit schweren Maschinengewehren und wirft Fliegerbomben ab, im Westen hilft sie, den Ruhraufstand niederzuschlagen.

Die Republik brauchte Monate, um sich wieder zu beruhigen, und trauerte um die vielen Toten dieser Märzunruhen. Und auch dem Ausland blieb natürlich nicht verborgen, was in Deutschland vor sich ging. Vor allem den Franzosen war die Rolle und Ausstattung der Sicherheitspolizei ein Dorn im Auge, ganz besonders deren Einsatz von Flugzeugen und ihre grünen Uniformen, die nicht an Polizei, sondern an Militär erinnerten.

Der Druck aus Frankreich war so groß, dass die SiPo formell wieder aufgelöst wurde. In Wahrheit wurde sie aber einfach in die sogenannten Schutzpolizeien oder auch Landespolizeien überführt. Und die SchuPo ist tatsächlich bis heute eine Organisationseinheit der deutschen Polizei zur „Aufrechterhaltung der öffentlichen Sicherheit und Ordnung".

Wenn also heute rechtsextreme oder rassistische Vorfälle in der Polizei bekannt werden und dann das Wort „Korpsgeist" fällt, ist das kein Zufall. Es spielt auf die militärische Vergangenheit der deutschen Polizei an und eine Tradition, den Kameraden zu decken, selbst wenn er schlimmste Straftaten begeht; eine „polizeiliche Subkultur" nennt das der Kriminologe Thomas Feltes und spricht von einer „Verschwiegenheitskultur". Diese Kultur scheint derart verfestigt zu sein, dass auch der Vorsitzende des Bundes Deutscher Kriminalbeamter, Sebastian Fiedler, eine Art anonymen Beschwerdekasten fordert. Er zieht eine Parallele zur Korruptionsbekämpfung:

„Es geht letztlich um Hinweisgeberschutz. Wir brauchen Kanäle, an die sich jemand wenden kann, der sich innerhalb eines solchen Gruppengefüges befindet, Missstände wahrnimmt und sich nicht traut, die nach außen zu bringen, weil er möglicherweise Repressalien fürchtet. Weil wir viele Beispiele aus der jüngsten Vergangenheit haben, wo sich die Leute eben nicht getraut haben, sich nach außen zu wenden."

Und natürlich meint er damit auch Chatgruppen deutscher Polizisten, in denen Reichsflaggen und Hakenkreuze geteilt werden, ohne dass ein einziger Beamter diese Bilder je gemeldet hätte. In diesem Fall ist der Korpsgeist vielleicht immer noch derselbe wie 1920.

LITERATUR:

Peter Leßmann-Faust: Die preußische Schutzpolizei in der Weimarer Republik. Streifendienst und Straßenkampf. Frankfurt am Main 2012

Wilhelm Heitmeyer: Autoritäre Versuchungen. Signaturen der Bedrohung. Berlin 2018

Thomas Feltes (Hrsg.): Rassismus, Rechtsextremismus, Polizeigewalt. Frankfurt am Main 2021

Esther Körfgen: Ein Versuch. Detlof von Oertzen – eine Biografie. http://estherkoerfgen.com (zuletzt abgerufen am 25.05.2021)

QR – CODE:

DER KONFLIKT UM BERGKARABACH – 2020

WIE ARMENIEN UND ASERBAIDSCHAN UM EIN FLECKCHEN ERDE KÄMPFTEN

Im September 2020 beginnt ein Krieg zwischen Aserbaidschan und Armenien um eine Region im Kaukasus, die auf dem Gebiet Aserbaidschans liegt, aber vor allem von Armeniern bewohnt wird. Beide Seiten beanspruchen das Besitzrecht und beziehen sich jeweils auf ihre Landesgeschichte, um ihren Anspruch zu beweisen. Aber es geht auch um Religion.

Die Geschichte zwischen Aserbaidschan und Armenien reicht weit zurück und ist oft vom Streit um Bergkarabach gekennzeichnet gewesen. In der Antike gehörte Bergkarabach zum untergegangenen Königreich Albania, das auf dem Gebiet des heutigen Aserbaidschan gelegen hat. So weit ist die geopolitische Zuordnung eigentlich geklärt, aber bis zu seinem Untergang im 8. Jahrhundert lebten in diesem Albania mehrheitlich Armenier. Das blieb auch so, als arabische Heere in der Mitte des 7. Jahrhunderts das Land überfielen, besetzten und weitgehend islamisierten. Die armenisch-apostolischen Christen behielten ihren Glauben bei und beriefen sich darauf, Teil der ältesten Staatskirche der Welt zu sein. 197 waren armenische Christen erstmals in einer Streitschrift des Kirchenschriftstellers Tertullian erwähnt worden.

Im Laufe der folgenden Jahrzehnte wurde die gesamte Kaukasusregion islamisiert. Kurden, Araber, Perser oder Angehörige verschiedener Turkstämme siedelten sich an. Als schließlich im 14. Jahrhundert die Seldschuken das Gebiet in Besitz nahmen, lebten nur noch in Bergkarabach Christen, und die stammten aus Armenien. Sie lebten unter der Herrschaft der christlichen Fürsten aus der Dynastie Hassan-Dschalaljan. Deren Herrschaftsgebiet trug den Namen Arzach und war eine armenische Provinz auf dem Gebiet des heutigen Aserbaidschan. Dort wurde 1216 in einem Kloster der Sitz einer Teilkirche der armenisch-apostolischen Kirche gegründet.

Der Konflikt um die Region Bergkarabach schwelte über die Jahrhunderte immer weiter. Nach der Oktoberrevolution 1917 erhoben Armenien und Aserbaidschan Ansprüche auf Bergkarabach, was Anfang der Zwanzigerjahre zu einer militärischen Auseinandersetzung führte, die durch den Einmarsch der Roten Armee beendet werden musste. 1921 rangen sich die russischen Revolutionäre zu einer merkwürdigen Lösung durch. Sie teilten Bergkarabach in zwei Teile, von denen der größere als „aserbaidschanische sozialistische Sowjetrepublik" Mitglied der 1922 gegründeten Union der sozialistischen Sowjetrepubliken wurde. Der Rest gehörte zum autonomen Distrikt Rotes Kurdistan. 1929 endete dieser Status, und das Rote Kurdistan wurde durch den aserbaidschanischen Sowjetkongress aufgelöst.

Ende der Achtzigerjahre eskalierte der Streit zwischen Armenien und Aserbaidschan erneut. Im Zuge der neuen sowjetischen Innenpolitik durch Partei- und Staatschef Michail Gorbatschow war die Ordnung innerhalb der UdSSR ins Wanken geraten. In vielen sowjetischen Republiken gab es Unabhängigkeitsbestrebungen. Als ein Gebietssowjet ohne aserbaidschanische Abgeordnete Bergkarabach an Armenien überträgt, schlägt der Funke über. Es kommt zu antiarmenischen Ausschreitungen in einigen aserbaidschanischen Städten, was im Januar 1990 zur Entsendung von sowjetischen Truppen nach Aserbaidschan führt. Diese militärische Intervention fordert mehrere Hundert Menschenleben und weit mehr Verletzte. Im Zuge der Auflösungserscheinungen in der Sowjetunion erklärt Aserbaidschan eigenmächtig seine Autonomie

und wird wenig später zu einem der Gründungsmitglieder der Gemeinschaft unabhängiger Staaten.
1992 flammen die Gewalttätigkeiten in Aserbaidschan und Armenien wieder auf, beide Seiten werfen sich gegenseitig vor, für Massaker und Brandstiftungen verantwortlich zu sein. Der Krieg beginnt im März 1992 und endet zwei Jahre später mit der Besetzung Bergkarabachs durch Armenien. Schätzungen gehen von bis zu 50 000 Toten und mehr als einer Million Vertriebener aus.
Insofern gibt es nicht nur eine Begründung für die Zugehörigkeit Bergkarabachs zu Aserbaidschan, sondern eben auch für eine Verbindung zu Armenien über die christlich-armenische Vergangenheit der Provinz Arzach – die heute Bergkarabach heißt. Der Streit ist keineswegs nur ein Streit um die Deutung der Vergangenheit. Als im Sommer 2006 armenische Archäologen in der Nähe der Stadt Ağdam auf antike Überreste einer Ansiedlung stießen, gaben sie an, eine Stadt aus dem 2. vorchristlichen Jahrhundert gefunden zu haben. Zu dieser antiken Zeit gehörte Ağdam zum Großarmenischen Reich, woraus 2006 von armenischer Seite abgeleitet wurde, dass der in Bergkarabach befindliche Fundort ein schlagkräftiger Beleg für die armenischen Besitzansprüche sei. Aserbaidschanische Historiker hingegen verorten den antiken Fund in das Königreich Albania, das ja bekanntlich auf aserbaidschanischem Territorium gelegen hat. Also, folgerten die Aserbaidschaner, sei der Beweis erbracht, dass Bergkarabach ihnen gehöre.
Bis zum Sommer 2020 wechseln sich ruhige und auf Ausgleich bedachte politische Phasen mit unverhohlener Kriegspropaganda ab. 2017 wird aus der Republik Bergkarabach die Republik Arzach, die sich auf die angeblich armenische antike Provinz bezieht, aber von der internationalen Gemeinschaft nicht anerkannt wird. 2020 greift Aserbaidschan die Republik Arzach an und erobert sie mithilfe der Türkei, die Söldner aus

Syrien und Libyen vermittelt hat. Nach sechs Wochen wird unter Vermittlung der russischen Regierung ein Waffenstillstand vereinbart. Danach ziehen sich armenische Truppen zurück, aserbaidschanisches Militär rückt in Bergkarabach ein und bereitet die Rückkehr jener Aserbaidschaner vor, die 1994 bei der armenische Übernahme Bergkarabachs vertrieben worden waren. Experten befürchten, dass nun aus Rache armenische Kulturgüter und christliche Kirchen zerstört werden, weil die Armenier aserbaidschanische Kulturstätten und Moscheen ebenfalls zerstört haben sollen.

LITERATUR:

Tessa Hofmann: Annäherung an Armenien. Geschichte und Gegenwart. München 2006

Ingrid Pfluger-Schindlbeck: Aserbaidschan. Land des Feuers. Geschichte und Kultur im Kaukasus. Berlin 2008

Christoph H. Benedikter: Brennpunkt Berg-Karabach. Ein Konflikt gefriert. Hintergründe – Folgen – Auswege. Innsbruck 2011

André Widmer: Der vergessene Konflikt. Zwei Jahrzehnte nach dem Krieg um Bergkarabach. Gränichen 2013

QR – CODE:

DER „ERSTE" WELTKRIEG – 1756

WIE DER SIEBENJÄHRIGE KRIEG AN VIELEN STELLEN DER WELT STATTFAND

Heute lernen wir in der Schule: Der Erste Weltkrieg fand von 1914 bis 1918 statt, und der Zweite Weltkrieg folgte 1939 und dauerte bis 1945. Beide Kriege wurden an vielen Orten und auf unterschiedlichen Kontinenten ausgetragen, deswegen ist die Bezeichnung „Welt"-Krieg richtig. Aber waren die beiden Kriege des 20. Jahrhunderts tatsächlich Nr. 1 und Nr. 2, oder gab es schon früher eine weltumspannende militärische Auseinandersetzung, die man auch als Weltkrieg bezeichnen könnte?

Ja, die gab es, sagt der Militärhistoriker Klaus-Jürgen Bremm und meint damit den Siebenjährigen Krieg von 1756 bis 1763, der in Deutschland auch Dritter Schlesischer Krieg heißt, weil Preußen und Österreich wegen der Hoheit über Schlesien zum dritten Mal in Konflikt geraten sind. Aber dieser Krieg zwischen den beiden deutschen Großmächten um Schlesien hat auch in Nordamerika, in Indien und auf den Philippinen stattgefunden. Der globale Konflikt wurde in der Mitte des 18. Jahrhunderts nicht wegen des Streits um Schlesien, sondern wegen des Streits zwischen Frankreich und England um die koloniale Vorherrschaft in der Welt geführt. Beide europäischen Kolonialmächte engagieren sich auch in Schlesien: England auf Seiten Preußens, Frankreich an der Seite der österreichischen Habsburgermonarchie. Der eigentliche Konflikt aber findet in Nordamerika statt.

Dort hatte Großbritannien Kolonien erobert, die von Georgia im Süden über Virginia und die beiden Carolinas nach Massachusetts und Maine im Norden ein fast zusammenhängendes Stück Land bildeten. Die französischen Besitzungen reichten von Louisiana am Golf von Mexiko über Mississippi, Arkansas und Missouri bis nach Kanada und Illinois im Süden der Hudson Bay. Damit schlossen sie den Briten den Weg nach Westen ab, was „in Amerika die Dimension eines Weltkrieges" annahm, der „auf Europa übergreifen konnte" – so hat es der Dresdner Historiker Johannes Burkhardt beschrieben. Tatsächlich breitete sich der koloniale Konflikt in Nordamerika zu einem globalen Konflikt zwischen den europäischen Großmächten England und Frankreich aus, der in Amerika, in Schlesien, auf den Philippinen und in Indien ausgetragen wurde.

Während sich in Europa Preußen und Österreich schon zum dritten Mal in einem Krieg um Schlesien stritten, wollte England im „French and Indian War" die Phalanx der französischen Kolonien in Nordamerika aufbrechen, die ihnen den Weg nach Westen versperrte, wo die Engländer weitere Kolonien erwerben wollten. Um sich gegenseitig zu schwächen und den Gegner im Kampf um die größte Kolonialmacht an möglichst vielen Stellen zu treffen, engagierten sich Frankreich und England auch im Schlesischen Krieg, an dessen Ausgang sie lediglich mittelbares Interesse hatten. Frankreich wollte die Kontrolle über die österreichischen Niederlande – heute Belgien und Luxemburg –, falls Österreich Schlesien erobern würde, und hoffte bei entsprechendem Kriegsausgang darauf, Gibraltar, Menorca und einige britische Kanalinseln erwerben zu können. Großbritannien hingegen wollte die endgültige Verdrängung des kolonialen Konkurrenten Frankreich. Besonders der französische Griff nach den österreichischen Niederlanden störte die Briten, da sie jede strategische Veränderung an dem England gegenüberliegenden europäischen Küstenstreifen mit Argwohn beobachteten.

Somit rückte der Streit um Schlesien, den der preußische König Friedrich II. und seine österreichische Gegenspielerin Erzherzogin Maria Theresia über Jahrzehnte ausfochten, in eine weltweite Auseinandersetzung, die auch den indischen Subkontinent nicht verschonte. Im Dritten Karnatischen Krieg, benannt nach der indischen Region, in der die meisten Kämpfe stattfanden, standen sich – ebenfalls von 1756 bis 1763 – wieder die beiden Kolonialmächte England und Frankreich gegenüber. Sie stritten um den kolonialen Besitz eines gesamten Subkontinents mit positivem Ende für Großbritannien, das Frankreich und andere Kolonialmächte vertrieb und Indien in Besitz nahm. Rund hundert Jahre später wurde aus Indien eine britische Kronkolonie mit der britischen Königin als Kaiserin von Indien an der Spitze.

In Nordamerika hatten die Franzosen ebenfalls eine Niederlage einzustecken, sie mussten ihre dortigen Kolonien aufgeben. Der große Sieger war Großbritannien, das nicht nur französische Besitzungen übernehmen konnte, sondern auch noch Florida von Spanien bekam. Um die spanische Kolonialmacht zu schwächen, waren britische Seestreitkräfte auf den Philippinen eingefallen und hatten dort die spanische Oberhoheit entscheidend geschwächt. Aber geschwächt waren am Ende dieses „ersten Weltkriegs" alle Beteiligten, und ihre klammen Staatsfinanzen sollten ihre Spuren in der Weltgeschichte hinterlassen.

Zehn Jahre nach dem Ende des Krieges musste die britische Regierung die Steuern zum Beispiel auf Tee erhöhen, provozierte damit die Verärgerung der britischen Kolonisten in Nordamerika, die auf der Boston Tea Party im Dezember 1773 ihrem Unmut Luft verschafften. Der Aufstand von Boston löste zwei Jahre später den amerikanischen Unabhängigkeitskrieg aus, an dessen Ende Großbritannien seine gerade erst erworbenen Kolonien in Nordamerika wieder loswurde. Nicht weniger dramatisch waren die Ereignisse in Frankreich. König Ludwig XVI. musste die Generalstände einberufen. Der weltweite Krieg gegen England und die Unterstützung der amerikanischen Unabhängigkeitsbewegung hatten die Finanzen Frankreichs derart belastet, dass ein Staatsbankrott drohte. Aber die Delegierten der Generalstände aus Adel, Bürgertum und Klerus verwandelten das Gremium in eine Verfassungsgebende Nationalversammlung, lösten die Französische Revolution aus und beendeten die Monarchie in Frankeich. Damit hatte keiner der Kombattanten etwas von dem globalen Krieg um die Kolonien, der zwischen 1756 und 1763 in Europa, Nordamerika, auf den Philippinen und in Indien ausgetragen worden ist.

LITERATUR:

Johannes Burkhardt: Abschied vom Religionskrieg. Der Siebenjährige Krieg und die päpstliche Diplomatie. Tübingen 1985

Johannes Willms: Tugend und Terror. Geschichte der Französischen Revolution. München 2014

Michael Hochgeschwender: Die Amerikanische Revolution. Geburt einer Nation. 1763–1815. München 2016

Marian Füssel: Der Preis des Ruhms. Eine Weltgeschichte des Siebenjährigen Krieges. München 2019

QR – CODE:

DIE VEREINIGUNG VON SPD UND KPD – 1946

WIE AUS ZWEI PARTEIEN EINE „EINHEITSPARTEI" WURDE

Es gibt immer noch politische Beobachter, die in der Partei Die Linke eine Nachfolgeorganisation der SED, der Sozialistischen Einheitspartei Deutschlands sehen. Die SED war die staatstragende – und neben einigen politisch unbedeutenden sogenannten „Blockparteien" wie der Ost-CDU oder der „liberalen" LDPD einzige – Partei in der DDR. Sie war mit den modernen demokratischen Parteien – einschließlich der Linken – nicht vergleichbar. Während heute innerparteiliche Demokratie herrscht, galt die SED als Partei des „demokratischen Zentralismus". Dieses Organisations- und Führungsprinzip ging auf Lenin zurück, der einen hierarchisch und zentralistisch aufgebauten Staat anstrebte.

Begonnen hat die Parteigeschichte der SED am 22. April 1946. Aus Moskau ist ein Jahr zuvor die Gruppe Ulbricht um den späteren Staatsratsvorsitzenden Walter Ulbricht nach Ost-Berlin gekommen, um einen sozialistischen deutschen Staat in der sowjetisch verwalteten Ostzone aufzubauen. Gemäß den Vorgaben Stalins sollte in der Ostzone ein Einparteienstaat nach sowjetischem Vorbild aufgebaut werden. In Ostdeutschland hatten sich – neben der Ost-CDU und der liberalen LDPD – die SPD und die KPD gegründet. Die beiden Arbeiterparteien verbindet eine gemeinsame Geschichte seit den Anfängen der Weimarer Republik.

SPD und KPD beriefen sich auf Karl Marx, zogen aus dieser gemeinsamen Basis aber unterschiedliche Schlüsse. Während die KPD auf einen revolutionären Umsturz und eine kommunistische Weltbewegung unter Führung der sowjetischen KPdSU setzte, entschied sich die SPD für einen staatstragenden Weg: Sie stand (und steht) für Revolutionen nicht zur Verfügung. Dieser fundamentale Unterschied ließ aus den beiden linken Parteien erbitterte politische Gegner werden. KPD-Funktionäre bezeichneten die SPD als „Sozialfaschisten", was der spätere SPD-Vorsitzende Kurt Schumacher mit dem Begriff „rotlackierte Doppelausgabe der Nationalsozialisten" konterte. So ist an eine gemeinsame Bekämpfung der seit dem Beginn der Dreißigerjahre immer stärker werdenden NSDAP nicht zu denken.

Obwohl SPD und KPD bei den Reichstagswahlen 1930 und 1932 gemeinsam fast immer mehr Stimmen auf sich vereinen konnten als die NSDAP, mussten sie mit ansehen, wie am 30. Januar 1933 die Macht an die Partei Adolf Hitlers übertragen wurde. Mehr noch: Ihre Parteien wurden verboten, ihre Funktionäre verhaftet und zu Tausenden umgebracht. Wer es schaffte, der rettete sich ins Ausland – viele emigrierten nach Moskau, wo sie aber in die Fänge des sowjetischen Geheimdienstes gerieten. Stalin befürchtete, dass die Deutschen ihm Abweichler und Spione ins Land schickten, um die Kampfbereitschaft der Sowjetunion im Zweiten Weltkrieg zu schwächen. Viele Geflüchtete wurden vor Gerichte gestellt, die gegen 250 kommunistische Funktionäre Todesurteile fällten und vollstrecken ließen. Mehr als 4000 Kommunisten wurden nach Deutschland zurückgeschickt, wo den meisten der sichere Tod in einem Konzentrationslager drohte.

Am 30. April 1945 macht sich die Gruppe Ulbricht von Moskau auf den Weg nach Ost-Berlin. Ihr Auftrag lautet, das öffentliche Leben in Berlin aufzubauen, die Gründung von Partei und Gewerkschaft voranzutreiben und die Grundlagen für einen sozialistischen Aufbau der Ostzone zu schaffen. Ein Jahr später ist es so weit: Mit Stalins Rückendeckung werden SPD und KPD

aufgelöst und zu einer Partei des „demokratischen Zentralismus“ zusammengefasst. Die neue Sozialistische Einheitspartei Deutschlands vertritt in Zukunft allein die Interessen der Arbeiterklasse und soll die treibende Kraft beim Aufbau des „ersten Arbeiter- und Bauernstaates auf deutschem Boden“ sein.
Die Führung der SED teilen sich am Anfang Wilhelm Pieck von der KPD und Otto Grotewohl von der SPD. Wilhelm Pieck war seit dem Ende des 19. Jahrhunderts in der SPD aktiv, schloss sich 1917 der Unabhängigen Sozialdemokratischen Partei Deutschlands (USPD) an und war 1919 einer der Gründer der KPD. Zwischen 1931 und 1943 agierte er als Präsidiumsmitglied des Exekutivkomitees der Kommunistischen Internationale und hielt sich in dieser Funktion vor allem in Moskau im Exil auf. Otto Grotewohl gehörte ebenfalls erst der SPD und dann der USPD an, kehrte jedoch 1922 zur SPD zurück, für die er von 1925 bis 1933 im Berliner Reichstag saß. Während des Nationalsozialismus war er mehrmals inhaftiert, schlug sich mit Gelegenheitsarbeiten durch und gründete am 17. Juni 1945 in Berlin die SPD in der sowjetisch besetzten Ostzone. Pieck und Grotewohl verkörpern die beiden Teile der neuen SED und sind bis Anfang der Sechzigerjahre an der Spitze von Staat und Partei aktiv.
Entscheidend aber ist die Rolle von Walter Ulbricht. Er ist nicht nur der politische Kopf der nach ihm benannten Gruppe Ulbricht, sondern auch der neue starke Mann in der 1949 gegründeten DDR. Anfangs als Landtagsabgeordneter in der Provinz Sachsen-Anhalt, später als Mitglied des Ministerrats der DDR lenkt er die Geschicke des zweiten deutschen Staates. Als Generalsekretär des Zentralkomitees der SED ist er 1953 für die Erhöhung der Arbeitsnormen verantwortlich, die den Aufstand des 17. Juni 1953 in der DDR auslösen, bei dem mindestens 55 Menschen ums Leben kommen. Unter seiner politischen Führung fällt 1961 die Entscheidung, durch Ber-

lin entlang der Sektorengrenze eine Mauer und zwischen der Bundesrepublik Deutschland und der Deutschen Demokratischen Republik eine Stacheldrahtgrenze zu errichten, deren Überwindung durch Selbstschussanlagen, bewaffnete Grenztruppen und Minenfelder verhindert wurde. Mindestens 140 Menschen starben zwischen 1961 und 1989 bei dem Versuch, über die Grenze zwischen den beiden deutschen Staaten zu fliehen.

LITERATUR:

Wolfgang Buschfort: Das Ostbüro der SPD. Von der Gründung bis zur Berlin-Krise. München 1991

Bernd Faulenbach, Heinrich Potthoff (Hrsg.): Sozialdemokraten und Kommunisten nach Nationalsozialismus und Krieg. Zur historischen Einordnung der Zwangsvereinigung. Essen 1998

Heinrich Potthoff, Susanne Miller: Kleine Geschichte der SPD. 1848–2002. Bonn 2002

Andreas Malycha, Peter Jochen Winters: Die SED. Geschichte einer deutschen Partei. München 2009

Sabine Pannen: Wo ein Genosse ist, da ist die Partei! Der innere Zerfall der SED-Parteibasis 1979–1989. Berlin 2018

QR - CODE:

DER MUT DER SOPHIE SCHOLL – 1921

WIE EINE STUDENTIN DEN NS-STAAT HERAUSFORDERTE UND STARB

Von einer Mitläuferin im Bund deutscher Mädel hin zu einer der berühmtesten Widerstandskämpferinnen gegen den NS-Staat – diesen Wandel hat Sophie Scholl durchlaufen. Weil sie selbstständig nachgedacht, Informationen verknüpft und sich eine eigene Meinung gebildet hat. Um für ihre Überzeugung einzutreten, hat sie bewusst ihr Leben riskiert.

Sophie Scholl wurde am 9. Mai 1921 in Forchtenberg im fränkisch geprägten Nordosten Baden-Württembergs geboren. Sie wuchs zusammen mit ihren fünf Geschwistern und ihrem Halbbruder behütet in einem religiös wie politisch aktiven Elternhaus auf – ihr Vater war in den ersten neun Jahren ihres Lebens Bürgermeister ihrer Geburtsstadt.

Als die Nationalsozialisten an die Macht kamen, glaubte die zwölfjährige Sophie zunächst an die Ideologie, genauso wie ihr wenige Jahre älterer Bruder Hans. Vor allem das Gemeinschaftsideal gefiel den beiden. Sie wurden Mitglied im Bund deutscher Mädel und der Hitlerjugend und nahmen dort Führungsrollen ein. Aber es waren andere prägende Einflüsse, die aus Hans und Sophie Scholl Oppositionelle werden ließen, die mit ihrem Leben sich für andere und bessere Verhältnisse in Deutschland einsetzten. Sophie Scholls Biografin Maren Gottschalk führt das Verhalten der Geschwister Scholl darauf zurück, dass sie in ihrer Familie gelernt hatten, Verantwortung für andere zu übernehmen. Das bezog sich nicht nur auf einzelne Personen, sondern auch auf die Gesellschaft. Geistige Freiheit war laut Gottschalk auch ein Erziehungsziel der Eltern. Sie versorgten die Kinder mit guter Literatur, sie ermunterten sie, sich eine eigene Meinung zu bilden. Ihr Elternhaus war geprägt von

den christlichen Werten, die ihre Mutter ihnen vermittelte: Empathie und Hilfsbereitschaft und vor allem: für andere da sein.
1937 gerieten die Scholls zum ersten Mal in Konflikt mit dem NS-Staat. Hans und Sophie distanzierten sich allmählich von der Hitlerjugend und sympathisierten dafür mit einer illegalen Jugendgruppe der „dj 1.11“, die als Deutsche Jungenschaft am 1. November 1929 gegründet und gleich zu Beginn des Dritten Reichs wie alle anderen Jugendverbände verboten worden war. Hans und Sophies Sympathie für die dj 1.11 brachte ihnen wegen „bündischer Umtriebe“ einige Stunden Polizeihaft und die Gewissheit ein, dass am NS-Staat etwas faul sein musste.
Sophie Scholl störte es schon lange, dass man geistigen Einschränkungen unterworfen war. Sie wollte es nicht länger hinnehmen, dass ihr vorgegeben wurde, welche Kunst sie sich ansehen und welche Bücher sie lesen durfte. Mit Beginn des Zweiten Weltkriegs, als viele ihrer Freunde Soldaten werden mussten, verstärkte sich dieses Gefühl immer mehr.
Nach dem Abitur begann Sophie Scholl eine Ausbildung zur Kindergärtnerin. Sie hoffte, damit dem Reichsarbeitsdienst (RAD) zu entgehen, der alle jungen Männer und Frauen zu einem sechsmonatigen „Dienst am Volk“ verpflichtete. Der Plan ging nicht auf, sie musste zum RAD und konnte ihr Biologie- und Philosophiestudium erst im Mai 1942 in München beginnen. An der Ludwig-Maximilians-Universität war auch Hans Scholl seit 1939 zum Medizinstudium immatrikuliert. Sophie wird schnell in seinen Freundeskreis aufgenommen.
Der drei Jahre ältere Hans musste in den Semesterferien als Sanitäter an der Front Dienst tun. Die Erzählungen über seine Erfahrungen beeindruckten nicht nur seine Freunde, sondern formten in ihm auch das Bedürfnis, aktiv gegen den Staat anzugehen, der für die Verbrechen verantwortlich war, die hinter den Frontlinien mit Juden, Kommunisten oder anderen, der Führung missliebigen Menschen geschahen. Hans Scholl war

bald einer der Organisatoren einer Widerstandsgruppe an der Münchner Universität. Im Sommer 1942 entstanden die ersten Flugblätter unter der Überschrift „Die weiße Rose“. Hans war entscheidend daran beteiligt, inwieweit auch Sophie Scholl an dieser Aktion beteiligt war, ist unklar.

Im Januar 1943 ist sie allerdings bei der Herstellung und Verbreitung des fünften Flugblatts aktiv. Während sie mit Hans ihre Eltern besucht, wird das sechste Flugblatt vervielfältigt. Am 18. Februar 1943 machen sich Hans und Sophie Scholl auf den Weg in die Universität. Sie wollen die Flugblätter dort auslegen und so möglichst viele Studierende erreichen. Einen Großteil der Zettel haben sie schon verteilt, als Sophie den Rest der Blätter von einer Brüstung in den Lichthof des Eingangsbereichs der Universität hinabwirft. Dabei werden die beiden vom Hausmeister und SA-Mann Jakob Schmid beobachtet, der Hans und Sophie festsetzt und sie dem Rektorat übergibt, wo sie zunächst vernommen werden.

Dann aber kommen beide in Gestapo-Haft und werden in den kommenden Tagen stundenlang verhört. Sophie versucht, sich und Hans als die Hauptakteure darzustellen, um ihre Freunde zu schützen. Trotzdem wird noch am Abend des 18. Februar 1943 Willi Graf verhaftet, zwei Tage später auch ihr Studienkollege Christoph Probst. Vier Tage danach beginnt in München vor dem Volksgerichtshof unter Vorsitz des aus Berlin angereisten Richters Roland Freisler der Schauprozess wegen „landesverräterischer Feindbegünstigung, Vorbereitung zum Hochverrat, Wehrkraftzersetzung“ gegen Hans und Sophie Scholl und Christoph Probst.

Freisler hatte als Staatsekretär des Justizministeriums an der Wannseekonferenz teilgenommen und war in Planung und Organisation der Shoah involviert. Im August 1942 war er zum Präsidenten des Volksgerichtshofs aufgestiegen. Damit saß er an der Spitze der höchsten juristischen Instanz des NS-

Regimes für die Aburteilung von Hoch- und Landesverrat. Zu Freislers Aufgaben gehörte es nicht, Recht zu sprechen, sondern politische Gegner des Dritten Reichs zu vernichten.
Nach knapp drei Stunden Verhandlung verurteilt Freisler die Angeklagten im Scholl-Prozess zum Tode. Zeugen waren nicht gehört worden, die Verteidigung durch Pflichtverteidiger war mangelhaft. Nur vier Stunden später wird das Urteil vollstreckt. Gegen 17 Uhr werden Hans und Sophie Scholl und Christoph Probst im Strafgefängnis München-Stadelheim unter Aufsicht des Leiters der Vollstreckungsabteilung des Münchner Landgerichts Walter Roemer vom Scharfrichter Johann Reichhart mit der Guillotine enthauptet. Roemer sagte später, er habe noch nie jemanden so tapfer sterben sehen wie Sophie Scholl. Sie wurde nur 21 Jahre alt.

LITERATUR:

Kurt Schilde: Jugendopposition 1933–1945. Ausgewählte Beiträge. Berlin 2007

Maren Gottschalk: Wie schwer ein Menschenleben wiegt: Sophie Scholl. München 2021

Miriam Gebhardt: Die Weiße Rose. Wie aus ganz normalen Deutschen Widerstandskämpfer wurden. München 2018

Ulrich Chaussy, Gerd R. Ueberschär: „Es lebe die Freiheit!". Die Geschichte der Weißen Rose und ihrer Mitglieder in Dokumenten und Berichten. Berlin 2013

QR – CODE:

DER PLATTENBAU IN DER DDR – 1976

WIE EINE „MODERNE" BAUWEISE SOZIALPOLITIK VORANTRIEB

Heute ist das Wohnen in der „Platte" geradezu modern und hip. Nach dem Motto „Schöner Wohnen in der Platte" bieten Online-Portale Verschönerungstipps und Vorschläge für die optimale Raumnutzung an. Was früher in der Bundesrepublik belächelt und in der DDR als soziale Wohnraumbeschaffung gefeiert wurde, ist heute fester Bestandteil des Wohnungsangebots in den ostdeutschen Bundesländern.

Dabei war die Idee des Plattenbaus keineswegs auf die DDR oder andere sozialistische Staaten des Ostblocks beschränkt. Auch im Westen entstanden in den Metropolen Trabantenstädte, die in Fertigbauweise hergestellt wurden. Ob Ost oder West, in beiden Fällen wurden Wände oder Decken fertig an die Baustelle geliefert und dort „nur noch" montiert. Das ist bis heute so geblieben und erklärt, warum der Rohbau schneller vonstattengeht als der Innenausbau.

Am Beginn des 20. Jahrhunderts entstand die Idee, sich von den verschnörkelten Bauten, die voller Ornamente und Figuren waren, zu verabschieden und sie durch eine gradlinige und funktionale Bauweise zu ersetzen. Diese neue Bauweise sollte Kunst und Handwerk zusammenführen, einen neuen Baustil unter Verwendung von Glas, Beton und Holz entwickeln und die Art, wie gebaut wurde, rationalisieren. Durch die Verwendung der gleichen Materialien und Formen entstanden identische Häuser und ganze Wohnanlagen. Das passte in das politische System der DDR, in dem alle Menschen gleich behandelt werden und deshalb auch in exakt gleichen Wohnungen leben sollten.

Begonnen hat die Geschichte des Plattenbaus 1926 im Berliner Stadtteil Lichtenberg im Ortsteil Friedrichsfelde. 138 Wohnungen in zwei- bis dreigeschossigen Plattenbauten der seit 1951 nach dem Widerstandskämpfer Herbert Splanemann benannten Wohnanlage waren für Soldaten des Ersten Weltkriegs gedacht. Die kleinen, wie aneinandergereiht aussehenden Häuschen wirken gegenüber den späteren Plattenbauten geradezu verspielt. Zwar sind die vor Ort gegossenen Bauteile in allen Häusern gleich, aber Erker und hervorstehende Hauselemente verwischen den monotonen Eindruck einer in der DDR gebauten Plattensiedlung.

Eine der größten Plattenbausiedlungen in der DDR entsteht 1976 im Westen von Leipzig. Fünf Jahre zuvor haben die Planungen dieser Großwohnsiedlung begonnen. In 36 000 Wohnungen sollten bis zu 100 000 Menschen in der Siedlung Leipzig-Grünau leben. Damit ist dieses Projekt die größte zusammenhängende Neubausiedlung nicht nur in der DDR, sondern auch im übrigen deutschsprachigen Raum. Die Siedlung ist in ein städtebauliches Gesamtkonzept eingepasst, das neben der verkehrstechnischen Anbindung auch eine komplette Infrastruktur mit Läden, medizinischen Einrichtungen und Schulen berücksichtigt.

In Leipzig-Grünau entstehen acht eigenständige Wohnkomplexe mit Großwohnblöcken der Wohnungsbauserie 70. In dieser Serie sind sämtliche Bauteile genormt: Von der Deckenhöhe über die Verarbeitung der Außenwände, die Gestaltung der „innenliegenden“ Bäder, der Küchen mit Durchreichen in den Wohnraum, den komplett ausgestatteten Nasszellen einschließlich der sanitären Ausstattung und den Treppenaufgängen zwischen den sechs bis elf Geschossen. Sämtliche Bauelemente werden vorgefertigt angeliefert und müssen auf der Baustelle nur noch zusammenmontiert werden. Die reine Bauzeit wird erheblich verkürzt, und durch die massenhafte Herstellung gleicher Elemente sinken die Baukosten ebenfalls.

Aber in Leipzig-Grünau entstehen nicht nur Wohnungen für knapp 100 000 Menschen, sondern auch eine Infrastruktur, die zumindest auf dem Papier kaum Wünsche offenlässt. Neben den Garten- und Grünanlagen gibt es Schulen und Kindertagesstätten, Sportplätze, Kaufhäuser und sogenannte Spezialverkaufsstellen, in denen gekauft werden kann, was anderswo Mangelware ist, Gaststätten und Restaurants, Jugendclubs, Kultur- und Freizeiteinrichtungen, Ärztehäuser, Apotheken und die DDR-typischen Polikliniken, in denen Ärzte unter einem Dach die medizinische Versorgung garantieren.
Damit wird Grünau zu einer typischen Trabantenstadt, die über eine weitgehend eigenständige Infrastruktur verfügt und doch die Vorzüge einer nahe gelegenen Großstadt nutzen kann. Als der Siedlungsbau Ende der Achtzigerjahre komplett fertiggestellt ist, beziehen mehr als 85 000 Menschen die neuen Wohnungen. Nach 1990 sinkt die Einwohnerzahl kontinuierlich und beträgt 2008 nur noch die Hälfte. Dieser Rückgang liegt auch an den umfangreichen Sanierungsarbeiten, die rund dreißig Jahre nach Fertigstellung notwendig werden. Mehr als 6000 Wohnungen müssen abgerissen werden, der Rest wird instandgesetzt und erfreut sich seitdem einer steigenden Beliebtheit: Bis 2030 könnten wieder mehr als 50 000 Menschen in Leipzig-Grünau leben.

LITERATUR:

Thomas Topfstedt: Städtebau in der DDR 1955–1971. Leipzig 1988

Christine Hannemann: Die Platte. Industrialisierter Wohnungsbau in der DDR. Berlin 2000

Alice Kahl: Erlebnis Plattenbau. Eine Langzeitstudie. Wiesbaden 2003

Philipp Meuser: Die Ästhetik der Platte. Wohnungsbau in der Sowjetunion zwischen Stalin und Glasnost. Berlin 2015

QR – CODE:

DER „FÜRST DER HUMANISTEN“ ERASMUS VON ROTTERDAM – 1467

WIE WIR DEN HUMANISMUS KENNENLERNTEN

Heute ziehen jährlich knapp eine Million Studierende in seinem Namen durch ganz Europa: Erasmus+ heißt das Programm der europäischen Union, das schon seit fast dreißig Jahren Auslandssemester zwischen Dublin und Athen ermöglicht. Und benannt ist es nach einem frühen Humanisten, der allerdings auch dunkelste Seiten hatte.

Sein Leben liest sich selbst fast wie ein Erasmus-Hopping quer durch Europa: Utrecht, Paris, Turin, Cambridge, Leuven und Basel. Angefangen hat aber alles in Rotterdam. Dort wird Erasmus wahrscheinlich um das Jahr 1467 geboren, wobei man sich weder beim Jahr noch beim Ort wirklich sicher sein kann. Den Namen Erasmus Roterodamus nahm er erst später an, wahrscheinlich, um Zweifel an seiner Herkunft auszuräumen. Vielen Quellen zufolge litt Erasmus darunter, das uneheliche und illegitime Kind eines katholischen Priesters und seiner verwitweten Haushälterin gewesen zu sein. Obendrein gab sich Erasmus noch einen zweiten Beinamen: Desiderius, der Erwünschte.

Sein Elternhaus ermöglicht es ihm, eine Lateinschule zu besuchen und in Utrecht sogar Musikunterricht zu bekommen. Der frühe Tod der Eltern führt dann allerdings dazu, dass er den Weg eines Ordenslebens einschlägt und ins Kloster geht. Seine Bildungskarriere kann er hier aber ungebremst fortsetzen, er lernt weiter Latein, schafft sich Griechisch drauf und vertieft sich in antike Schriften. Fürs Studium der Theologie kommt er an die Sorbonne nach Paris. Und als er 1506 quer durch Italien zieht, sind er und seine Schriften schon so bekannt, dass man ihm in Turin den Doktortitel praktisch hinterherschmeißt.

Danach doziert er in England an der heute weltberühmten Cambridge University, unterrichtet spätere Kaiser in Leuven und schreibt sich anschließend in Basel fünfzehn Jahre lang die Finger wund. Nur: Was hat denn dieser Erasmus eigentlich zu sagen?

Im Grund möchte er antike Philosophie und mittelalterliche Theologie unter einen Hut bringen. Die Lehre, die er dabei entwirft, nennt er „Philosophia Christi", eine christliche Philosophie, oder eigentlich die Philosophie Jesu Christi. Neben den antiken Schriften empfindet er für Jesu Botschaft und das Neue Testament eine besondere Faszination. Er will diese Botschaft einem breiteren Publikum zugänglich machen, weshalb er eine neue, eine zeitgemäße Übersetzung des Neuen Testaments vorlegt und veröffentlicht. Und indem er die Geschichten der Bibel in eigenen Worten und vor allem in den Worten seiner Zeit nacherzählt. Eines seiner Bücher widmet er zum Beispiel einem Zöllner, mit dem er auf Reisen ins Gespräch gekommen war. Die „Philosophia Christi" soll aber streng genommen keine Lehre sein, denn Erasmus lehnt alles Starre und Dogmatische ab. Und er verurteilt die „äußere Frömmigkeit" seiner Zeit. Die Kirche und ihre Gläubigen würden nur noch fragwürdigen Regeln und alten Riten folgen, der Ablasshandel und die Machtpolitik des Vatikans bringen ihn zum Kochen. Erasmus schreibt deshalb nicht nur über Nächstenliebe, sondern er verfasst auch bitterböse Satire und Schmähgedichte über Päpste und Kaiser. Aus seiner Sicht müsse der Mensch aus sich selbst heraus zu einer „inneren Frömmigkeit" finden, also zu einem Leben nach christlichen Werten.

Diese Betonung des Menschen kannte er wahrscheinlich aus Paris, wo er an der Sorbonne auf die ersten französischen Humanisten traf. Der Humanismus in Europa hat seine Wurzeln eigentlich schon im 14. Jahrhundert, als der italienische Dichter Francesco Petrarca 1336 allein auf sich gestellt auf einen Berg steigt, sich auf der Spitze dieses Zweitausenders nahe bei Gott fühlt und auf die Idee kommt, dass der Mensch eine eigene Wertigkeit habe; dass das Leben nicht bloß eine Durchgangsstation zur Welt nach dem Tod sei. Ein Jahr nach Petrarcas Bergbesteigung bricht allerdings der Hundertjährige Krieg aus. Bis 1453 geht es in Europa um Waffen, nicht um Ideen. In der zweiten Hälfte des 15. Jahrhunderts aber nimmt der Humanismus neue Fahrt auf und erreicht auch Erasmus. Er ist zwar Priester und Theologe, aber er will die Kirche von innen reformieren. Wenn der Mensch – wie in der Antike beschrieben – ein schöpferisches Wesen ist und deshalb über freien Willen verfügt, dann kann er sich nicht stumpf der Herrschaft des Papsttums oder der Bischöfe untertan machen.

Nicht zuletzt Martin Luther wird ein glühender Anhänger von Erasmus, soll dessen Neuübersetzung des Neuen Testamentes mehrfach regelrecht verschlungen haben. Luther schreibt 1519 erstmals einen persönlichen, sogar recht schmeichlerischen Brief an Erasmus – wohl, weil er ihn für die Reformation gewinnen will. Aber Erasmus lehnt dankend ab. Man könnte sagen, er riecht den Braten, denn er beschreibt in seinen Antworten beinahe prophetisch, dass Luthers scharfe Kritik zu einer Kirchenspaltung führen werde, die in einem völlig christianisierten Europa keine andere Folge haben könne als Krieg. Und Krieg lehnte Erasmus ab, egal ob im Namen der Krone oder des Glaubens.

In einem kommen Luther und Erasmus aber doch überein: In ihrem Antijudaismus und ihrer Hetze gegen die Juden. „Nichts ist gefährlicher für die Erziehung des Christen als die übelste Pest, das Judentum“, ist ein Zitat, das Erasmus zugeordnet wird. Frankreich sei einer der „makellosesten und blühendsten Orte des Christentums, weil es allein frei sei (...) von Juden und halbjüdischen Marranen“. Marranen ist ein Ausdruck für zum Christentum konvertierte Juden, und gegen sie agitierte

Erasmus besonders scharf. Er warf ihnen vor, nur zum Schein getauft worden zu sein, aber im Geheimen weiter ihren alten Glauben zu praktizieren. Gerade in diesem Punkt gilt Erasmus die gleiche Kritik wie eigentlich fast allen Humanisten seiner Zeit: „dieses Desinteresse, dieses Nicht-wissen-Wollen, was es denn mit dieser Minderheit eigentlich auf sich hat", sagt die Erziehungswissenschaftlerin Susanne Zeller. Die Humanisten hätten keinen Kontakt zu Juden gehabt oder gesucht, hätten Griechisch und Latein gelernt, aber nie Hebräisch. „Dass man das auch als Humanist, auf die wir uns heute viel beziehen, dass man das einfach nicht wissen wollte, dass man die existenziellen Nöte dieser Minderheit überhaupt nicht gesehen hat, das ist sehr enttäuschend." Im Gegensatz zur Inquisition oder dem lynchenden Mob im Dorf brachte die Ignoranz der Humanisten zwar keinen Juden um. Aber ihre Rhetorik leistete der Gewalt und dem Hass Vorschub. Eine dunkle Seite des Humanismus, von der auch Erasmus nicht freizusprechen ist.

Insofern ist unser Bild von Erasmus heute ein zwiespältiges. Er gilt uns nicht nur als einer der ersten und wichtigsten Humanisten. Er gilt gemeinhin auch als Wegbereiter der Aufklärung, denn er soll bei Immanuel Kant, Voltaire, Christian Thomasius und Johann Wolfgang von Goethe im Bücherregal gestanden haben. Gleichzeitig hat er als derart wichtiger Vordenker auch Verantwortung zu tragen, dass Judenhass und Hetze die Jahrhunderte überdauert haben. Und trotzdem haben wir uns an ihm auch das Vorbild genommen, ein Leben lang zu lernen und auf der Suche nach Wissen Grenzen zu überschreiten und neue Wege zu gehen. Genau das tun mit Erasmus+ heute jedes Jahr knapp eine Million Studierende in ganz Europa.

LITERATUR:

Susanne Zeller: Juan Luis Vives (1492–1540). (Wieder)Entdeckung eines Europäers, Humanisten und Sozialreformers jüdischer Herkunft im Schatten der spanischen Inquisition. Freiburg 2006

Christine Christ-von Wedel: Erasmus von Rotterdam. Ein Porträt. Basel 2016

Julian Nida-Rümelin, Nathalie Weidenfeld: Digitaler Humanismus. Eine Ethik für das Zeitalter der Künstlichen Intelligenz. München 2018

QR – CODE:

DIE FRAU IN DER RÉSISTANCE: NANCY WAKE – 2011

WIE EINE FRAU GEGEN NS-DEUTSCHLAND KÄMPFTE

Nancy Wake hat die zweithöchste britische Auszeichnung, die George Medal, die französische Médaille de la Résistance, das Offizierskreuz der französischen Ehrenlegion, ein Croix de guerre des Vichy-Regimes, die US-amerikanische Medal of Freedom und das Komturkreuz des Order of Australia erhalten. Sie wurde mit diesen Medaillen für ihren mutigen Kampf in der französischen Résistance gegen das NS-Regime während des Zweiten Weltkriegs ausgezeichnet.

Nancy Wake wurde Ende August 1912 im neuseeländischen Wellington geboren, verbrachte aber die meiste Zeit ihrer Kindheit und Jugend in Sydney. Sie machte eine Ausbildung als Krankenschwester, schlug sich in den 1930er-Jahren als Journalistin in Paris durch. 1938 war sie Augenzeugin des deutschen Einmarsches in Österreich und des sogenannten „Anschlusses Österreichs" an das „Großdeutsche Reich". Im Frühsommer 1940 eröffneten die Deutschen den Westfeldzug, der durch schnelle Erfolge für die deutsche Wehrmacht („Blitzkriege") am 22. Juni 1940 zu einem Waffenstillstandsabkommen mit Frankreich führte. Darin wurde festgelegt, dass Deutschland etwa sechzig Prozent des Landes besetzt, während im Süden das Vichy-Regime installiert wurde. Der Regierungssitz war in Vichy, wo als Regierungschef von deutschen Gnaden Marschall Philippe Pétain amtierte. Zu diesem unbesetzten Teil Frankreichs gehörte auch die Hafenstadt Marseille, wo Nancy Wake lebte.

Sie lernt kurz danach Kuriere der französischen Widerstandsbewegung kennen, schmuggelt für sie Nachrichten und Lebensmittel. Als Frau eines erfolgreichen Geschäftsmannes

verfügt sie über ausreichend Geld, um Flüchtlinge der Organisation Pat O'Leary nach Spanien zu bringen und sie mit gefälschten Dokumenten zu versehen. Schnell wird die Gestapo auf sie aufmerksam. Aber trotz Überwachung von Post und Telefon kann sich Nancy Wake immer wieder einer Verhaftung entziehen. Im Auftrag der Résistance geht sie nach London, wo sie 1943 der Special Operations Executive (SOE) beitritt. Die SOE war ein vom britischen Premierminister Winston Churchill beauftragter Nachrichtendienst, der nicht nur durch Falschmeldungen, sondern auch durch Sabotageaktionen hinter den feindlichen Linien aktiv wurde.
In Großbritannien wird Nancy Wake zu einer Agentin ausgebildet, wozu neben Fallschirmspringen auch das lautlose Töten von Feinden und der Umgang mit Sprengstoffen gehört. Im Frühjahr 1944 springt sie über Frankreich ab, organisiert mit lokalen Agenten der Résistance ein bewaffnetes Netzwerk von etwa 7000 Personen, die Anschläge auf Stellungen der Wehrmacht in den Wochen vor dem D-Day verüben. An jenem 6. Juni 1944 – dem „Tag X" für die Landung der Alliierten in der Normandie – begann die Rückeroberung Westeuropas durch britische, amerikanische und französische Truppen. Auch nach der Invasion in der Normandie kämpfte sie weiter gegen die deutschen Besatzer, verübte Sprengstoffanschläge auf eine Waffenfabrik und eine Gestapo-Leitstelle.
Nach dem Zweiten Weltkrieg blieb Nancy Wake dem Geheimdienst treu, arbeitete für Großbritannien in Prag und Paris. 1960 zog sie zurück nach Australien, wo sie als junge Frau schon gelebt hat. Sie war nicht die einzige Widerstandskämpferin und Spionin, aber sicher eine der beeindruckendsten Frauen im Kampf gegen das nationalsozialistische Deutschland. Wie sie war auch die in den USA geborene, aber in Frankreich lebende Tänzerin und Sängerin Josephine Baker bei der französischen Résistance aktiv. Sie arbeitete als Propagandaoffizierin bei der

französischen Luftwaffe. Genau wie Josephine Baker war die Schriftstellerin Marguerite Durmas im Widerstand gegen Hitler. Viele andere Frauen folgten diesen beiden Beispielen, die meisten mussten ihren Mut und ihren Einsatz mit dem Leben bezahlen.
Denn das Vichy-Regime, das bis dahin für viele Résistance-Kämpferinnen ein Rückzugsort gewesen war, wurde am 7. September 1944 durch einen Befehl Hitlers aufgelöst, der Süden Frankreichs einer deutschen Verwaltung unterstellt und die Regierung von Marschall Pétain abgesetzt. Pétain und der Ministerpräsident des Vichy-Regimes Pierre Etienne Laval verweigerten aber die Zusammenarbeit mit den Deutschen, die den neuen Regierungssitz in das Sigmaringer Hohenzollern-Schloss verlegten. Marschall Pétain kehrte nach Kriegsende nach Frankreich zurück, wurde wegen Kollaboration mit den deutschen Besatzern vor ein Kriegsgericht gestellt und am 15. August 1945 zum Tode verurteilt. Der provisorische Regierungschef General Charles de Gaulle wandelte das Urteil in lebenslange Haft um. Pierre Laval wurde nach einem Prozess wegen Hochverrats am 15. Oktober 1945 durch ein Erschießungskommando hingerichtet.
Die Zusammenarbeit („Collaboration“) mit den nationalsozialistischen Besatzern einerseits und der Widerstand („Résistance“) sind die beiden Begriffe, die bis heute in Frankreich für heftige Debatten sorgen. Während die Résistance und Frauen wie Nancy Wake dafür sorgen, dass das französische Nationalgefühl gestärkt wird, ist die Kollaboration mit den deutschen Behörden ein negativer Höhepunkt in der jüngeren französischen Geschichte.

LITERATUR:

Ulla Plener (Hrsg.): Frauen aus Deutschland in der französischen Résistance. Berlin 2005

Gerd R. Ueberschär (Hrsg.): Handbuch zum Widerstand gegen Nationalsozialismus und Faschismus in Europa 1933/1939 bis 1945. Berlin/New York 2011

Imogen Kealey: Die Spionin. Berlin 2020

Florence Hervé: Mit Mut und List. Europäische Frauen im Widerstand gegen Faschismus und Krieg. Köln 2020

QR – CODE:

DER BAU DER BERLINER MAUER – 1961

WIE MAUER UND STACHELDRAHT 28 JAHRE LANG DEN KONTINENT SPALTETEN

28 Jahre lang war Deutschland ein geteiltes Land. Besonders deutlich war diese Trennung in Berlin. Mitten durch die Stadt war eine hohe Mauer gezogen, die die Stadt in West- und Ost-Berlin aufteilte. West-Berlin lag fortan wie eine Insel im Staatsgebiet der Deutschen Demokratischen Republik (DDR). Damit niemand so einfach vom Osten in den Westen oder umgekehrt gelangen konnte, wurde der zur Bundesrepublik Deutschland gehörende Westteil Berlins gleich mit eingemauert: 167,8 Kilometer lang, etwa zwei bis zu vier Meter hoch und siebzig bis 500 Meter breit war diese Grenzanlage, zum großen Teil tatsächlich aus Stein oder Beton: Berlin war zu einer Insel mitten in der DDR und zum Pulverfass im Kalten Krieg geworden.
Nach dem Zweiten Weltkrieg war Deutschland in vier Besatzungszonen aufgeteilt worden: Im Westen waren die Amerikaner, die Briten und die Franzosen, im Osten die Russen, oder, wie meistens gesagt wurde, die „Sowjets". Damit war die ehemalige Hauptstadt des Deutschen Reichs unter den alliierten Siegermächten des Zweiten Weltkriegs aufgeteilt. Eigentlich sollte diese Aufteilung nur temporär sein, aber das gegenseitige Misstrauen unter den Besatzungsmächten war nach kurzer Zeit so groß, dass dieser Plan ein Plan blieb und von einer gemeinsamen Verwaltung Gesamt-Berlins nicht die Rede sein konnte. Sinnbildlich für den Kalten Krieg standen sich in Berlin die unterschiedlichen Gesellschaftssysteme – Kapitalismus auf der einen, Kommunismus auf der anderen Seite – diametral gegenüber.
Bereits im Sommer 1945 war klar, dass die Siegermächte eher auf Konfrontation als auf Zusammenarbeit setzten. Die von ih-

nen besetzten Zonen entwickelten sich unterschiedlich, die Lebensverhältnisse begannen auseinanderzudriften. Kurz nach Kriegsende wurde der Interzonenpass eingeführt, mit dem man von einer in die andere Zone fahren konnte. Gleichzeitig errichtete die sowjetische Besatzungsmacht mit Schlagbäumen, Holzpfeilern und Markierungen in den Bäumen eine deutlich sichtbare Abtrennung ihrer Ostzone von den übrigen Zonen. Zudem wurden mit Stacheldrahthindernissen in Waldgebieten oder Sperren an grenzüberschreitenden Straßen und Wegen erste Grenzanlagen auf der Ostseite errichtet.
Im März 1948 legten die drei Westmächte ihre Zonen zusammen und gründeten eine Trizone. Am 20. Juni 1948 wurde in den Westzonen mit einer Währungsreform die D-Mark eingeführt und damit die wirtschaftliche Spaltung zwischen der Trizone und der sowjetischen Ostzone vollzogen. Die Sowjetunion reagierte darauf mit der Blockade Berlins, die vom 24. Juni 1948 bis zum 12. Mai 1949 andauerte. West-Berlin wurde in dieser Zeit durch die Berliner Luftbrücke von den Westalliierten mit Nahrung, Brennstoffen und anderen Versorgungsgütern versorgt. Damit war die Teilung der Stadt endgültig vollzogen, und die Menschen in beiden Teilen Berlins richteten sich auf eine ungewisse Zukunft ein. Die West-Berliner fühlten sich nun politisch und wirtschaftlich stärker mit Westdeutschland verbunden, während in Ost-Berlin sowjetische Parolen auf die enge Bindung der Stadt zur UdSSR hinwiesen. Die Gründung der beiden deutschen Staaten – Bundesrepublik Deutschland im Mai 1949 und Deutsche Demokratische Republik im Oktober 1949 – war dann nur noch Formsache.
Aber auch nach der doppelten Staatsgründung nahm Berlin eine besondere Position ein. Nach wie vor war es möglich, zwischen dem Ost- und dem Westteil zu pendeln. Viele Menschen wohnten in dem einen Teil und arbeiteten in dem anderen. Rund eine halbe Million Menschen passierte täglich in beide

Richtungen die Sektorengrenzen in Berlin. Dabei konnten sie die Lebensbedingungen in den beiden Teilen Berlins vergleichen. Das stellte die SED-Führung vor große Schwierigkeiten, weil diese Vergleiche auch automatisch Vergleiche der beiden Systeme – Kapitalismus und Sozialismus – nach sich zogen. Mit dem Ergebnis, dass immer mehr Menschen zu dem Schluss kamen, dass sie die DDR verlassen und in der BRD ein neues Leben wagen wollten. Insgesamt verließen zwischen 1949 und 1961 rund 2,7 Millionen Menschen die DDR, etwa die Hälfte davon junge Leute unter 25 Jahren. Am Beginn der 1960er-Jahre stand die DDR kurz vor dem gesellschaftlichen und wirtschaftlichen Kollaps, weil zunehmend Arbeitskräfte fehlten.
Über Monate hat deshalb der DDR-Staatsratsvorsitzende Walter Ulbricht vertrauliche Gespräche mit dem sowjetischen Partei- und Staatschef Nikita Chruschtschow geführt. Nachdem dessen Pläne, die Stadt Berlin als Ganzes zum „dritten deutschen Staat" zu machen, am Widerstand der USA gescheitert waren, gibt Chruschtschow schließlich nach und willigt in den Bau einer Absperranlage zwischen Ost- und West-Berlin ein. Zwar verkündete Walter Ulbricht noch am 15. Juni 1961 bei einer internationalen Pressekonferenz, es habe „niemand (...) die Absicht, eine Mauer zu errichten". Tatsächlich aber sind die Planungen für den Bau einer Mauer längst angelaufen. Anfang August 1961 kommt das endgültige Okay aus Moskau. In Ost-Berlin wird der spätere Staatschef Erich Honecker zum Verantwortlichen für die Ausarbeitung der „Aktion Rose" ernannt.
In der Nacht vom 12. auf den 13. August 1961 beginnen Angehörige der NVA, der Deutschen Grenzpolizei, der Schutzpolizei, der Volkspolizei-Bereitschaften sowie Kräfte der Betriebskampfgruppen Straßen und Schienenwege nach West-Berlin abzuriegeln. Überall werden Straßen aufgerissen, Stacheldrahtzäune errichtet, Hauseingänge und Fenster, die zu nah an der Grenze sind, zugemauert. Von einem Tag auf den an-

deren wird der Nahverkehr zwischen Ost und West gekappt, Menschen können nicht mehr zu ihren Familien und ihren Arbeitsstellen. Die eigentliche Mauer wird in den Tagen danach errichtet. Unter Bewachung beginnen Bautrupps, die provisorischen Grenzzäune durch eine zwei bis vier Meter hohe Mauer aus Betonplatten und Hohlblocksteinen zu ersetzen. Über 20 000 NVA-Soldaten sind im Einsatz, um den Übergang in den Westteil der Stadt auf einer Länge von mehr als 160 Kilometern zu versperren.
Das hielt aber viele Menschen trotzdem nicht davon ab, einen Fluchtversuch zu unternehmen. Zwischen 1961 und 1988 versuchten weit über 100 000 DDR-Bürger, über die innerdeutsche Grenze oder die Berliner Mauer zu fliehen. Mehr als 600 Menschen wurden dabei von Grenzsoldaten der DDR erschossen oder starben bei dem Fluchtversuch. Allein an der Berliner Mauer ließen mindestens 140 Menschen ihr Leben bei dem Versuch, in den Westen zu kommen.

LITERATUR:

Bernd Stöver: Geschichte Berlins. München 2010

Felix Escher: Die Mitte Berlins. Geschichte einer Doppelstadt. Berlin 2017

Jens Bisky: Berlin. Biographie einer großen Stadt. Berlin 2019

Thomas Flemming: Die Berliner Mauer. Geschichte eines politischen Bauwerks. Berlin 2019

QR – CODE:

DAS VERBOT DER WESTDEUTSCHEN KPD – 1956

WIE DAS ZWEITE PARTEIENVERBOT IN DER BUNDESREPUBLIK AUSGESPROCHEN WURDE

Die Versammlungs- und Meinungsfreiheit sind in der Bundesrepublik hohe, vom Grundgesetz geschützte Rechte. Sie einzuschränken oder durch Verbote auszuhebeln, ist sehr schwierig und kann nur durch das Bundesverfassungsgericht entschieden werden. Zahlreiche Versuche, rechtsextreme Parteien zu verbieten und damit aufzulösen, sind gescheitert. Am 23. Oktober 1952 wurde allerdings die Sozialistische Reichspartei – eine Nachfolgeorganisation der NSDAP – verboten. Am 17. August 1956 ereilte die in den drei Westzonen 1945 neugegründete Kommunistische Partei Deutschlands das gleiche Schicksal. In der sowjetischen Besatzungszone waren KPD und SPD schon im April 1946 zur SED mehr oder weniger zwangsweise vereinigt worden.
Unmittelbar nach dem Ende des Zweiten Weltkriegs und der Herrschaft der Nationalsozialisten wurde die KPD aus der Weimarer Republik in Deutschland wiederbelebt. Während sie in der ostdeutschen Zone, der späteren DDR, mit der SPD vereinigt wurde, war der westdeutsche Teil der KPD am Beginn der Bundesrepublik in einigen Bundesländern an der Regierung beteiligt. In Bayern war die KPD im ersten Kabinett des sozialdemokratischen Ministerpräsidenten Wilhelm Hoegner vertreten: Der ehemalige KPD-Reichstagsabgeordnete Heinrich Schmitt fungierte 1946 als Bayerischer Staatsminister. 1947 war Karl Abel Minister für Volksgesundheit im niedersächsischen Kabinett. Auch im Senat der Freien Hansestadt Bremen waren Abgeordnete der KPD in Senatorenämtern. 1947 gelang

der westdeutschen KPD der Einzug in alle Landesparlamente, lediglich in Schleswig-Holstein scheiterte die Partei an der Fünf-Prozent-Sperrklausel. Mehr als 1,3 Millionen Wählerinnen und Wähler sorgten bei der ersten Bundestagswahl am 14. August 1949 dafür, dass die KPD mit 5,7 Prozent der Stimmen in den Bonner Bundestag einzog.
Aber die Abgeordneten der kommunistischen Partei hatten einen schweren Stand bei den anderen Parteien. Die meisten warfen ihnen Hörigkeit gegenüber der sowjetischen Regierung vor. Sie unterstützten – so einer der Vorwürfe – den Stalinismus, unter dem Hunderttausende in der Sowjetunion und den anderen Ländern des sowjetischen Machtbereichs zu leiden hatten. Speziell die SPD, aber auch die aus der ehemaligen Deutschen Zentrumspartei hervorgegangene CDU hielten der KPD vor, eine Mitschuld am Untergang der Weimarer Republik zu haben. Der Graben, der durch diese Behauptung und deren schroffe Ablehnung durch die KPD-Abgeordneten zustande kam, war zu tief, als dass es zu einer gedeihlichen Zusammenarbeit hätte kommen können.
Im Gegenteil: Die Bundesregierung beschloss am 19. September 1950 mit dem Adenauer-Erlass, dass alle im öffentlichen Dienst Beschäftigten „sich durch ihr gesamtes Verhalten zur demokratischen Staatsauffassung bekennen" mussten. Anschließend wurden dreizehn Organisationen aufgezählt, denen diese Staatstreue grundsätzlich abgesprochen wurde: Neben den nationalsozialistischen Gruppierungen Sozialistische Reichspartei, Schwarze Front und Nationale Front stand die KPD mit allen ihren Unterorganisationen an erster Stelle dieser Auflistung. Als ein Jahr später die DDR-Jugendorganisation Freie Deutsche Jugend in der Bundesrepublik verboten wurde, waren die Verbindungen zur KPD ausschlaggebend für diese Entscheidung. Zeitgleich mit einem Verfahren gegen die Sozialistische Reichspartei stellte die Bundesregierung Ende 1951 beim Bundes-

verfassungsgericht den Antrag, die Verfassungswidrigkeit der KPD festzustellen. Die Büroräume der Partei wurden daraufhin durchsucht, zahlreiche Abgeordnete von den Sitzungen des Bundestags ausgeschlossen und eine mediale Kampagne losgetreten. Der KPD wurde vor allem die Nähe zur Sozialistischen Einheitspartei Deutschlands (SED) und die Beteiligung an der Kampagne gegen die Wiederbewaffnung der Bundesrepublik vorgeworfen. Die engen Verbindungen zur SED wurden als Hochverrat ausgelegt, weil die DDR-Staatspartei offensiv für eine deutsche Wiedervereinigung unter sozialistischen Vorzeichen warb, was dem Politikkonzept der Adenauer-Regierung diametral entgegenstand.

Während sich das Verbotsverfahren vor dem Bundesverfassungsgericht in die Länge zog, sorgte die Bundestagsverwaltung durch eine Änderung der Geschäftsordnung Anfang 1952 dafür, dass die KPD ihren Fraktionsstatus und damit auch das Recht verlor, im Deutschen Bundestag Anträge zu stellen. Damit war eine parlamentarische Betätigung der KPD unmöglich geworden, was einen Teil der Partei in die außerparlamentarische Opposition trieb, von wo aus zum revolutionären Sturz des „Adenauer-Regimes" aufgerufen wurde. Die nun aggressiver werdende Rhetorik einiger KPD-Aktivisten lieferte dem Bundesverfassungsgericht neue Gründe, dem Verbotsantrag schließlich am 17. August 1956 stattzugeben und die Partei zu verbieten. Da die KPD am Marxismus-Leninismus festhalte, so die Urteilsbegründung, strebe sie die „Errichtung einer sozialistisch-kommunistischen Gesellschaftsordnung auf dem Wege über die proletarische Revolution und die Diktatur des Proletariats" an. Damit lehne sie alle Prinzipien der freiheitlichen demokratischen Grundordnung ab und sei deshalb zu verbieten.

Das KPD-Vermögen wurde beschlagnahmt und sozialen oder gemeinnützigen Zwecken zugeführt. Die meisten führenden

Mitglieder hatten sich schon vor der Urteilsverkündung in die DDR abgesetzt. Verfahren gegen Parteifunktionäre endeten meist ohne Verurteilung, zogen aber im privaten und beruflichen Alltag schwere Nachteile für Angeklagten nach sich. In den folgenden Jahren wurden rund achtzig Organisationen verboten und aufgelöst, denen Abhängigkeit oder Nähe zur KPD vorgeworfen wurde.

LITERATUR:

Georg Fülberth: KPD und DKP. Heilbronn 1990

Till Kössler: Abschied von der Revolution. Kommunisten und Gesellschaft in Westdeutschland. 1945–1968. Düsseldorf 2004

Josef Foschepoth: Verfassungswidrig! Das KPD-Verbot im Kalten Bürgerkrieg. Göttingen 2017

QR – CODE:

SACHREGISTER

PERSONENREGISTER

GEOGRAFISCHES REGISTER